대학생과 자살

상담에서 복지, 법률지원까지

정익중 · 김대인 · 오혜영 · 이승연 · 전종설

박영story

우리나라는 경제협력개발기구(OECD) 국가 중 자살공화국이라 불릴 정도로 최고의 자살률을 기록하고 있다. 2016년 OECD 통계에 따르면 우리나라 인구 10만 명당 자살률은 28.7명으로 OECD 평균인 12명의 두 배가 훨씬 넘어 타의 추종을 불허하는 수치이다. 2003년 이후 한 번도 OECD 자살률 1위라는 불명예에서 벗어난 적이 없다. 연간 약 1만 3000명이 자살로 사망하고, 이 숫자는 베트남전 한국군 사망자 수(5099명 추산)보다 훨씬 더 많다. 지난 10년간 통계 집계상 약 15만 명 이상의 자살사망자가 발생했는데 이는 6·25전쟁 동안 전사한 한국군 13만 7899명을 넘어서는 수치이다. 매년 전사자보다 많은 숫자가 자살로 죽어가고 있는데도 우리는 자살에 대해 그다지 민감하지 않다. 하지만 주변에 자살자가 생기는 순간 이러한 위기를 절감하게 된다. 자살자 주위의 많은 유가족과 주변인들이 자살생존자로서 자살로부터 영향을 받고 있다. 특히 자살은 베르테르 효과라는 전염성이 있기 때문에 학교와 같은 공동 교육 공간에서 이 문제가 발생한다면 그 부정적 파급효과가 엄청날 것으로 예상할 수 있다. 1명의 자살은 적어도 5명 이상에게 영향을 미치는 것으로 알려져 있는데 이 말은 한 명의 자살시도자를 구하는 것은 한 명의 삶을 건지는 것만이 아니라는 의미이다.

한 통계에 따르면 연간 평균 230명, 매주 4명의 대학생이 스스로 목숨을 끊는다. 이는 초·중·고등학생의 자살자 평균인 109명보다 2배가 넘는 수치다. 하지만 상대적으로 대학생의 자살은 성인기에 근접하기 때문에 외면 받는다. 대학생 시기는 청소년기에서 성인기로의 전이가 이루어지는 시기로서, 이 전이과정에서 일반적으로 요구되는 발달단계적 과업뿐만 아니라 새로운 환경, 학업, 진로, 취업, 대인관계 등 다양한 현실적 차원에서의 적응과 대처를 필요로 하는 시기이다. 특히 우리나라 대학생들은 경제 불황과 청년실업 등 현재 우리 사회가 당면하고 있는 사회구조적인 문제로 인하여 그 어느 때보다 더 많은 어려움과 스트레스를 경험하고 있는 실정이다.

대학생들은 발달단계상의 자연스러운 부적응에서부터 근원적인 사회구조적 경제문제에 이르기까지 수많은 어려움에 노출되어 있지만 대학생을 도와줄 수 있는 자원은 점점 감소하고 있다. 청년실업 문제 때문에 대학생활이 만인의, 만인에 대한 취업경쟁으로 격화되면서 대학 내 선후배, 동료를 통한 사회적 지지가 줄어드는 동시에 등록금 동결로 인한 학교재정의 위기가 가중되면서 학생상담센터의 숫자가 지속적으로 줄어드는 상황이다. 특히 학생상담 인력의 부족으로 상담 시 최소 2주, 최대 한 학기를 기다려야 하는 등의 현재 상황에서는 위기 학생의 말과 행동, 자살을 암시하는 상황 등을 파악하고 적절하게 대처하는 데 한계가 있다. 또한 대학에서 자살위기에 대한 공식적 대응이 너무 미흡한 상황이라 위기관리위원회가 조직되어 있어도 구체적인 안전관리 매뉴얼이 따로 마련되어 있지 않아 위기나 사고 발생 시 갈피를 잡지 못하고 직원의 24시간 불침번 등 비체계적이고 미숙한 대처를 할 수밖에 없다. 각 대학에서 자살 생각을 하거나 시도하는 학생이 증가하고 있지만 대학 당국은 직접 성과가 드러나지 않는 학생들의 정신건강을 등한시하는 경우가 많아 나날이 증가하는 대학생 자살에 대한 대책이 미국, 일본 등의 선진국에 비해 상당히 취약한 상황이다.

이러한 위기가 저자인 우리들을 뭉치게 만들었다. 이 책을 함께 저술한 5명의 저자들은 이화여자대학교에서 교직과 보직을 맡으면서 대학생들을 직접 지켜보고 있으며 같이 일한 경험을 가지고 있다. 저자들은 또한 국내나 미국 등에서 관련 학문들을 공부하고 연구하였으며 각 분야의 중견학자들이다. 학문간 융합, 통섭 등이 나아가야 할 방향이긴 하지만 다학제적 연구는 쉽지 않다. 일반 사람들보다 타분야의 공동연구자를 설득시키기가 더 어렵다는 말도 있지 않은가? 하지만 저자들은 각기 다른 학문적 전공분야를 가지고 있음에도 불구하고 모두가 자살문제라는 다학제적 및 실용적 연구가 필요한 하나의 구심점을 향해 접근함으로써 대학생 자살에 대한 시대적 요구와 기대에 부응하고자 노력하였다. 원래 이 책은 이화여자대학교에서만 사용하려고 만든 것이다. 그러나 저자 모두 이 주제는 우리만 고민해서는 안 되며 대학 사회 전체가 같이 고민해야 하는 문제라 여겨 우리의 고민을 나눠서 공론화시킬 필요가 있음을 절감하여 출판하게 되었다.

이 책의 구성은 원고를 6장으로 구분하여 국내외 사례를 포함하고 대학 자체의 정책기구 구성에서부터 상담, 예방프로그램을 넘어 인프라 구축 및 법적 대응에 이르기까지 대학생 자살에 대해 총체적인 흐름으로 구성될 수 있도록 노력하였다. 이에 먼저 제1장 문제제기에서 대학생 자살 문제에 대한 대중의 관심을 촉구하고 대학을 통해 자살을 예방하고 대처하기 위한 방안을 체계화하기 위해 제2장에서 대학생 자살에 대한 이해를 도모하였다. 국내외 대학사례를 기반으로 제3장과 제4장에서는 대학생 자살위기 대응을 위한 관리시스템, 대학기반 자살예방 프로그램 등 자살 안전관리의 체계적인 지침을 제시하였다. 제5장에서는 자살위기 대응을 위한 대학 내 인프라 구축에 대해 살펴보고 마지막 제6장에서는 대학의 법적 책임과 한계까지 살펴보았다. 제1장 문제제기는 이화여대 학생처에서 이 프로젝트를 기획하고 총괄했던 책임저자인 정익중 교수가 맡고 제2장 대학생 자살에 대한 이해, 제3장 대학생 자살위기 대응을 위한 관리시스템은 오혜영 실장, 제4장 대학기반 자살예방 프로그램은 이승연 교수, 제5장 대학 내 인프라 구축은 전종설 교수, 제6장 대학의 법적 책임과 한계는 김대인 교수가 집필을 맡았다. 편의상 최종 집필을 나눠서 진행했지만 이 책은 저자들이 바쁜 시간을 쪼개가며 서로 토론하고 관리시스템의 현실성 여부를 점검하면서 만들어 낸 공동작업의 산물로 생각하면 좋을 것 같다.

이 책의 가장 큰 특징은 실용성을 추구하였다는 점이다. 실제 대학사회에서 적용해 볼 수 있는 현장성이 높아 이 책을 읽으면 대학의 변화 지점을 쉽게 포착할 수 있을 것이다. 이 책이 실용성을 추구할 수밖에 없었던 것은 아마도 대학 사회가 처한 시급한 상황과 그에 따른 엄중한 요구 때문일 것이다. 실용성에도 불구하고 저자들이 기본적인 집필체제를 맞추고 분량 등을 지키려고 노력했지만 각 장의 주제 특성이 다르기 때문에 전체적인 일관성을 갖도록 하기는 쉽지 않았다. 하지만 이 책은 기존의 책에서는 다루지 않은 새로운 주제를 포함하였으며 유사한 주제의 경우에도 그 내용에 있어 최근의 동향을 반영함은 물론 새로운 관점에서 조망하여 접근하였다. 그러나 마감시간이 글을 쓴다는 말이 있듯이 일부 주제의 경우에는 저자들의 집필시간 부족 등으로 인해 더 좋은 자료들을 반영하지 못한 아쉬움이 있다. 향후 더욱 깊이 있는 연구를 통해 보완될 것을 기대해 본다. 각종 인용 내용에 대해서는 출처를 최대한 밝히고자 노력하였으나 일부 누락되거나 잘못된 부분이 있으면 추후 수정을 통해 보완할 것을 약속드린다.

우리는 이 책이 새로운 변화를 요구하는 대학사회의 기대와 요구에 부응하면서 대학생 자살과 관련된 다양한 학제적 전공분야의 고민을 담는 계기를 가짐으로써 대학사회의 발전에 조금이나마 기여하기를 희망한다. 끝으로 이 책의 발간을 흔쾌히 맡아주신 박영스토리 안상준 상무님과 이 책의 편집을 맡아준 꼼꼼한 박송이 선생님, 우리의 연구를 도와준 김유리(사회복지학과 석사), 이지연(교육학과 석사) 조교선생님들의 노고에 필자들을 대신해 감사의 마음을 전한다.

통계상 이번 주도 또 몇 명의 대학생이 자살하였을 것이다. 역사에서 가정은 있을 수 없지만 그 학생의 인생사에서 따뜻하게 지지해 주고 도와줄 수 있는 가족, 친구, 대학 시스템이 주변에 함께할 수 있었다면 어떻게 변화했을까 상상해 본다. 주변의 자살이 많아질수록 자살을 간접 경험하고 심적으로 힘들어하는 자살생존자는 기하급수적으로 늘어나며 생명을 경시하는 분위기는 점점 확대되고 자살이 힘든 일을 해결하는 하나의 대안으로 부각될 것이다. 이런 상황에서 대학사회가 대학생 자살을 예방하는 체계를 갖추지 못한다면 우왕좌왕하며 힘들 수밖에 없다. 자살문제에 대해 대학사회가 먼저 손 내밀고 변화해야 한다. 우리는 대학사회가 변화하길 그리고 청년도 행복할 수 있기를 희망한다. 아직도 가야 할 길이 멀지만 이 책이 그러한 변화에 물꼬를 트는 계기를 만들어 내길 기대해 본다.

2017년 10월
저자를 대표하여
정익중 씀

Chapter 01 문제제기 • 3

Chapter 02 대학생 자살에 대한 이해 • 15

제1절 대학생 자살의 특성 _ 15

제2절 국내외 대학의 자살위기 대응 사례 _ 36

Chapter 03 대학생 자살위기 대응을 위한 관리 시스템 • 85

제1절 학교 내 관리 시스템 _ 85

제2절 자살위기 개입 사례 _ 118

Chapter 04 대학기반 자살예방 프로그램 • 133

제1절 자살예방활동의 구성과 내용 _ 134

제2절 대표적인 예방 프로그램 _ 136

제3절 대표적인 개입 프로그램 _ 149

제4절 대학 내 자살예방활동의 제약과 개선방향 _ 155

Chapter 05 **대학 내 인프라 구축 • 165**

제1절 예방 _ 165

제2절 위기개입 _ 170

제3절 사후관리 _ 174

Chapter 06 **대학의 법적 책임과 한계 • 181**

제1절 외국의 자살관련 법제 및 판례 _ 182

제2절 우리나라 대학의 법적 대응방안 _ 188

부록 _ 211

색인 _ 226

CHAPTER 01

문제제기

CHAPTER 01

문제제기

우리나라의 자살 사망률은 자살 공화국이라는 오명이 따라붙을 정도로 매우 높다. 통계청이 발표한 '2015년 사망원인통계'를 보면 최근 우리나라의 자살실태가 고스란히 드러난다. 사망 원인 중 자살은 10~30대에서 1위, 40~50대에서는 2위를 차지했다. 자살에 의한 사망자 수는 모두 1만 3513명으로 하루 37명이 자살로 생을 마감한 것이다. 이 때문에 우리나라가 OECD(경제협력개발기구) 국가 가운데 15년째 '부동의 1위'를 기록하고 있는 분야가 바로 자살이다. 우리나라는 2003년 이후 단 한 번도 OECD 1위라는 불명예에서 벗어난 적이 없다. 2016년 OECD 통계에 따르면 우리나라의 인구 10만 명당 자살률은 28.7명으로 회원국 중 가장 높은 수준이다. 이는 OECD 평균인 12명의 두 배가 훨씬 넘는 수치이다. 헝가리(19.4명), 일본(18.7명), 슬로베니아(18.6명), 벨기에(17.4명) 등이 자살 사망률 상위권에 포진해 있지만 한국보다는 훨씬 낮은 편이다. 통계청과 여성가족부가 공동 발표한 '2016 청소년 통계'에 따르면 2014년 9~24세 청소년 사망 원인은 '고의적 자해(자살)'가 가장 많은 것으로 나타났으며, 청소년 자해 사망률(10만명 기준)은 7.4명을 기록했다. 지난해보다 사망률은 소폭 감소했지만 2007년부터 꾸준히 사망 원인 1위를 차지하고 있다. 그다음은 '운수사고', '악성신생물(암)' 순이었다. 10년 전인 2006년 청소년 사망 원인은 '운수사고'가 가장 많았다.

교육부가 경찰청의 협조를 받아 국회 교육과학기술위원회(현 교육문화체육관광위원회) 소속 의원들에게 제출한, 2001년부터 9년간의 대학생 자살통계에 따르면 연간 평균 230명이 자살로 삶을 마감한다(연합뉴스, 2011). 매주 4명의 대학생이 스스로 목숨을 끊는 셈이다. 이는 초·중·고등학생의 자살자 평균인 109명보다 2배가 넘는 수치다. 하지만 상대적으로 대학생의 자살은 외면받는다. "죽을 용기가 있으면 차라리 살지." 사회가 20대의 자살에 유난히 많이 던지는 말이다. 이들의 죽음에 대한 평가는 유난히 냉혹하다. 아직도 대학생 자살은 사각지대에 놓여 있다. 그들이 자살한 이유가 대부분 사회적, 환경적 원인임에도 불구하고 우리는 관심조차 없었다(장창민, 최지영, 2011). 특히나 자살이 모든 나이와 학년에서 일어나는 데 반해 현재 대학 내에서 학생들을 대상으로 시행 중인 자살이나 정신건강에 대한 조사는 신입생만을 대상으로 진행 중이다. 그 조사마저도 신입생이 대학생활을 본격적으로 시작하기도 전인 오리엔테이션 때에만 시행된다. 학교 적응을 지속해서 도와주는 것이 아니라, 1차원적인 사전 조사로 구색 갖추기만 하고 있는 실정이다. 학년이 올라가면 대학생 자살에 대한 지원 방안은 없다. 신입생뿐만 아니라 전 학년을 대상으로 자살에 관한 교육이 필요한 시점이다.

더욱 심각한 것은 휴학생의 자살이다. 그들의 죽음은 집계조차 되지 않는다. 앞서 언급한 정부의 간단한 수치조사에도 그들은 빠져 있다. 학교도 마찬가지다. 휴학생들에게는 관심조차 없다. 그러나 그들 또한 자살을 선택할 수 있다. 대학생의 자살은 나이와 학년을 불문하고 발생되기 때문이다. 더군다나 휴학하는 학생 중에 경제적 어려움을 호소하는 경우가 많기 때문에 그들도 자살 위험군에 속한다고 볼 수 있다.

실제로 우리나라 통계청 및 여성가족부가 발표한 청소년 통계에 따르면 대학생이 포함된 20~29세의 자살률은 유지·증가 추세에 있으며, 교육부·경찰청의 통계 결과에서 대학생의 자살수가 초중고생의 자살수보다 훨씬 많은 것으로 나타났다. 대학생 자살률은 점차 증가하고 있고, 이 같은 현상은 심각한 사회문제로 대두되고 있다. 미국의 경우도 대학생의 자살률이 증가하고 있으며, 최근에는 대학생의 자살 사건 대부분이 학교 내에서 발생하고 있다는 결과도 보고되고 있다. 세간의 이목을 끄는 자살사건의 경우 학교와 학생 간 소송 문제를 겪고 있어 학교 측에서 대학생 자살의 이해, 정신건강 촉진 활동 및 서비스를 제공하는 등 다층적이고, 적극적으로 대학생 자살위기 대응체계 마련에 많은 노력을 기울이고 있다(Brindis & Reyes, 1997; Lake & Tribbensee, 2002).

대학의 학생상담센터 자료를 보면 상당수의 학생들이 스트레스와 부적응을 호소하고 있다. 대학생활이 시작되는 후기 청소년기는 미성년에서 성인으로 넘어가는 과도기로서 자아정체감 확립과 성인생활을 준비하기 위한 여러 가지 과업에 집중하는 시기이다. 즉, 대학생 시기는 청소년기에서 성인기로의 전이가 이루어지는 시기로서, 이러한 전이과정에서 일반적으로 요구되는 발달단계적 과업뿐 아니라 새로운 환경, 학업, 진로, 취업, 대인관계 등 다양한 현실적 차원에서의 적응과 대처를 필요로 하는 시기이다. 특히 우리나라 대학생들은 경제 불황과 청년실업 등 현재 우리 사회가 당면하고 있는 사회구조적인 문제로 인하여 그 어느 때보다 더 많은 어려움과 스트레스를 경험하고 있는 실정이다. 또한 이 시기에는 고등학교 때까지의 타율에 의한 수동적이고 의존적인 생활방식에서 벗어나 대학 입학과 동시에 스스로 모든 것을 결정하고 책임지는 자율적이고 독립적인 생활방식으로의 전환이 필요하므로, 대학이라는 새로운 환경에 적응하고 심리적, 경제적 독립을 준비하기 위해 많은 스트레스를 경험하게 된다.

이렇게 청소년기 후기와 초기 성인기에 해당하는 대학생은 정체성의 확립, 의존과 독립의 균형, 자율과 선택에 따른 책임, 가족·친구 및 많은 주변사람들과의 분리, 진로와 미래에 대한 모호함과 성공에 대한 압박감 등 복잡한 심리사회적 과제로 인해 위기에 당면하기 쉽다(권중돈, 김동배, 2005; 민윤기, 2005; 김신연, 채규만, 2013). 또한 사회적 변인으로 교수−학생 간 상호작용(김현숙, 2003), 학업, 진로문제와 같은 졸업 후 취업에 대한 스트레스, 고독감, 무망감, 그리고 관계문제(민윤기, 2005), 낮은 자존감 등이 자살 생각에 이르게 한다(최윤정, 2012). 심리적, 사회적 스트레스 수준이 높아지는 상황에서 적절히 대처하고 잘 극복하는 학생이 있는 반면에, 대처능력이 떨어지면서 좌절감을 견디지 못하고 자살을 고려하거나 충동적으로 자살을 시도하는 학생도 있다(김신연, 채규만, 2013).

특히 우리나라 사람들은 문턱 증후군이 심하다. 좋은 대학에 들어가면, 좋은 직업을 가지면 인생이 성공한 것처럼 생각하지만, 하나의 시험을 잘 봤다고 인생의 답을 얻을 수 있는 것은 아니다. 대학생은 대학 입시라는 중요한 관문을 통과한 후 일시적으로 중요한 목표를 상실한 기분에 빠진다. 또한 대학생은 확장된 인간관계를 경험한다. 고등학교까지는 단일 지역 내 동질적인 학교, 그리고 학급이라는 한정된 공간에서 협소한 인간관계를 맺었지만 대학에서는 공간과 영역이 더욱 확대된 상태에서, 이질적인 지역에서 모인 다양한 사람들과 교류를 해야 하므로 부담으로 느껴질 수 있다. 대학생은 대학입시 동안 미루어 두었던 발달과업인 자아정체감 형성에 관심을 갖지만, 무엇이 진정한 자신의 모습인지 의문을 갖고 일시적으로 자존감이 흔들리게 된다. 특히 우리나라 대학생들은 중·고등학교 시기에 자신의 정체성 발달과 밀접한 관련이 있는 능력, 흥미, 적성 등에 대해 충분히 고려하지 않은 채로 대학에 진학하는 경우가 많아 대학에 입학하고 나

서야 비로소 진로문제로 인한 좌절과 갈등 및 혼란을 경험한다. 특히 '88만원 세대', 연애·결혼·출산 등을 포기한 '삼포 세대', 'N포 세대'로 불리는 지금의 대학생은 경제적인 문제에도 직면한다. 등록금과 다양한 활동을 위한 돈이 필요하게 되면서 경제적 부담을 느껴, 실제로 많은 대학생들이 생계형 아르바이트, 학과 공부, 취업 준비를 병행하며 스트레스에 시달리고 있다.

이러한 심리사회적 상황에 처해 있는 대학생들이 자기 나름대로의 가치관, 인생관, 인생목표를 세우고 자기의 주체성, 독립성을 확립하면 건강한 정신건강을 유지할 수 있다. 그러나 정체성이 확립되지 못한 경우에는 자기 개념이나 가치가 혼란스러워 부정적 자기 이미지가 형성되고, 자아존중감이 낮아져 결국 우울과 같은 부정적인 결과를 초래하기 쉽다. 이러한 다양한 스트레스는 대학생들의 정신건강에 부정적인 영향을 미칠 수 있는데, 이들이 경험하는 주요한 정신건강문제 가운데 하나가 바로 우울이다. 20대 대학생의 건강을 위협하는 1순위 질병이 우울증으로 보고될 정도로 대학생들의 우울증 정도는 심각하다. 우울은 전 세계적으로 개인과 그 가족에게 있어서 다양한 삶의 측면에 영향을 미치는 심각한 정신건강문제로 인식되고 있는데, 관련 연구들은 우리나라 대학생들 가운데 우울을 경험하는 학생들의 비율이 상당한 수준인 것으로 보고하고 있다. 전국의 대학생들을 대상으로 수행된 박광희와 하양숙(2007)의 연구에 의하면, 조사대상자 가운데 23.2%가 우울군에 속하는 것으로 확인되었다. 이외에도 서울대 학생 908명을 대상으로 조사한 노명선 등(2006)의 연구에 의하면, 주요 우울장애의 평생 유병율은 남학생 7.4%, 여학생 13.8%인 것으로 나타났으며, 경도 우울장애까지 포함된 우울장애 1년 유병율은 남학생 19.3%, 여학생이 32.0%인 것으로 나타나 대학생에게 있어 우울장애가 빈번하게 관찰되고 있다고 하였다. 물론 측정도구가 연구마다 상이하여 유병율을 직접적으로 비교하는 것은 무리가 있으나 우리나라 전체 성인을 대상으로 조사된 우울장애의 평생유병율(7.4%) 및 1년 유병율(3.4%)과 비교해 볼 때(조맹제 외, 2011), 우울을 경험하는 대학생의 비율이 다른 연령층에 비해 더 높은 것으로 보고되어 이들에 대한 관심이 요구되고 있다. 그러나 많은 청년들이 우울증에 시달리면서도 본인이 우울증에 걸렸다는 것을 인식하지 못하거나 적절한 도움을 받지 못하고 있는 것이 현실이다. 청소년 자살문제가 심각해지면서 아동청소년 정신건강 관리에 정부 차원의 관심과 지원이 확대되고 있으나 대학생의 정신건강에 대한 관심은 부족한 상황에서, 서울시정신보건센터가 정신건강 사각지대에 놓인 20대 청년들을 위해 청년 정신건강 조기검진 서비스를 최근에 시작한 것은 고무적인 일이다.

이렇게 상당수의 대학생들이 우울 증상을 경험하고 있으며, 이로 인하여 대인관계, 학교부적응, 사회적 위축, 학업 및 전반적인 삶의 질 등에서의 어려움뿐 아니라 더 나아가 자해와 자살 생각 및 시도 등의 문제 역시 경험하고 있는 것으로 확인되어(노명선 외, 2006) 대학생 정신건강 문제에 대한 대학 및 관련 학계의 관심이 촉구되고 있다. 기존 대학생 자살과 관련한 선행연구들을 살펴보면, 여자 대학생이 남자 대학생보다 자살생각을 더 많이 하는 것으로 나타났고, 남자 대학생에 비해 자아존중감, 학교 애착이 낮은 것으로 밝혀졌다. 여러 요인 중 자아존중감과 학교 애착은 자살생각을 감소시킬 수 있는 긍정적인 요인이며, 특히 학교에 대한 애착은 교수·친구와의 관계, 학업 성취 등이 만족스러울 때 더 강화된다는 연구가 있다(최윤정, 2012). 이외의 연구들에서도 학교 애착이 대학생의 스트레스가 자살에 미치는 부정적인 영향을 완화시켜 준다고 주장하고 있다. 선행연구 결과들을 근거로 대학교 내에 전문적인 센터나 조직을 마련해, 대학생들이 경험하는 어려움과 스트레스를 관리한다면, 효과적으로 대학생 자살 문제를 관리할 수 있을 것이라 판단된다. 앞으로 발생될 것이라 예측되는 복합적이고 민감한 자살문제 등을 비전문적으로 대처했을 때 궁극적으로 학교에 미치는 부정적인 영향 역시 간과할 수 없다고 본다. 따라서 대학 전체 차원에서 학생·교직원·교수 등이 게이트키퍼(gatekeeper)로 그 역할을 할 수 있도록 교육 및 자살위기 대처 매뉴얼을 마련해야 하며, 부서별 체계적이고 전문적인 조치 역시 조속히 마련되어야 한다.

최근 들어 국내 최고 이공계 영재들로 구성된 과학기술원(KAIST) 학생들이 2011년 이후 잇따라 자살하는 사건이 발생하였다. 사회 이슈로 부각된 이 사건에 대해 해당 학교 측에서는 자살에 대한 전문적인 안전관리 체계를 마련하겠다는 입장을 표했다. 그러나 2015년에 또 한 번 자살사건이 발생되면서 상담인원이 제대로 확충되지 못한 점과 심층적인 상담이 아닌 형식적인 상담이었을 뿐이라는 문제가 제기되었다. 전국대학교학생생활상담센터 협의회에 따르면 등록금 동결로 인한 학교재정의 위기가 가중되면서 학생상담센터의 숫자가 2008년 137개에서 지속적으로 줄어드는 상황이다. 상담인력의 부족으로 상담지연 현상 발생, 자살 관리 위원회가 조직되어 있어도 구체적인 매뉴얼이 마련되어 있지 않아서 사고발생 시 갈피를 잡지 못하는 현상, 전문 상담기관이 아닌 취업 지원부서가 상담을 진행하는 등 자살위기관리에 대한 프로그램과 시스템이 상당히 취약한 상황임을 확인할 수 있었다. 즉, 학생 상담인력 부족으로 일반 재학생도 상담 시 최소 2주, 최대 한 학기를 기다려야 하는 등의 현재 상황에서는 위기 학생의 말과 행동, 자살을 암시하는 상황 등을 파악하고 적절하게 대처하는 데 한계가 있다. 또한 대학에서 자살위기에 대한 대응이 너무 미흡한 상황이라 안전관리 매뉴얼이 따로 마련되어 있지 않아 직원의 24시간 불침번 등 비체계적이고 미숙한 대처를 할 수밖에 없다. 각 대학교의 '상담 정체'가 심해지면서 자살을 하거나 시도하는 학생이 증가하고 있다. 직접 성과가 드러나지 않은 학생들의 정신건강을 등한시하는 경우가 많아 나날이 증가하는 대학생 자살에 대한 대책이 미국, 일본 등의 선진국에 비해 상당히 취약한 상황이다.

이에 대학생 자살 문제에 대한 관심을 높이고 대학을 통해 자살을 예방하고 대처할 수 있는 방안을 체계화하기 위해 본 연구에서는 먼저 제2장 대학생 자살에 대한 이해 도모와 국내외 대학 자살위기 대응 사례를 살펴보고자 한다. 이를 바탕으로 제3장·제4장에서는 대학생 자살위기 대응을 위한 관리시스템, 대학기반 자살예방 프로그램 등 자살 안전관리의 체계적인 지침을 제시하고자 한다. 제5장에서는 자살위기 대응을 위한 대학 내 인프라 구축에 대해 살펴보고 마지막 제6장에서는 대학의 법적 책임과 한계까지 살펴보고자 한다.

참고문헌

1. 국내문헌

권중돈, 김동배 (2005). 인간행동과 사회환경. 학지사.

김신연, 채규만 (2013). 대학생의 생활스트레스가 자살사고에 미치는 영향: 지각된 사회적 지지와 삶의 의미의 조절효과. 인간이해, 34(1), 1－13.

노명선, 전홍진, 이해우, 이효정, 한성구, 함봉진 (2006). 대학생들의 우울장애에 관한 연구: 유병율, 위험요인, 자살행동 및 기능장애. 신경정신의학, 45(5), 432－437.

민윤기 (2005). 대학생의 자살위험요인 지각과 자살생각 평가. 학생생활연구, 13, 31－52.

박광희, 하양숙 (2007). 대학생의 우울, 생활만족도, 자기효능감 및 스트레스 대처방식. 스트레스연구, 15(3), 17－25.

장창민, 최지영 (2011). 한국 대학생 자살의 특성: 보도기사를 중심으로. 보건교육건강증진학회지, 28(5), 73－82.

조맹제, 박종익, 배안, 배재남, 손정우, 안준호 외 (2011). 2011년도 정신질환실태 역학조사. 보건복지부.

최윤정 (2012). 대학생의 스트레스와 자살생각과의 관계에 작용하는 보호요인의 조절효과. 한국청소년연구, 23(3), 77－104.

2. 외국문헌

Brindis, C., & Reyes, P. (1997). At the crossroads: Options for financing college health services in the 21st century. *Journal of American College Health, 45(6)*, 279－288.

Lake, P., & Tribbensee, N. (2002). The emerging crisis of college student suicide: Law and policy responses to serious forms of self－inflicted injury. *Stetson Law Review, 32*, 125－127.

3. 인터넷

교육부·경찰청. 청소년 자살 통계. http://www.moe.go.kr/main.do

통계청. 성 및 연령집단별 자살률. http://kostat.go.kr/portal/korea/index.action
통계청·여성가족부. 청소년 통계.
대전일보 (2015.02.12.). KAIST 대학원생 기숙사서 숨진 채 발견 원인 들여다 보니. http://www.daejonilbo.com/news/newsitem.asp?pk_no=1157583에서 검색
동아일보 (2011.04.08.). 학생들 "경쟁일변도 학교 개혁정책이 숨막히게 해". http://news.donga.com/3/all/20110408/36249508/1dptj에서 검색
서울경제 (2011.03.21.). 카이스트에 무슨 일이. http://economy.hankooki.com/lpage/society/201103/e2011032117170093820.htm에서 검색
세계일보 (2011.03.03.). 벼랑 끝에서 찾은 교내 상담센터 "고민은 6개월 뒤에 들어볼게요". http://www.segye.com/content/html/2011/03/02/20110302005280.html에서 검색
스포츠조선 (2014.04.01.). 혼밥족-독강족... 대학가 아웃사이더 문화 확산. http://sports.chosun.com/news/ntype.htm?id=201404020100011040000268&servicedate=20140401에서 검색
중앙일보 (2011.04.10.). 한국 KAIST 학생 잇딴 자살 파문... 미국 대학에선 어떻게 학생을 보호하나?. http://article.joins.com/news/article/article.asp?ctg=12&total_id=5323682에서 검색
한국대학신문 (2014.09.01.). 유명무실한 대학 심리상담센터. http://news532.ndsoftnews.com/news/articleView.html?idxno=137772에서 검색
한국경제TV (2015.01.12.). 취준생·직장인 33%, "대학간 것 후회". http://www.wowtv.co.kr/mobile/news/view.asp?artid=A201501120155에서 검색
SBS 8뉴스 (2014.10.28.). "빚더미 대학생 7만 명… 30% 고금리에 허덕". http://mnews.sbs.co.kr/news/endPage.do?newsId=N1002656814에서 검색
연합뉴스 (2011.04.11). 대학생자살 연 230명… 심리상담 강화 추진. http://news.naver.com/main/read.nhn?mode=LSD&mid=sec&sid1=102&oid=001&aid=0005004825

CHAPTER 02

대학생 자살에 대한 이해

CHAPTER 02

대학생 자살에 대한 이해

제 1 절 대학생 자살의 특성

1. 대학생 자살 위기의 심각성

대학생 자살의 통계는 통계청 분류에서 대학생이 따로 분류되지 않아 정확히 알기는 어려우나, 20대의 높은 자살통계로 미루어 볼 때, 우리나라 대학생의 자살이 높을 것을 짐작케 한다. 실제 미국에서도 청년 자살률의 절반이 대학생인 것으로 보고된 바 있다(Schwartz & Whitaker 1990).

실제 우리나라 대학의 경우 서강대학교 학생을 대상으로 한 최명식(2007)의 연구에서 자살충동의 경험 여부를 질문한 결과 조사 대상 학생의 52.4%에 해당하는 325명의 학생들이 '있다'고 응답하였으며, 이 중 23.9%가 대학교 입학 이후에 자살충동을 경험해 본 것으로 조사되었다. 이는 대략 4명 중 1명이 대학 입학 후 자살충동을 경험한 적이 있음을 시사하는 것이다. 또한 한림대학교의 경우 조사 대상 학생 152명 중 57%인 72명이 자살 충동을 느낀 적이 있으며, 그중 69명은 자살하면 고통에서 벗어날 수 있다고 본다고 응답하였다. 우리나라 대학생의 우울 수준이 45.8%(한국산학기술학회, 2012), 자살생각률이 32.3%(디지털정책연구, 2012)라는 보고 등 우리나라 대학생의 정신건강 위기가 매우 심각하고 이에 따른 자살문제도 심각한 수준이라는 것을 알 수 있다.

한편, 해외 대학에서도 정신건강 문제가 대학정책에서 중요한 사안이 되고 있다. 미국 질병관리국(U. S. Center for Disease Control Prevention)은 청년층의 자살률 증가가 매우 급격하다고 보았으며(Colby et al., 2007), 대학 학부생 중 45%가 심각한 우울증 징조를 보이고 있다는 자료를 제시하고 있어(Youniss & Yates, 1997) 국내외를 막론하고 대학생 시기가 심리적으로 어려운 시기임을 알 수 있다.

또한 대학 신입생 실태조사에서도 신입생들 중 20~25%가 입학 전 자살에 대한 생각이나 충동을 경험하고 있다고 보고하고 있다(이화여자대학교 신입생실태조사, 2014). 재학생들의 자료는 아니지만, 신입생들이 대학에 진입하기 전부터 우울 등의 심리적 어려움을 겪는다는 것을 보여준다. 대학 입시 전 이미 중·고등학생 시절부터 겪었던 심리적 어려움이 청소년기를 지나면서 해결되지 않고 유예되었다가 대학 입학 이후 지속되면서 더 큰 혼란과 어려움을 가져올 수 있다. 특히 우리나라의 경우 치열한 입시경쟁체제 속에서 자신에 대한 고민, 진로와 정체성에 대한 고민, 친구, 가족 등 대인관계에서의 갈등 등 다양한 어려움을 대학 이후로 미뤄놓고 오로지 입시에만 초점을 맞추다가 묵혔던 문제와 갈등들이 대학시기에 들어와 터져 나오는 경우들이 많아 해외 대학생보다 더욱 복합적이고 심각한 위기를 경험할 가능성이 높다.

그렇다면 이러한 한국 현실을 반영하여 대학생의 자살 위기를 얼마나 많이 연구하고 다루고 있을까? 이를 위해 한국교육학술정보원에서 ‘대학생’, ‘자살’을 키워드로 연구물을 검색했을 때 2015년 6월 기준 총 103건을 찾아볼 수 있었다. 학위논문 중 석사논문이 34편, 박사논문이 6편으로 나타났고, 등재학술지에 게재된 연구는 총 63편이었다. 이는 초·중·고등학생인 청소년을 대상으로 한 자살 연구들에 비해 대학생을 대상으로 한 자살 관련 연구들이 아직 활발하게 이루어지지 못하고 있는 실정을 보여준다. 또한 논문들의 주제도 대부분 자살의 심리적 요인에 대한 연구들이다. 한국 상황에서 대학생들의 어려움에 대한 실태나 자살에 관한 위기대응방안을 다루고 있는 논문은 소수에 불과하다. 오히려 언론기사들이 대학생들의 어려운 현실을 많이 다루고 있다. 2007년 헤럴드 경제지의 자체 설문조사 결과에서 144명의 대학생들은 자신들의 우울함의 원인으로 인간관계에 대한 회의감, 진로에 대한 고민, 취업 스트레스 등을 지적한 바 있다. 최근에는 대학 신입생 시절부터 취업불안에 시달리는 ‘취준생’(한국경제TV, 2015-01-12) 기사가 보도된 바 있다. 이외에도 ‘혼밥족(홀로 밥을 먹음)’, ‘독강족(홀로 강의를 들음)’ 등 대학가에 아웃사이더 문화가 확산되고 있다는 보도(스포츠조선, 2014-04-01)나, ‘빚더미 대학생 7만 명…30% 고금리에 허덕인다’는 보도(SBS 8뉴스, 2014-10-28) 등 대학생의 어려운 현실이 언론을 통해 알려지고 있다. 요컨대, 현대 한국사회를 살아가는 대학생들이 경험하는 심리적 위기가 증가하고 있으며 이에 대한 한국 현실에 맞는 국내 대학교 정책과 대응 프로그램이 절실한 실정이라고 볼 수 있겠다.

2. 대학생 시기의 특성

권석만(2008)은 대학생은 청년기 전기에 속하는 시기로 인간관계가 가장 활발한 시기이며, 인간관계 갈등을 경험하는 시기라고 하였다. 또한 부모에게 의존적인 상태를 벗어나 독립하려는 시기이며 미래의 인생을 설계하고 준비하는 시기라고 하였다. 대학생의 발달적 특징을 살펴보면 다음과 같다(고병인, 1988).

- 신체적 특징: 성장이 완성되어 있어 신체의 결점에 대한 과도한 관심을 갖고, 때로는 자신의 체력에 대해 과신하는 경향이 있다.
- 인지적 특징: 사고력이 신장되면서, 현실을 직시하고 미래를 준비하고자 한다.
- 사회적 특징: 가정으로부터 독립, 사회 전반에 대한 관심을 가지며, 논쟁적이고, 리더로서 역할을 하고자 한다.
- 심리적 특징: 감정과 이성을 조절하려고 노력하며, 실패에 대한 두려움을 가지며, 관심영역을 확장하고 구체화하려고 한다.

대학생은 아동청소년기를 지나 성인에 진입하는 시기로서, 부모로부터 독립하는 발달적 과업 외에도 자라온 환경이나 배경이 매우 다른 여러 계층의 학생들과 섞여 서로 교류하며 자신의 정체감을 확인하고 학업에서 성과를 쌓으며 직업인으로 성장하기 위한 준비를 하는 시기이다. 특히 고등학교 시절에는 상위권에 속했던 학생들이 대학에 와서는 자신이 더 이상 뛰어나지 않으며 중간이나 하위에 속할 수 있다는 사실을 받아들이기 힘들어한다. 또, 사회경제적 지위에 대한 비교를 하게 되면서 열등감을 가지게 되기도 하고, 갑자기 주어진 자유에 대해 무엇을 어떻게 해야 할지 선택과 갈등을 경험한다. 어려운 학과공부나 잘 맞지 않는 전공 선택은 무기력감을 부추긴다.

우리나라 대학상담소의 한 연구자의 관찰에 의하면, 대학생들은 대학에 들어오면서 크게 여섯 가지 주요한 변화를 겪는다(강이영, 2008).

표 2-1 대학입학 시 대학생들이 겪는 여섯 가지 주요 변화

1. 대학입시라는 중요한 관문을 통과한 후 일시적으로 주요한 목표를 상실한 기분을 느낀다. 건강한 대학생들은 새로운 인생의 목표를 설계하지만 그렇지 못한 학생들은 목표에 대한 상실감을 느끼게 된다.
2. 확장된 인간관계를 경험하게 된다. 중·고등학교 시절 동안에는 학급이라는 한정된 공간에서 고정된 인간관계를 하였지만 넓어진 공간과 영역 안에서 다양한 사람들과 교류를 해야 하는 것이 큰 부담으로 작용하게 된다.
3. 대학 입시동안 미루어두었던 발달과업인 자아정체감을 형성하고자 한다. 무엇이 진정한 자신의 모습인지 의문을 갖게 되고, 탐색하면서 일시적으로 자존감과 자신감이 흔들리게 된다.
4. 학습, 인간관계, 진로계획, 여가활동 등에 대해 스스로 책임지고 조절해야 한다. 통제 속에서 생활하던 학생들의 입장에서는 갑자기 생긴 자율적 생활에 어려움을 겪게 된다.
5. 성공적인 대학 입시라는 가족 공동의 목표가 달성된 후 가족 안에서 역할이 달라진다. 가족과 함께 보내는 시간도 많아지고, 가족 구성원으로서 책임감도 느끼게 되면서 가족과의 새로운 관계를 경험하게 된다. 이 과정에서 중·고등학교 시절과는 달리 부모가정에 대한 새로운 시각이 달라지면서 독립과 의존의 갈등을 느끼게 된다.
6. 경제적인 문제이다. 등록금뿐만 아니라 다양한 활동을 위해 필요한 돈이 있다. 대학에 들어와서 느끼게 되는 경제적인 부담과 빈부의 격차는 심리적 위축감을 주게 된다.

대학생이라는 시기는 발달적으로 가족과의 동일시와 독립의 갈등, 학업 및 진로, 사회적 대인관계에서의 어려움, 경제적 어려움, 정서적 불안정성을 겪는 시기(Carsen et al., 1988)로 이전에 미뤄 왔던 다양한 욕구들과 사회경제적 지위 변화, 가정 내에서의 역할 변화, 불확실한 성인기에 대한 불안감 등 다양한 정서와 변화를 겪는 시기라고 볼 수 있다. 발달적으로 대학생 시기가 성인도, 청소년도 아닌 시기로, 모든 의사결정과 판단을 책임 있는 성인으로서 해 나가기에는 미숙하며 경험과 판단이 부족하여 시행착오를 겪는 시기이기도 하다. 따라서 이 시기에 개인이 가진 자살의 위험요인과 보호요인이 어떠한지에 따라 자살의 위험성은 크게 달라질 수 있다.

3. 대학생의 자살위험요인

자살위험요인이란 개인을 둘러싸고 있는 내·외적 환경이나 개인의 특성 중 부정적인 영향을 미치는 요인을 말한다. 따라서 개인의 자살위험요인을 사전에 확인하고 고려하는 것은 매우 중요하다. 그러나 먼저 자살의 위험요인을 고려할 때 다음의 사항을 주의할 필요가 있다.

표 2-2 자살위험요인 고려 시 주의사항

- 위험요인을 가진 취약한 학생은 자살 위험이 낮다가도 갑자기 높아질 수 있다.
- 자살경고 징후에 관한 완벽한 리스트는 없다.
- 자살은 항상 다차원적이다.
- 만약 위험요인을 줄일 수 있다면, 자살위험성을 줄일 수 있다.

즉, <표 2-3>에서 보듯이 자살위험요인은 하나의 위험요인이 바로 자살시도로 이어지는 것은 아니다. 다양한 맥락과 상황이 복합적으로 자살에 영향을 미친다. 따라서 위험요인에 대해 고려할 때 위험요인을 감소시키는 전략을 고려해야 하며, 위험요인이 있는 취약한 경우에는 지속적으로 자살위험요인에 대한 모니터링과 관리가 필요하다는 것을 알 수 있다.

대학생들의 경우, 자살의 위험요인에는 어떠한 것들이 있을까? 박명실(2005)은 우리나라 대학생 304명을 대상으로 그들이 경험할 수 있는 49개의 문제를 제시하고 이 문제들이 자살 생각이나 의도에 어느 정도 기여하는지를 평가하여 요인분석과 다차원 분석법을 통해 4개의 요인과 2개의 차원을 분류하여 제시한 바 있다. 박명실의 연구에 따르면 대학생들이 경험하는 자살위험요인으로 학업 및 진로문제, 무망감과 같은 심리적 문제, 이성 및 친구관계 등에서 오는 관계 문제와 행동적인 문제가 있다. 특히 행동문제에서는 섭식장애, 성적인 남용과 학대, 자살과 관련된 감정과 행동 등이 포함되어 있다.

표 2-3 대학생의 자살위험요인

학업 및 진로문제	• 학교문제 및 성적 • 시험불안 • 시간관리 및 동기유발 • 수행불안 및 발표불안 • 과도한 학업기준 • 경쟁 압력 • 성공에 대한 가족 압력 • 전공 및 진로결정
무망감	• 외로움과 향수 • 삶에 대한 일반 동기 및 관심 부족 • 우울문제
관계문제	• 애인 혹은 이성문제 • 친구관계
행동문제	• 자살감정 • 섭식문제 • 성적 남용 및 학대 • 신체 학대 • 건강관련 문제 • 육체적 스트레스

김혜성(2010)은 자살위험요인 중 심리적 기제에 초점을 맞추어 제시하였다. 김혜성은 대학생의 자살위험요인으로 '낮은 자존감', '우울증과 같은 정서적 문제', '부정적인 인간관계 경험', '학업과 취업 스트레스', '완벽주의와 충동성 등의 성격', '비관적인 대처기제'를 꼽았다. 김혜성은 특히 여자대학생의 자살위험요인으로 우울뿐 아니라 다

이어트 경험, 음주, 흡연, 휴학, 인터넷 중독이 자살생각에 영향을 미칠 수 있는 요인이라고 보고하였다.

표 2-4 대학생과 여자대학생의 자살위험요인

대학생의 자살위험요인

- 낮은 자존감
- 우울증과 같은 정서적 문제
- 가족 갈등 및 학대와 같은 부정적인 인간관계 경험
- 학업과 취업 스트레스
- 완벽주의나 충동성과 같은 성격적 특성
- 비관적인 대처기제

여자대학생의 자살위험요인

- 다이어트 경험
- 음주
- 흡연
- 인터넷 중독
- 우울
- 휴학경험(횟수)

출처: 김혜성(2010). 여자대학생의 자살위험에 영향을 미치는 요인에 관한 연구.

이외에도 국내 대학에서 비율이 증가하고 있는 외국인 학생들의 경우, 자살위험요인에 다음과 같은 요인들이 고려될 수 있다. 이들에게는 문화 차이로 인한 갈등, 어학 실력에 대한 열등감, 모국의 가족과 친척에 대한 향수, 모국 문화와 관련된 스트레스 등이 주원인이 될 수 있다(Lee, 2008). 문화적응 스트레스는 익숙한 문화에서 낯선 문화로의 이입과정에서 발생하는 전환 스트레스(transitional stress) 혹은 이전 스트레스(relocation stress), 생활사건 스트레스(life event stress)의 일종으로(Jou & Fukada, 1996) 개인의 우울성향과 함께 작용하면 낯선 문화에서의 적응과정 중 심각한 스트레스를 유발하여 결국 학업부진, 인터넷 중독 및 자살에까지 이르게 할 수 있다(Jang et al., 2009; Sumer et al., 2008).

대학생들이 경험하는 위험요인을 개인, 가정, 학교, 사회적 측면에서 세분화하여 보면 다음과 같이 정리될 수 있다.

먼저 개인의 차원에서는 '자신에 대한 부정적인 평가와 낮은 자존감'이 자살의 위험요인이 될 수 있다. 대학생활은 고교시절과 달리 다양한 구성원이 모이는 공간이다. 고교시절에는 경제적인 형편이나 생활환경, 학업 실력이 유사하여 이에 대한 내적 갈등이 비교적 적지만, 대학교에 오게 되면서 다양한 환경을 가진 동료들을 보게 되고, 부족한 환경이나 자신을 비교하는 경우가 많다. 자신에 대한 평가가 부정적이고 자존감이 낮을수록 자살의 위험은 커진다.

또한 대학 시기는 자기 자신과 미래에 대한 고민과 갈등이 많은 시기이다. 이때 자신의 현실을 무시한 '비현실적인 기대'는 오히려 좌절감과 분노와 같은 부정적인 정서를 불러일으키고 현실적인 성취를 방해해 '낮은 성취'로 이어질 수 있다. 특히 개인적 취약 요인으로 '과거 자살경험'이나 '우울한 성향', '충동적이고 공격적인 성향'은 잦은 감정기복이나 성취 실패로 이어지며 자살생각이나 자살충동에 영향을 미칠 수 있다. 우울증은 자살을 예측하는 주요 지표로 간주된다. 우울증의 대표적인 증상 중의 하나가 외부로부터 자기 자신을 철회시키는 것으로 자기고립의 심화 현상이다. 문제행동에 대한 도움요청 행동을 다룬 연구에서 고위험군일수록 도움요청 행동이 감소하는 현상을 밝혔다(Schwitzer, 2005). 미국 대학생의 경우 Furr 등(2001)이 대학에서의 자살시도자들을 조사하여 발표한 보고서에 따르면 무망감(hopelessness), 외로움(loneliness), 무기력감(helplessness), 우울증(depression) 등의 개인차원은 우리나라와 유사한 것으로 보인다. Furr 등(2001)은 자살을 시도한 자들과 자살을 시도하지 않고 충동만을 느낀 사람들을 비교하여 제시하였는데 자살을 시도한 자들의 무망감과 무기력감이 유의하게 높은 것으로 나타났다고 보고하였다. 즉 이 보고에 따르면 희망이 없다고 느끼는 무망감과 무기력감이 높을수록 대학생의 자살위험성은 높아진다.

또한 갑자기 주어진 자유로운 대학생활에서 스스로가 자기 자신을 적절히 관리하는 데 어려움을 겪는 경우들도 발생한다. 초기 성인기에 입문한 이들은 시간, 술, 담배, 성에 대해 개방적이고 자유로운 문화를 접하게 되면서 자신의 한계와 적절한 허용이라는 범위를 스스로 깨닫고 조절해 가기 시작하지만, 너무 꽉 짜인 수험생활과 부모의 지도하에서 자유를 제대로 누리지 못한 채 청소년기를 지나온 경우, 자기 조절의 문제와, 선택과 책임이라는 어려운 발달과제를 갖게 되기도 한다. 이때 조절의 실패로 파생되는 다른 문제들, 학업이나 관계, 경제적인 어려움 등이 복합적으로 발생할 때 자살의 위험요소는 더욱 커질 수 있다.

가정적인 위험요인으로는 가족 간의 의사소통 부족, 가족 불화, 과잉경쟁의식을 가진 부모 등을 생각해 볼 수 있다. 가족 간의 비민주적인 대화방식이 대학생이 되면서 큰 갈등 요인이 될 수 있다. 대학 진학 이후 미래의 결혼이나 취업 등에 대한 부모의 계속적인 경쟁적 압력 행사, 과도한 염려와 지나친 간섭 등은 독립을 추구하는 이 시기의 특성과 부딪히며 이전에 내재되었던 갈등이 드러나거나 폭발하게 되는 원인이 되기도 한다. 또 부모의 이혼, 사별 등으로 인한 가족 결손 또는 상실을 경험한 경우 상처와 아픔이 해결되지 않은 채로 수험생활에 매진했다가, 대학생이 되면서 봇물 터지듯 올라올 수 있다. 문소영(2014)은 대학생의 아버지－자녀 의사소통과 자살위험성의 관계에서 개인이 가진 자아탄력성이 이를 매개하는 것으로 보고하였다. 신새봄(2015)은 원가족의 건강성과 자아 분화가 대학생의 자살생각에 영향을 미친다고 보고한 바 있으며 김효정과 정미애(2010)는 대학생의 가족기능과 자살생각이 관련이 있다는 결과를 제시하였다. 또한 부모의

표 2-5 대학생 자살위험요인의 세분화

[개인]	[가정]
1. 자신에 대한 부정적 평가와 낮은 자존감 2. 비현실적으로 높은 기대와 낮은 성취 3. 과거 자살시도 경험 4. 충동적, 공격적 성향 5. 술, 담배, 약물남용 6. 스트레스 대처기제 부족 7. 섭식장애, 인터넷 및 컴퓨터 게임 중독 8. 성적 정체감 문제 9. 우울한 성향 10. 최근 심한 스트레스 사건 11. 낮은 도움요청 행동	1. 이혼, 사별 등으로 인한 가족결손 또는 상실 2. 가족불화 3. 가족 간의 의사소통 및 지지부족 4. 가정폭력 또는 학대 5. 재정문제 6. 이전의 자살시도 가족력 7. 과잉경쟁의식의 부모 8. 자립
[학교]	**[사회]**
1. 대인관계 2. 이성문제 3. 성적부담 및 학업관련 스트레스 4. 학교, 학과나 교수에 대한 선입견, 불만족 5. 지각, 결석 등 학과 부적응 6. 학교 내 낮은 지지체계 7. 과제에 대한 부담감 8. 잦은 평가와 높은 평가기준 9. 정보부족 10. 학자금 등 경제적 부담 11. 휴학/복학	1. 치명적 수단의 접근용이성 2. 매스컴을 통한 왜곡된 죽음의 이미지나 정보 3. 개인주의적 사회분위기 4. 과잉 경쟁사회 5. 자살사이트 등의 유해환경 6. 매스컴의 자세한 자살방법 보도 7. 경찰과의 갈등과 법적 문제 8. 임신, 미혼모 9. 낮은 취업률

학대와 알코올중독도 마찬가지로 대학생 자녀의 자살에 영향을 미치는(최윤신, 김혜련, 김한나, 2011) 위험요인이 될 수 있다.

학교 차원에서의 위험요인으로는 학점을 평가하며 지도하는 교수와의 갈등이나 대학공부가 어렵다고 느낄 때 위험도가 증가할 수 있다. 중고교시절과 비교할 때 대학교에서의 전공학습은 깊이 있고 심화된 내용인 경우가 많다. 암기식이나 단순 문제풀이에 익숙하다가 팀프로젝트나 어려운 리포트 등 낯선 평가방식에 적응을 하지 못한다고 느낄 때, 성적 부담감이 높을수록 자살의 위험요인은 커진다. 이때 사회적 지지체계가 낮은 경우, 학과나 동아리 등의 대인활동에 참여도가 낮고 갈등이 있는 경우, 어려움이 생겼을 때 도움받을 곳이 없다고 느끼는 경우, 잦은 지각과 결석 등이 이어지는 경우 위험요인으로 작용할 수 있다.

특히 최근 한국 경제 위기가 지속됨에 따라 미래에 대한 불안감, 스펙 쌓기 열풍으로 인한 압박감, 청년실업률과 등록금 염려 등 대학생들은 심각한 스트레스와 학교 부적응 상황에 놓여 있다(최윤정, 2012). 한국보건사회연구원(2013) 보고서에서 다른 연령층에 비해 에코세대[1]의 자살률이 매우 높게 나타난 것을 유의해 볼 필요가 있다. 다른 연령층의 자살률 증가 수치가 1.79~2.38 범위에 있는 것에 비해 에코세대의 자살률 증가 수치는 5.12로 매우 높게 나타났다. 송태민과 진달래(2012b)의 분석에 따르면, 에코세대의 자살률 증가는 2007년 학자금 대출로 인한 신용불량자의 증대와 연관이 있는 것으로 나타났다. 에코세대에 속하는 8.8%가 지난 1년 동안 적어도 한 번은 '자살하고 싶다'라는 생각을 해 본 적이 있는 것으로 나타났다. 청소년에 해당하는

1) 2013년 한국보건사회연구원에서 발간한 우리나라 세대별 자살 특성 분석 보고서에 따르면, 에코세대는 베이비부머의 자식 세대인 1979년생부터 1992년생까지 연령집단으로 정의하였다. 출처: 통계청(2012.08.02. 보도자료). 베이비부머 및 에코세대의 인구·사회적 특성분석.

15~19세는 성적 및 진학문제(53.4%), 가정불화(12.6%), 외로움·고독(11.2%) 순이 그 이유인 반면, 대학생 연령에 해당하는 20~24세는 경제적 어려움(28.1%), 직장문제(15.8%), 외로움·고독(15.4%) 순으로 보고되었다.[2]

이와 관련하여 대학생들의 경제적 어려움을 상세히 분석한 대학내일20대연구소(2015)의 '대학생 CAMPUS LIFE 2015 보고서'를 참고하여 대학생의 어려움을 가늠해 볼 수 있을 것이다. 이 보고서 따르면, 대학생 3,374명의 아르바이트 여부를 조사했을 때 대학생 10명 중 6명은 현재 아르바이트를 하고 있거나, 최근 6개월 내에 한 적이 있다고 답했다. 대학생의 76.6%가 학기 중에도 상시 또는 수시로 아르바이트를 하고 있으며, 이중 절반 이상(57.9%)의 대학생이 생활비, 등록금 및 주거비 등 꼭 일상에서 꼭 필요한 비용을 위해 고된 아르바이트를 하고 있는 것으로 나타났다.[3] 또한 대학생 2,227명을 대상으로 1주일 평균 근무시간을 조사했을 때 14.6시간으로 나타났으며, 남자가 여자보다 평균 2.5시간 오래 더 근무하는 것으로 나타났다.

대학알리미에서 데이터를 검색해 본 결과 2014년 연간 평균 등록금은 일반대학의 경우 612만 원으로, 등록금에서 장학금을 제외한 학생들의 실질 부담액은 일반대학의 경우 연평균 355만 원으로 나타났다.[4] 2012년부터 국가장학금이 도입되었음에도 불구하고, 학자금 대출 규모는 감소하지 않고 있으며 취업 후에도 학자금 대출 상환에 매여 안정된 기반 마련에 어려움을 겪는 등 여러 사회적 문제점을 내포하고 있다는 분석을 눈여겨 볼 필요가 있다(대학내일20대연구소, 2015).

또한 든든 장학금 대출을 받은 2013년 졸업자 113,774명 중 대출금 상환을 시작한 사람은 79,661명(70.0%)에 불과하였다. 연간 소득이

2) 통계청(2012). 청소년 통계.
3) 대학내일20대연구소(2015). 대학생 아르바이트 실태 및 고위험 아르바이트 인식 조사.
4) 대학알리미(www.academyinfo.go.kr) 통합비교 검색－항목별－대학재정/교육비－등록금 현황/장학금 수혜현황.

상환기준 소득[5])을 넘어서는 시점부터 상환의무가 시작되는 것을 감안하면, 대출자 중 30.0%는 졸업 후 1년이 지난 현 시점까지도 취업을 못 하였거나, 취업하였더라도 상환기준 소득에 못 미치는 수준에 처해 있음을 알 수 있다.[6]) 즉 대출금 상환 가능성 역시 대학생들에게는 큰 스트레스로 작용할 가능성이 있다고 보인다. 또한 학자금 대출로 인한 신용등급 하락은 고용위축으로 이어지고, 이는 다시 개인부채 증가로 이어지는 악순환이 형성될 수 있다. 실제로 학자금 대출을 갚지 못해 소송 등 법적조치를 받은 사람의 수가 해마다 증가한다고 보고되고 있으며[7]) 학자금 및 생활자금과 관련한 어려움이 대학생들의 자살위험도를 증가시키는 것으로 보인다.

이외에도 토익 성적 결정요인을 분석한 연구에서는 학자금 대출 경험이 영어성적에 부정적인 영향을 미치고 있는 것으로 분석되었다. 학자금 대출자들의 대출 부담이 취업을 위한 사교육비 지출 감소와 상대적으로 낮은 인적자본 투자로 이어져 양질의 일자리 취업에서 불리한 조건에 처할 가능성이 있음을 시사한다. 따라서 대학생들은 '재정곤란 → 아르바이트 근로 → 학점하락 → 장학금수혜 탈락 → 재정곤란 증가 → 아르바이트 근로 증가 → 학점하락'이라는 악순환에 빠질 가능성이 있다.[8])

이러한 학교와 관련된 경제적 어려움은 가정의 재정적 위기와도 무관하지 않으며 가족 발달 주기에서 50대 가장의 은퇴시기와 맞물려

---

5) 2014년 기준으로 상환기준 소득은 4인 가구 최저생계비의 100%인 1,856만 원.
6) 대학교육연구소 (2015). 학자금 대출 현황(http://khei-khei.tistory.com/1271).
7) 학자금 대출과 관련한 법적 조치를 당한 인원(액수)은 2009년 659명(37억 3,900만 원)에서 2012년 1,807명(110억 8,200만 원)으로 3년 사이 거의 3배가 증가하였다(자료: 한국장학재단, 2013. 4. 14.자 파이낸셜뉴스 기사에서 재인용).
8) '양정순, 채창균, 이찬영, 임건주 (2013). 학자금 대출과 대학생의 취업준비 및 성과. 한국직업능력개발원'에서 조사한 바에 따르면 본인이 학비를 조달하는 경우 대학생활 충실도가 가장 미흡하였고 휴학가능성도 더 높았으며 근로압박이 큰 것으로 보고되었다.

더욱 불안감과 위기감을 고조시킬 수 있다. 아직까지 대학생의 경제적 어려움에 대한 연구는 매우 제한적이다. 그러나 대학상담실에 찾아오는 대학생들을 상담한 바에 따르면 경제적 위기가 우울과 자살생각에 큰 영향을 미치는 것으로 보인다. 따라서 이러한 우리나라 대학생들의 실제 경제적 현실의 어려움을 고려한 자살 위험요인의 면밀한 분석이 요구된다.

마지막 위험요인으로 사회적 차원을 고려할 수 있다. 사회적 차원 중에서 좀 더 유의하여 볼 위험요인으로는 자살과 관련된 매스컴 효과를 들 수 있다. 유명 연예인이나 정치인 등의 자살에 대한 모방효과, 일명 '베르테르 효과'를 분석한 연구에서 에코세대는 다른 연령세대에 비해 영향이 큰 것으로 나타났다. 유명 연예인의 자살 사건 직후 자살자 수의 증가는 전체 연령 세대 평균 증가가 1.42배 증가한 것으로 보고된 반면, 에코세대 여성에게는 2.94배로 2배 가까이 나타난 것으로 분석되었다(송태민, 진달래, 2013a). 한편 이 보고서에 따르면 연예인의 자살사건보다 대학생의 자살사건이 영향을 더 크게 미치는 것으로 나타났는데 대학생의 잇따른 자살사건이 보도된 직후, 첫 달에 1.76배, 둘째 달에 1.89배 증가하면서 전 세대에 걸쳐 베르테르 효과와 영향력이 큰 것으로 보고되어 대학생 자살이 사회적으로 큰 영향을 미치는 것을 알 수 있다. 사회적 차원에서 매스컴을 통한 자살 보도가 모방 자살효과를 일으킬 수 있다는 점을 간과해서는 안 될 것이다. 왜곡된 자살사건 보도가 사회적 위험요인으로 크게 영향을 미친다고 볼 수 있다. 이외에도 자살방법 등을 공유하는 자살 사이트 등의 유해 환경(문성원, 2004)도 취약한 개인적 요인과 맞물려 위험도를 증가시키는 것으로 나타났다.

마지막으로 사회적 차원에서 가장 영향을 크게 미치는 것 중 취업 문제를 꼽을 수 있다. 최근 대학생들의 취업률이 감소하면서 '취준생'이라는 용어가 생길 정도로 취업에 대한 사회적 불안감이 증가하고 있다. 통계청에서 발표한 2014년 1월 고용동향에 따르면 청년실업률은 8.7%로 2013년에 비해 1.2% 증가한 것으로 보고되었다. 최우경과 김진숙(2012)의 연구에서도 대학생들의 취업과 관련된 스트레스가 높은 수준으로 확인되었다. 진로에 대한 고민과 취업에 대한 압박(최승혜, 이해영, 2013), 취업 불확실성(박미진, 김진희, 정민선, 2009), 졸업 후 취업압박 때문에 졸업을 유예하는 경우 등이 보고되고 있으며 취업 스트레스와 우울, 자살생각의 상관관계가 여학생에게서 더 높게 보고되기도 하였다(서인균, 이연실, 2014). 특히 여학생들의 경우 취업에 대한 사회적, 가정적 배려와 지원이 여전히 부족하며, 취업문이 좁다고 느끼고 있고 노동시장과 관습의 제약, 낮은 직업 전망, 여성 취업에 관한 고정관념 등과 같은 취업 장벽을 경험하는 것으로 보고되었다(손은령, 김계현, 2002). 취업 장벽을 높게 지각할수록 취업 스트레스와 자살생각이 증가하였다. 취업과 관련해 주변의 기대에 미치지 못한다는 생각과 비싼 학비를 조달한 부모에 대한 미안함, 취업이 되어 제 구실을 하여야 한다는 압박감 등이 클수록 대학생들의 자살위험성은 높아진다.

4. 대학생의 자살보호요인

대학생들의 자살보호요인으로 김혜성(2010)은 사회적 지지, 운동과 같은 과외활동, 회복탄력성 등을 꼽았다. 특히 여자대학생의 자살위험에 영향을 미치는 요인에 관한 연구(김혜성, 2010)에 따르면 의미있는 자살보호요인으로 종교모임 참석, 주관적 신체건강, 주관적 정신건강, 사회적 지지, 학교 적응 등이 중요한 요인으로 나타났다. 이를 좀 더 세분화하여 살펴보면 다음과 같다.[9]

---

9) '최재운, 김유진, 이희경, 진현숙, 박보은 (2014). 자살위기개입 매뉴얼. 대구광역시서부교육지원청 Wee센터'를 참고하여 본 집필자가 대학생을 대상

표 2-6 대학생 자살보호요인의 세분화

[개인]	[가정]
1. 모든 일에 대해 긍정적인 생각 2. 적극적인 문제 해결력 3. 감정을 통제하며 적절한 표출 4. 주변에서 적절한 조언 구하기 5. 미래에 대한 긍정적인 기대 6. 자신에 대해 가치를 높게 판단하는 자존감 7. 영성과 믿음	1. 부모와의 긍정적인 관계형성 2. 가족 간의 의사소통 및 긍정적 지지 3. 긍정적인 가족가치관, 결속력 4. 경제적 안정 5. 좋은 양육환경과 태도
[학교]	**[사회]**
1. 교수의 지지 2. 동료와의 원만한 교우관계 3. 만족스러운 학업 성취도 4. 학과활동 참여도 5. 적극적인 동아리 활동 6. 팀플, 협동과제에서 역할담당 7. 학교 내 상담 시스템 구축 8. 멘토－멘티 제도 9. 유용한 교육자료(영상물, 도서) 10. 심리적, 재정적 지원	1. 섭식, 우울 등 포함한 다양한 정신건강 교육과 서비스 2. 지역사회 내 네트워크지지 3. 종교 활동 4. 자살예방 관련법과 제도 구비 5. 외부 위기관리 기관 접근 용이성 6. 건전한 문화 공간 확보

먼저 개인적 측면에서 보호요인을 살펴볼 수 있다. 스트레스를 잘 관리하며 주어진 갈등상황을 잘 해결해 나갈 수 있는 능력과 자신에 대한 수용 및 긍정적인 가치감을 갖는 개인적 요인은 자살을 예방하는 매우 중요한 보호요인이다. 이와 관련해 자기평가가 긍정적일수록, 문제에 대해 대처신념이 강할수록, 미래에 대한 기대가 강할수록,

---

으로 하는 자살보호요인으로 수정·보완하였다.

친구의 지지가 강할수록 대학생들이 자살을 선택하지 않았다(유계숙, 손현겸, 2014). 외국인 학생의 경우 사회적 기술이 발달하고, 의사소통 능력이 좋을수록 자살을 선택하지 않았다. 특히 한국어 능력의 경우 말하기 능력이 문화적응 스트레스에 유의한 영향을 미친다는 보고가 있다(김희경 외, 2010).

가정적인 측면에서는 중년부모와 대학생자녀가 독립을 자연스럽게 발달시킬 수 있도록 서로 조정하며 성인으로서 존중하고 지지하는 분위기가 중요하다. Gencoz와 Or(2006)는 대학생 시기는 부모로부터 정서적, 사회적 독립이 이루어지는 시기로, 여전히 가정환경은 자살예방의 중요한 지지 자원이라고 보고하였다. 실제로 한국에서도 많은 대학생들이 세대 간 갈등이나 의사소통의 어려움을 경험하고 있는데, 가정은 사회문제에서 중요한 보호자원이 된다는 것을 국·내외 연구에서 꾸준히 보고하고 있다.

학교의 측면에서는 학생들이 가장 어려워하는 대상 중의 하나인 교수의 관심과 지지가 보호요인으로 나타난다. 또한 동료들과의 관계에서 사회경제적으로 차이가 나거나 자라온 배경이 서로 다른 동료들이 서로 수용하며 지지할 수 있는 협력적인 분위기가 보호요인으로서 중요한 요인이 된다. 또한 학교 내에 위기를 다룰 수 있는 상담시스템을 구축하는 것은 매우 큰 보호요인이 될 수 있다. Gencoz와 Or(2006)는 특히 가정환경이 좋지 않은 학생에게 관심을 가질 것을 강조하였다. 대학상담센터와 상담 제도가 잘 갖추어져 있을수록 다양한 예방과 상담 프로그램이 있을수록, 위기대처에 대한 시스템을 갖출수록, 상담에 대한 교내 직원들의 이해도와 인지도가 높을수록 학교환경은 대학생 자살위기의 보호요인으로 작용한다.

5. 대학생의 자살위기 징후

대학생들의 자살위기를 어떻게 알아차릴 수 있을까? 이와 관련해 코넬 대학교에서 교수 및 교직원을 대상으로 학생의 정신적 고통에 대해 안내하는 핸드북 내용을 참고하여 볼 수 있다. 코넬 대학교에서는 대학생의 자살위기를 학습 및 수행에 대한 지표, 행동 또는 감정 상태에 대한 지표, 신체적으로 나타나는 지표 등 세 가지로 나누어 교수 및 교직원들이 학생의 위험을 인지하고 고위험군 학생을 찾아낼 수 있도록 돕고 있다.

표 2-7 학생 정신적 고통에 대한 지표(Indicators of Student Distress)

학습 지표

- 수업, 세션, 또는 랩에 반복된 결석
- 과제, 시험 또는 약속을 잊어버림
- 일의 양과 질적 수준의 하락
- 극도의 무질서함 또는 변덕스러운 행동
- 폭력, 병적 상태, 사회적 고립, 절망감 또는 혼란에 대해서 드물게 표현하거나 씀: 자살이나 죽음에 초점을 둔 에세이나 페이퍼
- 특별한 조건을 계속적으로 요구함(페이퍼 기한 연장, 보충 시험)
- 완벽주의 패턴: 예) 만약 그들이 A+를 받지 못한다면 스스로 용납하지 못함
- 학점이나 다른 평가에 대한 과장 또는 편중된 반응

행동 또는 감정적 지표

- 정서적 괴로움, 가족 문제 또는 상실감에 대한 직접적인 언급
- 분노 또는 적대감 표출, 소리 지름, 또는 공격적인 발언
- 평소보다 더 많이 내성적이거나 활발해짐
- 절망 또는 무가치감을 표현: 울거나 눈물을 자아냄
- 극심한 초조 또는 성급함의 표현
- 과하게 요구하거나 의존하는 행동

- 스태프로부터 아웃리치 반응 부족
- 동요, 떨림, 꼼지락거리거나 서성임

신체적 지표

- 신체적 외관이나 개인적 위생 악화
- 과도한 피로, 탈진: 수업을 들을 때 반복적으로 잠듦
- 눈에 띌 정도의 몸무게 변화: 식욕 또는 수면의 변화에 대한 언급
- 눈에 띄는 상처, 멍, 또는 화상
- 두서없는 말투, 빠르거나 불명료한 말투, 혼란
- 눈을 맞추기 힘들어함

다른 요인들

- 그(녀)의 친구들이나 선생님이 걱정하는 학생
- 무엇이 잘못되었을 때 예감이나 본능적인 반응

출처: *Recognizing and Responding to Students in Distress: A Faculty Handbook* http://www.aep.cornell.edu/research/upload/facultyreponse.pdf 발췌.

국내 교육과학기술부(2011)에서는 자살 징후를 직접적인 행동, 언어표현뿐 아니라 간접적인 행동 및 상징적 단서에서도 포착할 수 있다고 제시하고 있다. 본 장에서는 교육과학기술부에서 제시한 내용을 토대로 대학생에 맞게 재구성하여 제시하였다.[10)]

이러한 징후들은 대학생들의 자살위기를 포착하고 예방하는 데 유용할 수 있다. 특히 대학생은 자율적으로 수업에 참여하고 강제하는 사람이 없으며, 대단위 수업부터 다양한 수업을 찾아다니면서 들어야 하기 때문에 수업에 자주 불참하고 과제를 제때 내지 못하는 등의 관찰 지표가 위기를 드러내는 지표 중 하나가 될 것이다. 대학 교직원 및 관계자들이 이러한 내용을 숙지하고 민감하게 대응하는 정도에 따라 대학생의 자살위기 보호요인은 달라질 수 있다. 교직원 교육과 관

---

10) '김희숙, 김미향, 박완주, 박경란 (2011). 학교 및 교육기관에서의 학생자살위기관리 프로토콜. 교육과학기술부'를 대학 실정에 맞게 수정한 것임.

련된 부분은 뒤에서 좀 더 상세히 다루기로 한다.

그림 2-1 대학생의 자살 징후

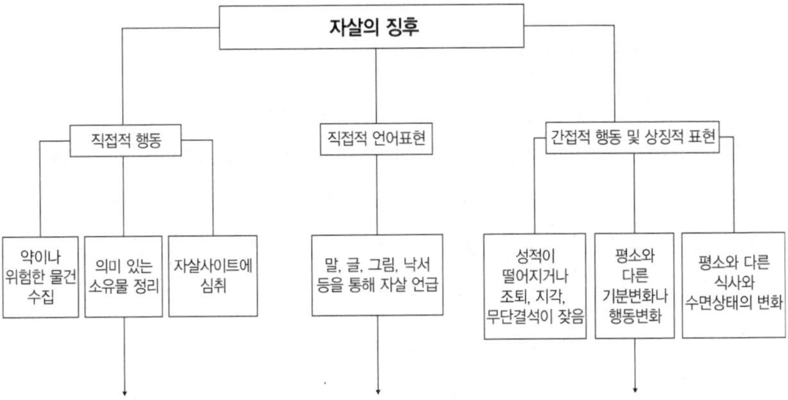

직접적 행동 단서

- 수면제, 진통제, 감기약 등 자살 목적으로 약을 모아서 감추어 둠
- 줄, 칼 등 자살도구를 준비하여 감춤
- 의미 있는 개인소장품이나 수집품들을 남에게 주거나 태우거나 버림
- 죽음이나 자살사이트에 심취
- 일기장, 노트, 메모장에 글, 그림 낙서로 자살이나 죽음에 대해 표현
- 주위사람에게 자살이나 죽음에 관련한 말을 흘림

직접적 언어표현

- "나는 정말 죽고 싶어"
- "나는 더 이상 지탱할 힘이 없어"
- "나에게는 사는 것이 더 이상 의미가 없어"
- "다음 세계에서는 해결할 수 있을 거야"
- "내가 없어지면 모든 것이 훨씬 나아질 거야"
- "나는 이 세상에서 쓸모가 없어"
- "내가 죽었으면 좋았을 텐데..."
- "내가 사라질 때..."
- "나는 너를 더 이상 괴롭히지 않을 거야"
- "보여줄 거야! 미안하지만 그들이 만족하길 바라"
- "안녕!!"

간접적 행동이나 상징적 단서

- 지나치게 환상적, 공상적 내용의 소설, 만화, 영상물 등에 심취
- 실연이나 상실에 대해 지나치게 미화시키는 대중음악 등에 심취
- 자살을 모험적, 로맨틱하게 생각
- 칭찬이나 포상을 거부하는 행동
- 수집된 상장들을 태우거나 버림
- 성격의 심한 변화를 보임
- 외모에 대한 관심의 결여
- 식사와 수면상태의 변화
- 에너지가 떨어져 쳐져 있음

제 2 절 국내외 대학의 자살위기 대응 사례

1. 국내 대학교 및 기관 사례

자살위기와 관련된 국내 대학들의 정책이나 체계는 아직까지 미흡한 단계이다. 학교에서 학생들의 자살위기를 심각하게 받아들이게 된 것도 최근의 일이지만, 이에 대한 학교 정책과 대응은 아직까지 미흡한 실정이다. 최근 들어 이에 대해 체계적으로 접근하려는 대학들이 있다. 여기서는 자살위기 대응과 관련하여 시스템이나 프로그램을 마련한 몇 개 대학들을 소개한다. 서울대학교에서는 자살위기 예방을 위한 대학24시간 위기상담전화시스템인 핫라인 스누콜시스템(SNU Call)을 개발하여 적용하고 있으며(서울대학교, 2008), 이화여대에서는 교내 정책연구로 자살위기 학생예방 및 위기상황 대응체계구축 연구를 통해 교내 위기대응시스템과 대처 실제에 관한 매뉴얼을 제시한 바 있고(이화여자대학교, 2015), 서강대학교에서는 학내 규정에 위기대응관련 규정을 추가하였다(서강대학교, 2015). 이와 같이 대학생의 자살위기에 대해 보다 체계적으로 접근하려는 움직임이 생겨나고 있다. 이에 위 대학들의 사례들을 살펴보고 시사점을 얻어 보고자 한다. 이외에 자살위기 대응을 위한 국내 전문기관들의 사례를 살펴보고 대학 정책과 프로그램에 반영할 시사점을 찾아보도록 한다.

1) 서울대학교

서울대학교의 경우 교내의 자살위기를 다루기 위해 핫라인시스템을 개발하여 운영하고 있다. 학내에서 발생하는 자살시도 및 자해, 치명적인 공격 행위, 혼란스러운 행동이나 심각한 대립으로 인한 시급한 심리 개입 요청, 정신이상자의 이상행동으로 인한 피해 등과 같은 응급상황이 발생했을 때 서울대학교의 대응체계는 다음과 같다.

그림 2-2 서울대학교의 위기 상황 대응체계

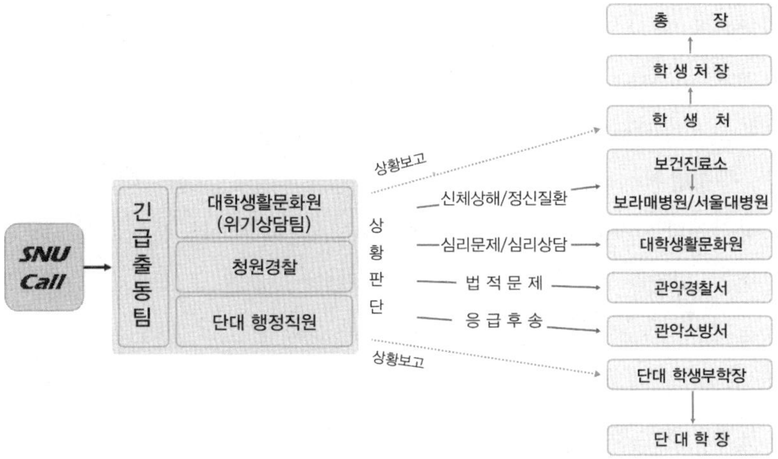

출처: 서울대학교 대학생활문화원 (2008). 24시간 상담전화 SNU Call(스누콜) 운영안내.

응급상황이 발생했을 경우, SNU Call에 전화하여 응급상황 발생에 대해 신고하면 대학생활문화원의 위기상담 팀, 해당 단과대 행정직원, 청원경찰로 구성된 긴급출동 팀이 현장에 신속하게 도착하여 상황을 파악하고 도움을 제공한다. 필요한 경우에는 보건진료소의 정신과 의사가 함께 출동할 수 있으며, 긴급출동 팀만으로 상황이 진정되지 않으면 경찰이나 소방서 등 상황에 따라 다른 기관의 도움을 받을 수 있다. 즉각적인 현장개입 후에 심리적인 문제로 심리상담이 필요한 경우에는 대학생활문화원에서 즉시 상담을 받을 수 있다. 만약 신체적 상해가 발생했거나 정신질환이 의심될 경우, 심각도에 따라 보건진료소나 보라매병원/서울대병원 응급실로 후송을 받을 수 있다. 또한 법적인 문제가 발생하거나 구조, 긴급후송이 필요할 때는 경찰, 119 구급대의 도움을 받을 수 있도록 해 준다.

서울대학교 기숙사(관악사)는 기숙사 내 상담센터와 동조교 제도 등의 시스템을 갖추고 있다. 서울대학교의 기숙사 학생 수용 비율은 17% 정도(약 전체 30,000명 중 사생 5,000명)이다. 남학생이 여학생에 비해 많고, 학부생과 대학원생의 비율은 비슷하다. 서울대학교 기숙사 직원은 총 89명(관장/부관장 3명, 시설직원 26명, 행정직원 28명, 서브직원 32명)으로 국내 대학 기숙사 중에서 직원이 많은 편이라고 할 수 있다. 행정직원에 개인상담이 가능한 상담사가 2명 포함되어 있는 것이 특징적이다. 서울대학교는 조교(대학원생)가 31명, 근로 장학생(학부생) 42명이 있다. 상담조교 2명이 있고 기숙사 동별로 조교가 근무하고 있는 것이 특징이다. 석사과정생부터 동조교 선발 조건이 되며 상담전공자를 우대하고 있다.

동조교의 평상시 업무는 근무일지 작성(상담일지, 시설 모니터링 일지)이며, 근무시간은 19:00~23:00이다. 직무교육 및 자격시험(상담교육, 자살예방교육, 재난대피훈련, 소방훈련, CPR)을 실시한다. 동조교는 1인당 200명 정도를 관리하고 있다. 매 학기 초 1~2개월에 걸쳐 사생들과 1:1 면담을 진행하는데 이에 대한 특별한 수퍼비전이나 감독은 없다. 연락은 주로 기숙사 행정실에서 이루어지고 근무시간 외에 문의사항 및 신고사항 접수 등을 동조교가 대신하도록 하고 있다. 또한 별도의 상담센터를 만들어 운영하고 있다. 바로 관악사 학생상담센터 '관심'이다. 구성원으로는 상담센터장, 상담전임 상담자 1명, 상담조교 2명, 객원상담자, 근로장학교사가 있으며 상담센터장은 부관장이 맡고 있다. 객원상담자와 근로장학교사는 상담 및 임상 석사과정생이 파트타임으로 보조업무를 하고 있다. 기숙사 학생들을 대상으로 하고 사생이 아닌 경우에는 단대별 학생상담센터 또는 학생생활연구소에서 상담을 신청할 수 있다.

서울대학교의 대응체계는 교내에서 발생한 위기상황이라 할지라도, 경찰까지 동원된 긴급출동 팀이 구성되어 있다는 것이 큰 장점이다. 대학생활문화원, 청원경찰, 단대행정직원의 전문화된 조직 구성으로 인해 세부적인 대응방안을 강구하고 시행하는 것이 가능하다. 경찰이 긴급출동하는 등의 공권력이 있어 자살위기에 대한 이송이나 처리에서 수월한 부분이 있다. 또한 교내에 의원 형태의 진료 병원을 갖추어 향정신성약물을 취급하므로 많은 고위험군 학생들의 진료를 교내기관에 의뢰할 수 있으며, 학생상담센터와 연계까지 긴밀하게 되어 있다. 상담센터와 병원 관계자가 서로 전화나 방문을 통해 사례를 연계하며 관리하고 있다는 점에서 큰 강점을 가진다.

서울대 기숙사의 경우 동조교, 대표조교 등 석사나 박사과정생을 중심으로 한 조교들의 활동이 체계화되어 있다. 가벼운 위기상황에 대비한 훈련이 되어 있고, 이를 위해 기본적인 교육을 실시하고 있다. 서울대학교의 경우 기숙사나 단과대별로 상담실을 두고 있으며 각 상담실과 의료보건, 스누콜 담당자 등 관련 기관들이 분기별 정기적인 연합사례회나 운영회의를 개최하여 긴밀한 연계체제를 운영하고 있다는 점에서 큰 시사점을 얻을 수 있다. 또한 기숙사 내의 상담실을 별도 운영하는 체제는 기숙사가 있는 대학의 경우 매우 필요한 사항이라고 시사된다. 기숙사 내 상담실에서 동조교 등을 대상으로 한 상담기본 교육과 또래상담자 교육 등을 실시하여 기숙사 내 아웃리치 활동을 벌이는 것 등은 눈여겨 볼 점이다.

2) 서강대학교

서강대학교는 지속적으로 심화되는 교내 학생들의 심리적 문제에 대해 학교 측에서 적극적으로 조치를 취할 수 있도록 자살위기 전담 상담교수를 채용하고 자살위기에 대응하고 있다. 또한 최근 2015년 3월 18일 '위기학생 보호를 위한 비상대책위원회 규정'을 제정한 바 있다.

규정은 다음과 같다.

> 서강대학교 위기학생 보호를 위한 비상대책위원회(이하 위원회)는 교내에서의 위기상황 발생 시 사건에 대한 조사 및 중재, 해당 학생에 대한 적절한 조치, 마지막으로 기타 위기 상황의 적절한 해결을 위해 필요한 조치를 주요 업무로 수행한다.
>
> 위원회에서 사안으로 다루는 경우는 자해, 자살, 또는 부적응 행동 등으로 타 학생의 학업수행, 학업분위기 조성에 해를 끼치거나 타 학생의 심리적 안전을 위협하고 불안감을 조성하는 경우가 해당된다. 또한 위기 학생 또는 그 학생의 보호자가 학생생활상담연구소의 개입(치료, 상담, 학부모 연락처 고지 등)을 거절하는 경우 및 추후 자해나 타해의 위험이 있는 경우 등을 '위기상황'으로 명시하였다.
>
> 위원회 구성으로는 위원장은 교학부총장이 되고, 구성원으로는 학생생활상담연구소장, 학생문화처장, 교무처장을 당연직 위원으로 하여 총 5인 이상 15인 이내로 구성되어 2년간 임기를 맡는다. 회의 소집은 위기생활 발생 시 학부·대학원에서 소집요청하거나, 학생생활상담연구소에서 사례가 접수된 때 또는 기타 위원장의 필요시에 소집된다. 재적위원 과반수의 출석과 출석위원 3분의 2 이상이 찬성된 경우에 의결되며 회의내용은 비공개를 원칙으로 한다.
>
> 위원회는 위기 학생에 대해 심리상담, 병원치료, 보호자 연락 또는 면담, 휴학권유 등을 조치내릴 수 있으며 이는 의결한 조치를 3회 이상 거부·기피하는 경우 또는 위기상황이 지속되어 학업수행이 어렵다는 전문의의 진단서 등을 통해 판단되는 경우에 해당된다. 직권휴학을 심의·의결하는 경우에는 학생 및 보호자가 회의에 출석하여 의견을 진술할 기회를 부여하며, 직권 휴학 조치를 취한 경우에는 총장이 직접 해당 학생과 보호자에게 통보한다.

이외에도 비밀유지조항이 명시되어 있으며, 위원회의 사무적 처리를 위한 간사와 서기를 둘 수 있도록 규정되어 있다.

국내 대학교에서는 아직까지 자살위기에 대한 규정이 제대로 마련되어 있지 않은 경우가 많다. 학생의 심리적 위기 대응 체계에 대한 규정을 만든 서강대학교의 사례는 다른 대학교의 선도적 사례가 될 것으로 보인다. 또한 규정에 실은 위기상황에 대한 정의에서 '자살', '자해', '부적응 행동' 등 자칫 민감할 수 있는 부분을 직접적으로 명시한 점도 특징적이다. 마지막으로 직권 휴학을 심의 및 의결할 수 있다. 학교 측에서 위기 학생이 의무적으로 치료를 받을 수 있도록 돕고, 잠재적으로 자신·타인으로부터의 위험을 보호하는 역할을 수행할 수 있는 효과를 기대할 수 있다.

3) 이화여자대학교

이화여자대학교는 교내 자살위기와 관련하여 상담 이외에도 다양한 예방 프로그램을 운영하고 있으며 학생자치활동 프로그램을 통해 정신건강에 대한 홍보와 아웃리치를 강화하고 있다. 또한 2015년에는 교내정책과제로 자살위기 학생 예방 및 위기 대응을 위한 연구보고서를 발간한 바 있다.

이화여자대학교에서 운영하는 자살위기 예방 프로그램으로는 크게 교양과목을 중심으로 실시하는 75분짜리 자살예방교육과 매년 5월에 2~3일간 개최하는 정신건강페어, 10월에 일주일간 진행하는 '정신건강주간' 홍보행사가 있다. 매년 자살예방교육은 2,000여 명 가량이 수강하며, 정신건강페어와 정신건강주간 행사 역시 매년 2,000~3,000여 명의 학생들이 적극적으로 참여하고 있다. 특히 지역구 정신건강센터와 협력하여 자살예방교육과 정신건강페어를 운영하여 지역자원 연계도 지속적으로 하고 있다. 정신건강페어는 학생들이 많이 모이는 광장에서 40여 개의 상담 및 심리체험부스를 설치하여 여학생들 취향에 맞는 미술치료, 아로마치료, 색채치료 등 다양한 체험을 제공하고 참여자들에게 자살위기에 대한 스크리닝(screening) 척도를 실시하여 아웃리치 활동도 겸하여 제공하고 있다.

또한 학생들 스스로가 자신들의 심리적 건강을 점검하고 증진을 도모할 수 있도록 자치활동 프로그램을 실시하고 있는데 대표적인 프로그램이 '이화 Mind Keeper'이다. 자살예방교육을 받은 후 보건복지부의 생명존중지킴이교육 3시간을 수료한 학생들이 스스로 홍보, 이벤트, 동영상 제작, 자살 위기 소책자 제작 등의 활동에 주도적으로 참여하고 학내 건강한 정신건강 조력문화를 이끌고 있다. 이외에도 신입생들의 학교 적응을 돕는 '이화 다우리' 멘토링 프로그램이 2007년부터 매 학기 실시되고 있으며, 최근 20, 21기까지 총 3,000여 명의 인원이 수료할 정도로 인기가 있을 뿐만 아니라 학교 부적응과 자살위기에 대한 예방적 효과도 톡톡히 보이고 있다.

2015년 실시한 「교내 자살위기 예방 및 위기상황 대응체계 구축 연구」에서는 안전관리위원회와 비상대응TF 팀 및 학과 협력을 통해 위기상황에 대처하도록 구체적이고 현실적인 내용의 매뉴얼을 제시한 바 있다(<표 2－8> 참조).

표 2-8 교내 자살위기 대응활동별 주요역할과 상세내용(이화여자대학교)

<table>
<tr><th colspan="2">대응활동</th><th>담당</th><th>주요역할</th><th>상세내용</th></tr>
<tr><td>신고 및 응급조치</td><td rowspan="2">시간대별로 상황을 점검하고 대응</td><td>최초 발견자, 총무처</td><td>자살위험 발견
119, 112 신고</td><td>－ 의학적 조언이나 긴급서비스 요청
－ 정확한 사실만 그대로 전함
－ 안전 확보</td></tr>
<tr><td>긴급회의 소집</td><td>안전관리 위원장, 비상대응 TF팀장</td><td>안전관리위원회 소집
상황진단 및 대응
긴급회의: 직원공지</td><td>－ 상황파악, 다방면 정보수집
－ 사실, 추측 판단
－ 보호자 긴급 연락 및 도움요청
－ 안전관리위원회 실행활동
－ 대응방침 준비
－ 학교 구성원의 안녕과 보호
－ 비상대응TF 팀 소집</td></tr>
</table>

자살시도자 관리		학과장, 행정실	안전관리	– 적절한 위기대응 및 치료 지원 – 위험요인 파악 및 제거 – 진정으로 돕고 싶음을 알리고 지지적 대응 – 당황하지 않고 차분하고 낮은 목소리로 반응 – 교내외 루머 확산 방지
자살시도자 사후상담 및 안전관리		학생상담센터, 학과	위기 심리상담 및 안전관리	– 학과복귀 후 의무상담 진행 – 시도자 학생의 위험수준 파악 – 외래병원 연계 및 사례관리 진행 – 학생상담센터와 학과 협력회의 – 시도자의 학과 안전관리 계획수립 – 학과 안전관리 모니터링 – 수업 결손, 과제 결손에 대한 학교 방침 공유
주변 학생관리		학과, 학생상담센터	학과 학생관리 및 학과 안정화 전문상담연계	– 학생의 반응 읽고 감정표현 기회 주기 – 위험군 학생 리스트 만들기 – 취약학생 확인 선별 및 관리대처 – 학과 교수회의 – 자살시도자 학과의 집중적 지원 – 루머 확산 방지 – 특별 상담실 운영 – 필요시 정신과 연계
학부모 관리 및 외부대응		학과장, 기획처	학부모 연락 및 협력적 관계 유지 외부 대응	– 학부모와 협력적 관계 유지 – 구체적 보고 내용 결정 – 정보와 이해공유 – 외부에 대한 대응 획일화
교직원 소진관리		총무처, 학생상담	비상대응에 투입된	– 대응 교직원의 심리적 소진 파악

	센터	교직원의 소진관리	– 대응 교직원에 대한 상담 – 대응 교직원에 대한 심리상담

이화여자대학교는 재학생들을 대상으로 상담뿐 아니라 다양한 자살예방과 관련한 프로그램을 운영하고 있는 것이 특징이다. 대규모 교내 정신건강 박람회를 정기적으로 운영하여 상담에 대한 접근성을 높이고 위기대상에 대한 아웃리치 기능을 수행한다. 상담이 필요하지만 인식이 부족하고 상담센터 이용에 따른 편견이나 낙인 등의 두려움 때문에 상담을 꺼려하는 대학생들이 아직도 많다. 따라서 전체 재학생을 대상으로 하는 정신건강 행사는 대학생들의 인식과 학교 분위기를 바꾸고 정신건강을 중요시하는 대학 문화를 조성한다는 점에서 다른 대학들도 시도해 볼 가치가 있다고 여겨진다. 전체 학생들이 참여하는 프로그램을 정기적으로 연 1~2회 정도 여는 것은, 상담실을 찾지 못하는 심리적 고위기 대학생에게는 상담실의 접근성을 높이는 아웃리치, 위기 예방적인 대학문화 조성, 상담센터에 대한 홍보 차원에서 필요한 일로 보인다.

또한 이화여자대학교는 상담 이외의 다양한 학내 프로그램을 운영하고 있다는 점에서 눈여겨 볼 필요가 있다. 자살위기 예방을 위해 신설한 'Mind Keeper' 프로그램은 자살예방교육에 참여한 학생들이 교육 후 스스로 자신과 학내 친구를 도울 수 있는 방안이 없는지 문의를 하는 과정에서 생겨난 학생자치 활동이라는 점에서 눈여겨 볼 필요가 있다. 학생들이 교육을 통해 자살위기예방의 중요성과 학내 위기를 감지하여 스스로 자발적인 도움을 제공하려는 욕구를 느꼈고 학교에서는 이러한 욕구를 수용하고 지역사회자원과 협력하여 학생들이 자치적으로 활동할 수 있는 장을 만들었다는 점이 특징이다. 일회성 교육에 그치는 것이 아니라 학생들의 자치활동으로 연결하여 자살위기에 대한 다양한 아이디어와 이벤트 등을 기획하고 실행하도록 지원하고 학생 스스로 조력문화를 조성하는 주체가 되도록 하며 학교는 촉진역할을 한다는 점에서 눈여겨 볼 필요가 있다. 이러한 활동은 학교 내 학보나 방송에 여러 차례 소개되어 학생들의 주목을 받고 있다.

또한 신입생을 대상으로 한 이화다우리 멘토링프로그램은 멘토들을 관리하는 데 효과적인 운영체계 즉, 단대별 운영위원, 멘토 수퍼바이저 등의 운영 및 수퍼비전 체계를 갖추고 있다는 점을 눈여겨 볼 필요가 있다. 팀 수퍼비전, 일대일 수퍼비전 등을 운영하고 있으며 멘토 교육 시 peer counseling 교육을 제공하여 멘토의 대화기술을 높이고 멘티 특강과 워크숍, 단대별 행사, 전체행사, 팀별 활동, 1:1 멘토-멘티 활동, 사이버캠퍼스 운영 등 다양한 구조와 짜임새 있는 프로그램을 제공하고 있다는 점에서 다른 대학들에게 좋은 모범사례가 될 수 있다.

또한 재학생 대상의 '이화심리교육'과 신·편입생 대상 '적응지원 워크숍' 등을 지속적으로 열고 있는데, 일대일 상담에서 다 다루지 못하는 심리적인 문제에 대한 교육, 학교 적응과 관련된 다양한 팁을 제공하여 자살위기 예방 교육의 차원에서 효과를 보이고 있다. 학생들의 다양한 욕구에 맞추어 교육 프로그램을 지속적으로 운영하는 학교 측의 관심과 지원을 눈여겨 볼 필요가 있다.

또한 이화여자대학교는 최근 교내 정책연구보고서를 통해 위기 대응부터 사후관리까지 신속하고 안전하게 대응할 수 있도록 누가 어떤 역할을 할지 상세히 제시하고 있다. 아직까지는 연구에 국한되어 있으며 실제 시범운영을 통한 수정과 적용이 예정되어 있어 효과를 짐작하기는 어려우나 기숙사생과 외국학생들에 대한 위기 대응까지 섬세하게 대응할 수 있도록 제시하고 있으며 법률적 한계를 검토하여 상담센터나 학교의 조력범위를 규정하고 이에 대한 사전 동의나 상담 의무 등을 제시한 점은 눈여겨 볼 만하다.

이제까지 국내 대학교의 특징적인 내용을 살펴보았다. 현재까지 국내 대학교는 위기의식은 높지만 현실적인 대응체계나 방법 면에서는 아직 걸음마 단계라 할 수 있다. 반면 학생 자살위기에 대한 국내 정부 부처들의 대응체계나 매뉴얼은 비교적 상세하고 실질적인 부분이 있어 눈여겨 볼 필요가 있다.

4) 교육부

교육부의 학생자살예방대책 단계는 사전 예방 활동, 위기관리, 사후 대응의 총 3단계로 이루어져 있다. 예방 활동은 모든 학생을 대상으로 자존감 및 생명 존중 의식을 함양하고 정신 건강을 증진할 수 있도록 교육과 상담을 진행하는 것을 포함한다. 또한 정서 및 행동 발달 검사를 통해 자살시도 가능성이 있는 학생들을 선별하는 작업을 한다. 자살 위험군의 조기 발견을 통해 이후 발생 가능성이 있는 위험 상황을 사전에 예방하도록 치료 및 조치를 취하는 것이 사전 예방 활동 단계의 작업이다. 다음으로 위기관리 단계에서는 이미 자살을 시도한 학생과 이러한 자살시도자들에게서 영향을 받은 학생을 치료하고 지원한다. 마지막으로 사후 대응에서는 자살 발생 후, 유가족과 주위 학생의 심리적인 안정과 자살 전염을 방지하기 위해 교내 위기관리 팀, 교육지원청 위기관리 팀, 그리고 전문기관을 통해 영향을 받은 모든 사람들에게 치료를 지원한다.

교육부에서 제시한 자살 위기상황 대응 방안은 자살 위기 학생 발견 시 관리 방안과 실제 자살사고 발생 시 관리 방안으로 나뉜다. 자살사고 발생 시 관리 방안은 다음 그림과 같다.

그림 2-3 교육부의 자살사고 발생 시 대응 체계

학생자살사고 발생
↓
• 응급처치 / 구명조치(112, 119, 1339) • 사고현장 보존
↓
• 교육청 사안보고 및 보호자 연락 • (육하원칙에 따라 사실을 정확하고 신속하게 보고)
↓
• 관련기관 지원 요청(사법기관 / 의료기관 등)
↓
• 상황파악 및 학교위기관리 팀 소집 • (상황파악 및 구체적인 대응책 마련, 역할분담, 정보일원화 및 억측이나 소문 등에 대응) • 교육청 산하의 위기관리 팀 지원 요청
↓
• 자살 전염 방지를 위한 관리대상자(학생, 교직원, 가족) 선별 및 위기상담 서비스 제공 • (재발방지 방안연구 / 생명존중 및 자존감 증진교육 강화)

출처: 김희숙, 김미향, 박완주, 박경란 (2011). 학교 및 교육기관에서의 학생자살 위기관리 프로토콜. 교육과학기술부.

교육부 산하 대구광역시서부교육지원청 Wee센터에서는 자살 위기상황에 개입하는 절차를 사안에 따라 다음과 같이 제시하고 있다.

그림 2-4 대구광역시서부교육지원청 Wee센터의 자살 위기상황 개입절차

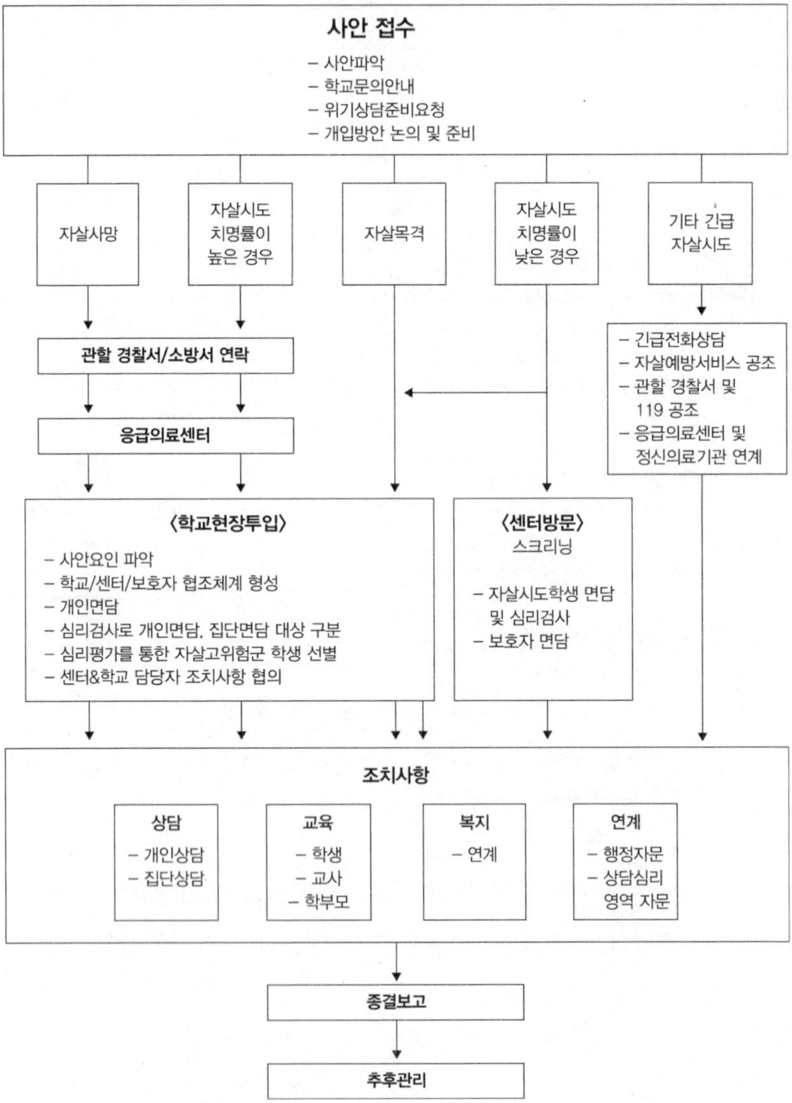

출처: 최재운, 김유진, 이희경, 진현숙, 박보은 (2014). 자살위기개입 매뉴얼. 대구광역시서부교육지원청 Wee센터.

발생한 사안을 파악하는 사안 접수 과정에서 각 사안을 유형에 따라 분류하고 이후 취해야 할 조치 사항과 위기 상담을 위한 협조 요청 등 세부적인 위기 개입 절차를 다르게 적용하는 것이 대구교육지원청 Wee센터의 특징이라 할 수 있다. 사안 유형은 총 5가지로 자살 사망자가 발생한 경우, 자살 사망자를 목격한 경우, 그리고 자살시도 치명률이 높은 경우와 낮은 경우로 나뉘며 마지막으로 기타 긴급 자살시도로 구분된다.

자살 사망을 포함한 모든 자살시도에는 자살로 인해 영향을 받는 자살 생존자가 존재한다. 대개 가까운 친인척과 친구뿐 아니라 학교, 지역 사회, 국가까지 포함하며 직접 목격한 경우와 간접적으로 노출된 목격자까지 포함한다. 이러한 자살 생존자를 위해 추모 및 애도의 과정, 심리적인 개입이 필요하다. 일반적으로 자살로 인한 사망 소식을 듣게 되면 충격과 부정의 시기를 지나 슬픔을 느끼고 분노와 죄책감을 느끼게 된다. 마지막에는 사망자의 부재로 인해 외로움을 느끼게 되는데, 이후 우울과 자살 충동의 부정적인 결과를 초래할 수 있는 반면, 위기 이전 상태로 회복하여 앞으로의 미래를 재조명하기도 한다. 이때 정상적인 애도 과정으로 안내하기 위해 심리적인 지원을 제공한다. 또한 자살 사망을 포함한 모든 자살시도의 목격자들 중에는 자살 전염성이 높은 고위험 학생이 있을 수 있으므로 고위험 학생을 선별하여 그들을 위한 집중적인 관리와 보호를 시행한다.

자살시도 치명률이 높은 경우에는 전화로 사안 접수 후 자살시도자의 신체 손상 정도를 파악하고 관할 경찰서 혹은 소방서에 연락을 취해 응급 의료센터로 이송한다. 이때 즉각적으로 보호자에게 연락을 취하고 교육청에 사안을 보고한다. 동시에 위기관리위원회 비상연락망을 가동하고 언론에 대응할 담당자를 정한다. 이후 정신의료 기관 등 외부 전문기관과 연계하여 이후 조치 사항을 결정한다. 또한 자살시도 목격자 인원과 당시 상황, 심리적인 상태까지 함께 파악하여 목격자를 위한 대응책까지 강구할 수 있도록 한다.

자살시도 치명률이 낮은 경우에는 응급 의료센터로의 이송 및 외부 전문기관에 전문적인 도움과 협조를 요청하는 대신, 우선 자살기도 학생이 신뢰하는 사람을 불러 정서적 지지를 제공할 수 있도록 한다. 학교 혹은 센터의 즉각적이고 과도한 개입은 오히려 주변 학생들의 주의를 집중시키고 자해와 같은 잘못된 행동을 강화하여 부정적인 파급 효과를 초래할 수 있기 때문에 사례 회의를 통해 학교 현장 투입 여부를 논의한 후, 개입 방향을 설정하는 것이 바람직하다. 이후, 필요하다면 학교 현장 혹은 센터 내에서 면담과 심리검사를 진행할 수 있도록 한다. 또한 보호자 면담을 진행하거나 학교와 센터 그리고 보호자 협조체계를 형성하여 상담 혹은 교육 등의 조치 사항을 결정할 수 있도록 한다.

대구교육청 Wee센터는 사안 접수를 통해 자살 사망자, 목격자 그리고 자살시도 치명률에 따라 이후 조치 사항을 달리 적용한다. 특히 자살 생존자(목격자를 포함한 유가족 및 친구)를 위한 후속 조치와 관리 방법을 안내하고 있다는 점이 대구교육청 Wee센터의 장점이라 할 수 있다. 또한 자살시도 치명률이 낮은 경우에는 오히려 과도한 개입을 금지하고 정서적인 지지를 통해 안정감을 형성할 수 있도록 해주며 부작용과 부정적인 파급 효과가 발생하지 않게 조용히 조치할 것을 강조한다. 이를 통해 사안마다 각기 다른 대응 방안이 적용되어야 할 필요가 있음을 시사한다.

5) 보건복지부

보건복지부의 학생 자살 위기관리 개입은 분류를 위한 1차 평가, 2차 대면 평가, 그리고 개입의 세 단계로 이루어진다. 첫 번째 분류 단계에서는 블루터치 핫라인(1577-0199)을 통해 접수된 상담에서 최대한 많은 정보 수집과 기록을 하게 된다. 개인, 가족 및 다양한 기관을 통해 의뢰된 접수 상담에서는 단순히 위기상황을 접수하는 것이 아니라 최초 상담의 과정으로서 객관적인 정보를 최대한 수집할 수 있어야 한다. 특히, 심리적 상태와 정신 병리적 판단을 위한 임상적 정보, 정신과적 병력뿐 아니라 사회경제적 상태, 사회 지지체계에 대한 정보 등도 포함한다. 이때, 신속한 평가를 위해 자살위기분류척도(CTRS, Crisis Triage Rating Scale)[11]를 활용할 수 있으며 CTRS는 자살의 위험성을 고위험, 중간 위험, 낮은 위험, 위험성 없음 그리고 평가 불가로 진단 내린다.

두 번째 대면 평가에서는 대상자와의 치료적 관계를 형성하는 것이 무엇보다 중요하다. 그렇기 때문에 응급 출동한 정신보건전문요원은 자신을 소개하여 대상자를 안심시키고 대상자의 관점에서 위기상황을 이해하려고 노력해야 한다. 이때 신체적인 어려움이 있는지, 입원치료를 위한 자원 혹은 기타 복지 서비스 자원 등이 존재하는지를 파악하여 이후의 구체적인 개입 계획을 세워야 한다.

마지막 개입 단계에서는 분류를 위한 1차 자살 위험성 평가와 2차 대면 평가에 근거하여 각 위험 수준에 따라 각기 다른 사례관리 서비스를 결정한다. 이때에도 응급, 고위험, 중간 위험 그리고 낮은 위험 상황으로 분리하며 고위험과 응급은 정신과적인 입원이 필요한 경우이다. 정신과적 입원은 정신보건법에 의거하여 진행해야 하며 자발적인 입원이 권장되어야 한다. 만약, 고위험군 대상자에게 자의입원을 권유하였으나 대상자가 병식이 없고 치료에 거부적일 경우 보호의무자가 존재한다면 보호의무자의 의사에 따라 구 정신보건법(현 정신건강증진법) 제24조의 보호의무자에 의한 입원을 수행한다. 그러나 보호의무자가 없거나 보호의무자 역시 병식이 없어서 치료와 보호에 대해 거부적일 경우 구 정신보건법 제25조의 시, 군, 구청장에 의한 입원을

11) 이명수 (2011). 자살위기개입핸드북. 서울시자살예방센터. pp. 15–16 참고.

실시할 수 있다. 응급성이 높아 신속한 조치가 필요한 경우 구 정신보건법 제26조 응급입원을 실시하며 이 경우에는 경찰의 행정적, 물리적 협조가 필요하다. 필요한 경우 위험 수준에 상관없이 심사 후 치료비가 지원되며, 6개월 이후 위험성 재평가를 실시한다.

보건복지부 산하 서울시자살예방센터의 자살 안전관리 개입은 총 2단계에 걸친 체계적인 평가 단계를 갖추고 있다는 점과 위험성 수준을 평가할 수 있는 척도가 있다는 것이 매우 큰 장점이라 할 수 있다. 신속하고 정확한 평가가 이루어져야 이후 적절한 대책이 즉각적으로 이루어질 수 있으며, 위험성 수준에 따라 이후 조치가 다르게 개입되어야 최상의 효과를 기대할 수 있다. 또한 척도를 통해 사전 스크리닝 작업을 함으로써 위험성이 없는 상황과 평가 불가의 상황도 진단할 수 있기 때문에 불필요한 인적·경제적 자원을 낭비하지 않고 필요한 상황에 집중적인 지원을 제공하는 것이 가능해질 것이다. 평가와 관련된 마지막 장점은 사회경제적 상태와 사회적 지지체계를 파악한다는 것이다. 사회경제적 상태는 이후 입원 절차에서 치료비 지원의 가능성 여부를 확인하는 자료로 활용되고 사회적 지지체계는 앞으로의 개입에 사회적 지지체계를 활용하여 더 효과적인 대응과 개입 이후 좋은 상태를 유지하는 것이 가능한지에 대한 예측을 가능하게 할 것이다.

마지막으로 고위험군과 응급상황의 경우 자의입원을 권유하는데, 자의입원이 불가능한 경우 보호의무자 혹은 경찰의 협조하에 입원을 하게 된다. 이러한 입원은 자살시도자의 보호를 위해 다소 강제적으로 적용되는 조항이다. 이러한 강제적인 조항이 효과적으로 적용되기 위해서는 자살시도자 본인이 아닌 보호의무자나 경찰에 의한 입원에 대해 재판 등으로 엄격하게 통제하고 관리해야 하며 지속적인 입원 심사를 실시(예: 약 6개월마다 실시)해야 한다. 그리고 무엇보다 자살시도자의 신체 자유를 확실히 보장하는 범위 내에서 위의 과정들이 이루어져야 할 필요가 있다. 미국과 영국 등 많은 국외에서는 이러한 원칙을 비교적 잘 준수하고 있으나, 국내에서는 아직도 어려운 실정이다. 오하이오 주립대학(Ohio State University)의 사례를 보면 학생의 정신건강 평가와 위협적인 행위에 관한 공판이 종료될 때까지 그 학생은 제적 상태에 있게 된다. 즉, 장/단기의 제적 상태를 감안하면서까지 자살시도자 본인과 주변인을 위해 신중하게 정신건강 상태를 진단하고 공판을 진행한다는 것을 알 수 있다. 그러므로 자살시도자의 인권을 보호하는 범위 내에서 비자발적 입원의 필요성과 장점 및 단점을 생각해 보고 우리나라 대학의 실정에 맞게 적용해 보면 좋을 것이다.

2. 해외 대학교 사례

대학생의 정신건강 증진과 자살예방을 목적으로 하는 비영리 기관 The Jed Foundation은 대학의 자살예방 프로그램이 갖추어야 할 지침을 제시한다. 대학생을 대상으로 한 자살예방 프로그램은 어린이, 청소년, 직장인, 그리고 노인을 대상으로 한 자살예방 프로그램과는 다른 특징을 갖는다. 다음의 가이드라인을 통해 대학이라는 독특한 환경에서 실시되는 자살예방 프로그램은 어떠한 모습을 갖추고 있어야 하는지 확인할 수 있다. 그러나 각 대학은 규모, 지역별(도시 혹은 지방), 특성별(4년제 일반 대학인지 전문대학인지), 그리고 국공립인지 사립인지 등의 여러 특성에 따라 위기상황 발생 시 대처 방법이 달라진다. 그러므로 대학의 위기 대응 방안은 각 대학의 특성에 맞춰 계획되어야 할 필요가 있다.

표 2-9 대학 기반 자살예방 프로그램이 갖추어야 할 가이드라인

1. 대학 캠퍼스 내 의사소통 활성화
2. 응급상황 시 접촉과 통지에 대한 규정 개발
3. 사례관리 팀 구축
4. 휴학 규정 개발
5. 자해 행동에 대한 무관용 정책 피하기
6. 의무적인 사정과 치료에 수반되는 복잡한 이슈에 대한 이해
7. 복학 전제 조건 개별화하기
8. 대학생들에게 정신건강 문제에 대한 적극성 권장
9. 의료보험에 정신건강 서비스 제공
10. 적정 경계성 향상시키기
11. 산학협력체계 구축
12. 발생 가능한 갈등에 대하여 사전 대책 강구
13. 위험 대상자에 대한 아웃리치
14. 경우에 적합한 정책과 의례 설정 및 실행

출처: Jed Foundation, 2008.

1) Cornell University[12)]

코넬 대학은 위기상황의 예방과 초기 개입을 목적으로 위기관리 팀(Alert Team)을 구성하여 운영하고 있다. 코넬 대학의 위기관리 팀은 학내 구성원의 건강, 복지 그리고 성공적인 대학생활 실현을 위해 구성원 간 정보를 공유하고 대응 방안을 개발한다. 또한 위기상황에 대한 개입 절차와 지지 전략을 개발하고 사례를 관리하며 정기적인 감시 및 평가를 통해 기존의 대학 학칙에 부합하는 대응 방법을 제시한다. 특히 대학 내에 구성된 위기관리 팀인 만큼 학생 개인과 대학 커뮤니티 양쪽의 안전과 권리를 보호하기 위해 노력하며 대학 정책과

12) HEMHA(Higher Education Mental Health Alliance). & Jed Foundation. (2013, April 9). *Balancing safety and support on campus: A guide for campus teams.* Retrieved from https://www.jedfoundation.org/about/jed-news/campus-teams

절차에 부합하는 개입 방안을 추천한다.

위에서도 언급했듯이 코넬 대학을 포함한 많은 대학이 캠퍼스 팀을 구성하고 팀의 목적과 목표를 분류하여 이에 맞는 역할과 책임을 정해 활동한다. 팀의 구성원은 학생처장, 부처장, 학생상담실장, 위기관리부서장, 기숙사장, 학생 안내 직원, 대학건강센터장, 그리고 학장 등으로 이루어지며 이때 팀의 리더가 중요한 역할을 한다. 코넬 대학의 위기관리 팀 리더는 회의 진행뿐 아니라 대학상담센터와의 교류, 사례관리 감독 및 조정 과정 후원, 회의 후 후속 조치, 관련 정책 문제 확인 후 정신보건관련 정책자의 관심을 끄는 것 등 많은 역할을 수행한다. 또한 교내에서 자살시도가 발생했을 경우 교내에 통지, 가족과 교수진 등에 연락 취하기, 지원 요청, 위기관리 팀 운영 등 중요한 역할을 담당한다.

또한 캠퍼스 팀의 주요 역할 중 하나인 학생의 문제에 대한 확인 및 조사를 위해 코넬 대학교는 정신적 고통에 대한 지표를 학습, 행동 또는 감정, 신체, 그리고 기타 요인으로 분류하여 자살 징후로 연결되는 여러 특성들에 대해 명시하고 있다. 이러한 지표는 자살 위험성이 높은 학생을 선별하고 그들에게 관심을 기울이며 예방하는 데 도움이 된다. 그리고 각 지표별 구체적이고 세부적인 대응 방안을 구상하고 계획할 수 있도록 해 준다.

코넬 대학의 위기관리 팀은 위기상황에 대한 다양하고 풍부한 정보를 수집하고 해당 정보를 평가하며 구체적인 계획과 대응책을 규정 및 실행하고 이후 추가적인 영향력을 조사한다. 또한 위기관리 팀의 목표, 목적 그리고 책임을 제시하여 팀과 팀 리더의 중요성과 역할을 강조한다. 하지만 위기관리 팀의 주요 역할과 그 범위에 대해 더욱 구체적으로 명시해야 할 필요가 있다. 예를 들어 전반적인 위험 상황에 개입할 것인지, 위협의 평가만 실시한 것인지, 학생을 포함한 교직원과 스태프까지 관리하는지 등의 구체적인 범위 설정이 필요하다. 또한 교내 다른 위원회 및 부서와는 어떻게 구별되는지 그 차이점을 자세히 제시하여 위기관리 팀의 차별화된 역할을 명시할 필요가 있다.

코넬 대학에서 제시한 정신적 고통에 대한 지표는 자살 위험성이 높은 학생에 대한 경고 신호로 작동하여 위기상황을 예방하거나 시기적절한 개입을 하는 데 도움이 되며 교수나 교직원이 학생의 부정적인 행동 양상을 감지하는 데 도움이 된다. 또한, 학생 스스로가 자신의 상태를 지표 기준에 따라 상시 체크하고 교수 혹은 교직원에게 자신의 상태에 대해 표현하는 것이 수월하며 교수도 지표에 근거해 학생의 상태에 대한 걱정과 염려를 직접적으로 표현하는 것이 용이하다. 즉, 정신적 지표는 학내 구성원 간 정확하고 효과적인 의사소통 도구로서 기능할 수 있는 것이다. 이렇게 학생의 상태에 대해 관심을 갖고 주의를 기울이게 되면 이후 전문적인 진단으로 이어질 가능성이 높고 결국에는 각 지표에 따라 상담, 학업 관련 조언 등 각기 다른 도움을 제공할 수 있다. 특히 정신적 지표의 적용은 자신의 상태에 대한 자각이 부족한 학생들에게 도움을 제공하며 교직원이 정신적 지표를 활용하여 상담이나 치료에 연계할 수 있다.

2) Ohio State University[13)]

오하이오 주립대학은 자발적으로 정신건강 서비스 센터를 찾지 않는 자살 고위험군 학생들을 위한 예방책으로 스크리닝 작업을 실시한다. 이 스크리닝 작업(ISP, Interactive Screening Program)은 온라인을 통해 익명으로 이루어지며 스트레스와 우울함에 대한 간단한 질문을 통해 위험군의 학생을 확인하고 그들이 도움을 얻을 수 있게 격려하

---

13) HEMHA(Higher Education Mental Health Alliance). & Jed Foundation. (2013, April 9). *Balancing safety and support on campus: A guide for campus teams*. Retrieved from https://www.jedfoundation.org/about/jed-news/campus-teams p. 19 참고.

는 역할을 한다.

실제 자살시도가 발생했을 경우에는 시도자가 본교의 학생인지를 확인하고 즉시 한 사람 이상의 대학 임원에게 자살시도 사실을 알린다. 임원진은 오하이오 주립대학 경찰, 상담 서비스 책임자, 학생지원 부처장, 학생의 법무를 위한 책임자 그리고 학생의 인권 보호를 위한 책임자로 구성되어 있다. 오하이오 주립대학의 특징은 학생 법무를 위한 책임자와 학생 인권 보호를 위한 책임자가 존재한다는 것이다. 또한 잠정적인 위협을 평가하는 과정에서 학생 법무부와 법률 사무소의 위원단이 구성되어 법 관련 자문을 얻을 수 있다. 이를 통해 개인의 자살 혹은 위기상황이 단순히 개인의 신체적이고 심리적인 손상만을 야기하는 것이 아니라 법적인 수준의 문제로까지 확대될 수 있으며 오하이오 주립대학은 이러한 법적인 문제에 대해 철저히 대비하고 있음을 알 수 있다.

또한 평가 단계에서 위기상황이 상당한 위협을 가할 수 있는 경우라고 평가되었을 때, 오하이오 주립대학은 정신건강 평가를 위한 비자발적인 입원을 허용하며 이로 인한 제적 상태까지 감안한다. 그 이유는 높은 위험성이 존재할 것으로 판단된 경우 신체와 심리 건강에 대한 검진이 필요하며 이를 위해서는 일시적인 제적이 요구되기 때문이다. 그리고 위협적인 행위에 관한 공판이 있을 때까지 학생은 대학 강의 출석이 금지되는 중간 제적 혹은 영구 제적 상태가 될 수도 있다. 즉, 자신과 타인에게 위협을 줄 가능성이 있는 학생은 이후 조치가 취해지기 전까지 학교생활을 할 수 없게 되는 것이다. 그러므로 정신건강 상태가 호전되어야 본교 학생으로서 자유로운 학교생활이 가능하다. 오하이오 주립대학의 위기 대응 과정은 치료의 중요성을 강조하며, 치료에 대한 강제적인 규제 장치를 마련하고 있음을 알 수 있다.

그림 2-5 Ohio State University(OSU)의 심리적 위기 대응 과정

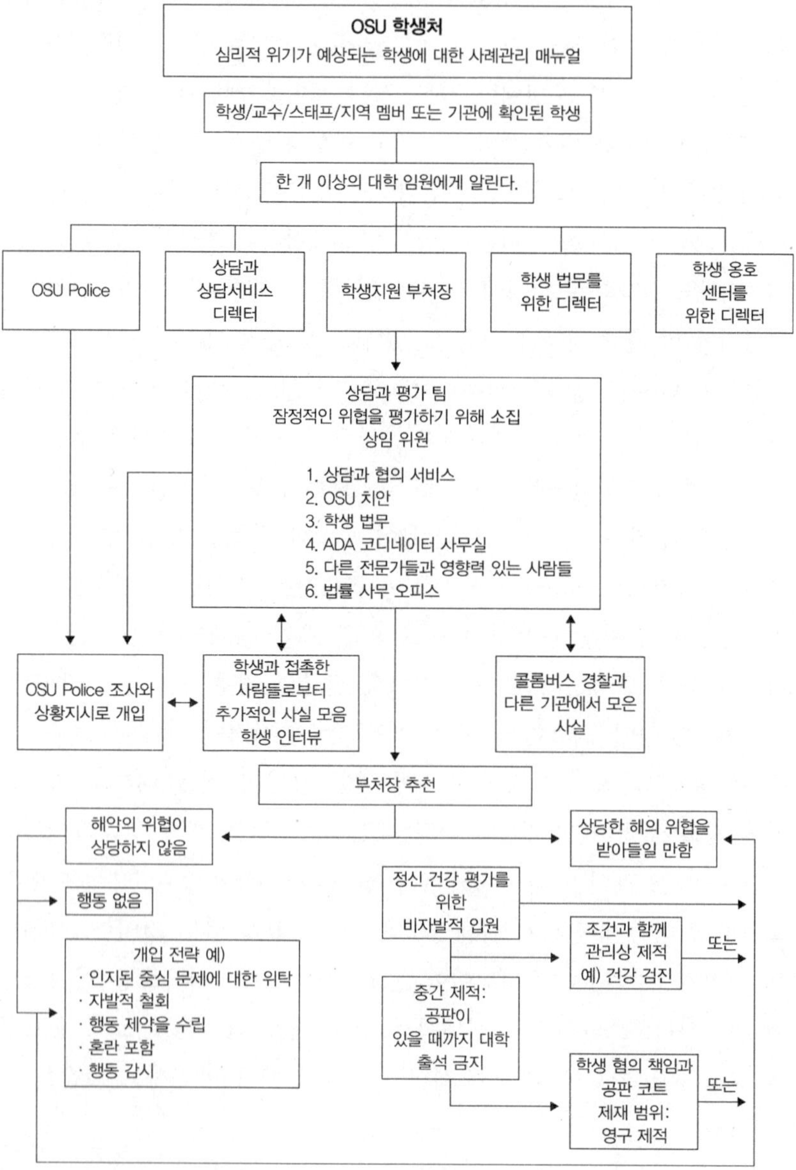

출처: HEMHA & Jed Foundation. (2008). *Balancing safety and support on campus: A guide for campus teams.*

오하이오 주립대학의 스크리닝 작업은 학교 학생들에 관한 전반적인 상태를 확인할 수 있어 학교 차원에서의 준비 및 대책과 대대적인 개입을 가능하게 할 것이다. 개인적으로는 자신의 상태를 확인하고 자각할 수 있게 해 주며 필요하면 언제든지 도움을 요청할 수 있도록 해 줄 것이다. 하지만 익명으로 이루어지는 작업이기 때문에 학교 측에서 위험성이 높은 학생에 대한 즉각적이고 집중적인 개입이 불가능할 수 있으며, 이러한 제한점 때문에 실시 대비 치료나 도움으로 이어지는 사례가 적을 수 있다. 그러므로 스크리닝과 치료적 지원 서비스에 관한 대대적인 홍보, 스크리닝 검사 결과의 이해를 높이기 위한 심리 교육, 치료에 관한 긍정적인 인식 함양 등 환경적인 요건이 잘 갖추어져야 한다.

학생 법무 팀은 위기상황의 책임 소재에 대한 끝없는 공방을 사전에 차단하거나 단기간에 종료할 수 있도록 도울 것이다. 개인은 한 국가와 한 학교의 학생으로서 자신에게 부여된 권리와 의무를 확인하고 자살 위험에 노출되어 있다고 판단될 경우 국가, 지방자치단체, 특히 학교의 도움 및 지원을 받을 수 있도록 해야 한다. 또한 자살시도자를 발견한 목격자의 경우 적절한 조치를 취할 수 있어야 한다. 마지막으로 관리자이자 목격자인 학교는 정신건강 선별검사 도구를 개발·보급하고 시행해야 하며, 자살 예방 교육 및 상담을 실시하고 자살을 조장하는 데 영향을 미칠 수 있는 부정적인 자극 및 정보를 차단하며 자살시도가 발생한 경우 어떻게 대처해야 하는지에 대한 안내를 해야 한다. 이러한 측면에서 법무 팀의 관여는 학생 개인 및 타인의 인권과 학교의 안전을 보호하고 그들의 의무를 강조하여 긍정적인 영향을 미칠 수 있다. 하지만 법무 팀의 권한이 어느 정도까지인지의 경계를 확실히 해야 할 필요가 있다. 자살의 위협이 낮은 수준이거나 자살시도 혹은 이로 인한 사망 사실이 공개되지 않도록 해야 할 때조차 위기상황을 더욱 크게 만들 수 있기 때문이다.

또한 비자발적 입원과 제적 조치를 통해 치료 절차의 강제성을 확인할 수 있다. 개인의 정신 건강은 타인에게도 부정적인 영향을 미칠 수 있는 강력한 파급효과를 갖는다. 이러한 측면에서 여러 다양한 사람들이 함께 생활하는 대학에서 부정적인 영향력을 미칠 수 있는 고위험군 학생에게 치료를 최우선으로 하는 것은 바람직하다. 하지만 제적 상태에서 적절한 치료가 제공되지 않을 경우 오히려 자살 가능성을 높이거나 이미 자살을 시도했던 학생의 재시도를 야기할 수 있다. 그러므로 이 부분의 적용을 위해서는 제적 상태로 학교 밖에 방치되지 않도록 제대로 된 치료 환경과 조건을 제공하는 방향으로 계획되고 실행될 수 있어야 한다. 그리고 학교 측의 지속적인 관리와 심사로 학생의 치료 상태(입원 치료 혹은 외래 치료 중인지)를 상시 확인할 필요가 있다.

3) The University of Texas at Austin[14)]

Behavior Concerns Advice Line(BCAL)은 텍사스 대학의 교직원, 스태프, 학생 그리고 방문자의 안전, 복지, 보안을 위해 학생처, 상담 및 정신건강 센터, 근로 지원 프로그램, 그리고 텍사스 대학 내 경찰서(UTPD)의 협력 아래 제공되는 서비스이다. BCAL에 연락을 취할 수 있는 방법은 전화와 온라인을 통해 가능하다. 전화 연결은 익명으로 24시간 상시 가능하고 법원의 명령, 소환장 혹은 그 외 기록을 공개해야 하는 경우를 제외하고 비밀 보장의 원칙을 따른다. 온라인으로 도움을 요청하는 경우에는 학교 계정(아이디)이 있어야 하고 근무 시간(월요일부터 금요일 오전 8시부터 오후 5시까지)에만 가능하며 익명으로

14) HEMHA(Higher Education Mental Health Alliance). & Jed Foundation. (2013, April 9). *Balancing safety and support on campus: A guide for campus teams.* Retrieved from https://www.jedfoundation.org/about/jed-news/campus-teams 내의 텍사스 대학 사례를 소개한 링크(http://www.utexas.edu/safety/bcal)를 참고한 내용.

도움을 요청하는 것이 불가능하다는 제한점을 갖는다.

자신 혹은 타인에게 위협을 가하는 위기상황이 발생했을 경우 BCAL로 전화를 걸면 다음과 같은 도움을 받을 수 있다. 우선 BCAL의 대응자는 위기에 처한 학생이 스스로 해결할 수 있는 방안과 전략을 탐색하도록 돕는다. 학생 스스로 해결할 수 없는 경우, 문제 해결에 도움을 줄 수 있는 전문가에게 지원을 요청하도록 안내한다. 각 상황에 따라 학생처, 상담 및 정신건강 센터, 근로 지원 프로그램에 국한되지 않고 다양하고 광범위한 도움을 제공한다.

4) State University of New York at Buffalo[15)]

뉴욕 주립대학교 버펄로 캠퍼스는 재학생 및 교환학생을 대상으로 상담서비스를 제공하고 있으며, 개인적 위기순간에 있는 학생들을 도울 수 있도록 훈련된 정신건강 전문가들이 배치되어 있다. 상담서비스는 전화 또는 직접적인 만남을 통해 가능하며 학생, 교직원, 부모에게 자살위기 학생들을 어떻게 도울 수 있는지 조언해 준다.

이 대학에서 교직원에게 제공하는 자살위기 가이드 내용을 살펴보면 다음과 같다. 학생이 자살에 대해 이야기하거나 자살과 연관되는 행동을 한다면 즉시 상담센터로 의뢰하도록 권고하고 있으며, 발견한 사람이 학생에 대한 즉각적인 개입의 확신이 없거나 위기 학생이 의뢰를 꺼려할 경우에도 본상담센터로 연락할 수 있도록 안내하고 있다. 학생이 자살 고위험군에 속할 시에는 청원 경찰(University Police)이나 지역 내 핫라인(Crisis Service of Erie County)으로 연락하도록 기술되어 있다. 더불어 신체화(somatization)와 유사한 증상, 상담 시 주의해야 할 심리문제 등에 대해 어떤 식으로 개입, 대처하는 것이 바람직한지 구체적으로 제시하고 있다.

---

15) http://ub-counseling.buffalo.edu/crisis.php

그림 2-6 State University of New York at Buffalo의 자살 위기 대응 과정

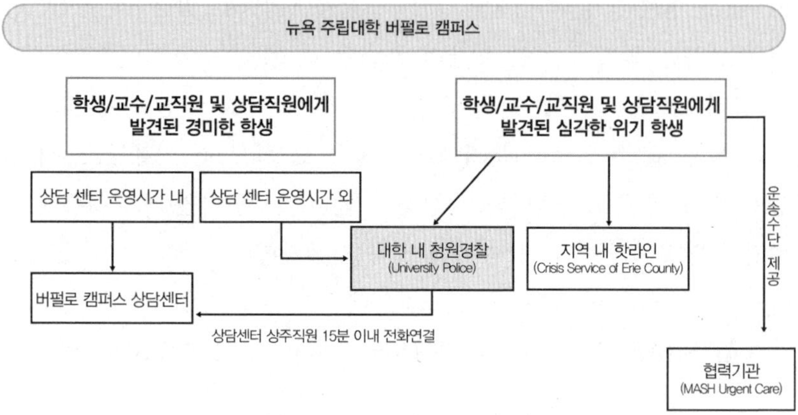

상담센터에서 제공하는 서비스는 크게 일반적인 상황과 자살 위기상황으로 구분하여 개입을 실시하고 있다. 상담 운영시간 내의 경우 학생이 본인 스스로, 혹은 주변 사람이 걱정되거나 염려될 시 상담센터에 직접 연락하도록 권고하고 있으며, 상담 운영시간 외에는 본교 청원 경찰(University Police)에게 연락해 상담 전화를 요청하도록 안내하고 있다. 전화 접수 15분 이내로 상담사가 학생에게 연락하여 개인적인 인적사항을 받고 상담을 진행하게 되는데, 학생이 본인의 신원을 밝히고 싶지 않아 할 경우 지역 내(Crisis Service of Erie County) 24시간 핫라인 이용할 수 있도록 안내하고 있다. 또한 본교 상담센터의 운영시간 외에는 지역 내 협력을 맺은 긴급보호 센터에서 안전하게 이동할 수 있는 운송 수단을 제공해, 긴급보호 센터로 연계할 수 있는 시스템이 마련되어 있다.

버펄로 캠퍼스 상담센터는 외국인 또는 교환학생이 상담을 받고자 할 때 불가리아어, 구자라트어, 힌디어, 일본어, 한국어, 스페인 언어로 상담이 가능하다는 특징이 있다.

5) University of California, Los Angeles(UCLA)[16]

UCLA는 Counseling and Psychological Services(CAPS) 기관과 Consultation & Response team(CR team)에서 대학생의 신체 및 정신건강을 관리하고 있다. CAPS는 UCLA 대학 내에서 전반적 건강관리를 담당하는 기관이며 UC 의료 센터, 의료진, 심리치료실 등을 포함하고 있다. CAPS는 서비스 제공 이전에 약 26개의 개인정보 제공동의를 필요로 하는데, 다음과 같이 명시하고 있다.

표 2-10 UCLA: Counseling and Psychological Services(CAPS)의 개인정보 제공동의 내용

항목	내용
치료를 위한 정보 제공 동의	치료를 위해 전문적인 의료진(의사, 간호사), 학생 또는 당신의 건강관리와 관련된 타인에게 의료 정보를 제공해 줄 수 있다. 또한 연계가 필요할 경우 CAPS 이외의 상담 및 심리서비스 전문가에게 건강 관련 정보를 공유할 수 있다.
비용을 위한 정보 제공 동의	CAPS 또는 다른 기관, 응급이송(구급차) 등의 결제와 관련해 보험회사 또는 제3자에게 정보를 제공할 수 있다.
건강관리를 위한 정보 제공 동의	보다 나은 서비스 질과 안정성을 위해 당신의 건강관리 정보와 건강 계획, 서비스의 행정 관리 등으로 개인 정보가 공개될 수 있다. 다른 기관 연계 시 승인인가, 합법성, 회계관리를 위해서도 개인 정보가 공개될 수 있다. 또한 의사, 간호사, 레지던트, 의료관련 타 기관의 경우 보다 나은 서비스와 교육적인 목적을 위해 개인 정보가 공개될 수 있다.
상담 일정 조율을 위한 정보 제공 동의	CAPS와의 상담 시에도 개인 정보가 제공될 수 있다.

16) http://www.counseling.ucla.edu

병원 디렉터리를 위한 정보 제공 동의	당신이 입원했을 경우 가족, 친구, 성직자 등에게 입원 사실을 알리기 위해 개인 정보 제공 동의가 필요하며, 당신의 이름, 병원의 위치, 일반적인 상태, 종교 등의 정보가 포함될 것이다. 단, 당신이 정신건강의학과에 입원했을 경우 제공되는 정보는 좀 더 제한될 것이다.
보호자를 위한 정보제공 동의	당신의 건강을 관리해 주는 친구, 가족구성원, 이해당사자 등에게 당신의 정보를 제공할 수 있다. 또한 당신의 건강에 소요된 비용을 도와주는 이에게도 정보를 제공해 줄 수 있다.
심리상담 서면기록을 위한 정보제공 동의	심리상담 서면기록은 연방 법률에 따라 보호자 사용 동의가 필요하다.

출처: CAPS. (2013). Notice of privacy practice UCLA counseling and psychological services.

CAPS 내의 심리 상담 개입과정을 살펴보면 다음과 같다. UCLA 학생이 심각하게 혼란스러워하고, 지리멸렬하여 삶의 위협까지 느끼고 있을 경우 911에 즉시 연락을 하도록 안내하고 있으며, 삶의 위협까지는 느끼지 않는다면 발견한 사람이 CAPS에 의뢰하거나 위기 학생이 직접 연락할 수 있도록 권고하고 있다. CAPS는 의뢰에 대해 다섯 가지의 포괄적인 방법을 제시하고 있다.

표 2-11 UCLA: CAPS가 제시한 다섯 가지의 심리 상담 의뢰 방법

- 세심하게 의뢰해야 한다. 대부분의 학생들은 전문가의 도움을 받고자 하나, 몇몇 학생들은 비정상적이고 약하다고 생각되는 학생들만 CAPS에 간다고 생각하기에 저항하는 경우도 있다. 따라서 의뢰하기 전 다른 사람의 도움을 필요로 하고 제3자의 도움을 받는 것은 지극히 정상임을 알려 줄 필요가 있다.

- 교직원이 위기 학생을 직접 돕고자 할 경우, 본인의 사무실에서 CAPS에 전화를 걸도록 안내하고 있다. 이는 약속 시간, 날짜, 담당 상담자, 학생의 위치 등을 확실히 기록하는 데 도움을 준다.
- 상황이 심각할 경우에는 교직원 또는 해당 학생이 상담예약 없이 응급서비스를 요청할 수 있다.
- 학생에게 더 많은 서비스를 제공하고자 할 때에는 학생과 동반하여 CAPS에 방문할 수 있다.
- 학생에 대해 걱정은 되지만 심각성 정도에 대해 의문이 들거나, 기타 다른 문제가 있을 경우에도 CAPS에 문의할 수 있다.

또한 CAPS에서는 교직원 교육도 실시하고 있는데, 교육 내용은 다음과 같다.

첫째, QPR(Question, Persuade, Refer) 자살예방 게이트키퍼 교육[17)]이다. 교직원 대상 교육을 통해 자살예방 기술을 훈련하고 실천할 수 있도록 한다.

표 2-12 UCLA의 교직원 교육: 자살예방 내용

- 자살 및 위기에 대한 보호요인 파악
- 자살 위기 학생 개입 방법
- 질문하고 설득하며, 도움을 받도록 의뢰하는 방법
- 자살예방 게이트키퍼(gate keeper)가 자살위기 학생 안전망에 기여할 수 있는 방법

출처: http://www.counseling.ucla.edu/training_staff.html

17) QPR은 질문(question), 설득(persuade), 의뢰(refer)의 약자로 게이트키퍼들이 자살의 위험신호나 행동을 보이는 사람을 조기에 인식하고 도울 수 있도록 교육하는 프로그램으로 1995년 Paul Quinnet이 개발하였다(Quinnett, 2007).

둘째, 고통받고 괴로워하는 학생들을 대하는 방법을 교육한다. 교수 및 교직원은 대학생활에 상당한 영향을 미치며, 또한 학생들의 스트레스에 대해 누구보다 더 잘 알고 있다. 이 교육을 통해 교수·교직원은 교실의 혼란함을 최소화할 수 있도록 적절한 자원을 가진 학생들을 원조하며, 효과적으로 반응할 수 있도록 배우게 된다.

표 2-13 UCLA의 교직원 교육: 학생들을 대하는 방법

- 불안, 우울, 광적, 정신병, 약물 및 알코올 남용, 자살, 위험에 있는 다른 학생들 등 위기상황에 대한 유형에 대해 사전 대책을 강구
- 위기상황에 놓인 학생을 상대하고, 상담센터에 방문과 상담(CAPS 또는 Consultation & Response team)을 받을 수 있도록 권유하는 방법

출처: http://www.counseling.ucla.edu/training_staff.html

UCLA의 CAPS는 학생 관리 및 옹호(advocate) 전문가의 경우 24시간 상담을 진행하지는 않지만, CAPS 내의 위기관리 팀은 일주일, 24시간 내내 전화상담 이용이 가능하다. 따라서 상담센터 운영 시간 이외에 상담을 원한다면 CAPS의 위기관리 전화상담 또는 학교 경찰, 911(응급이송)로 전화할 수 있도록 안내하고 있다. 더불어 CAPS는 상담 약속 취소 등과 관련한 교칙이 별도로 마련되어 있는데, 상담 일정이 잡힌 학생이 상담에 참석을 하지 못하거나 24시간 이내에 상담 일정을 취소하지 못할 경우 약 2만 2천 원 정도의 벌금을 지불하도록 명시하고 있다.

2011년에는 CAPS 기관과는 별도로 CR 팀이 신설되었다. 이 팀은 교수, 상담전문가, 학교 청원경찰 등과 연계해 학생들에게 상담 및 도움을 주며, 매주 미팅으로 재학생들의 사례를 논의, 나아가 UCLA 학생들에게 도움을 줄 수 있는 방법들을 모색하고 있다. CR 팀은 현

그림 2-7 UCLA의 자살 위기 대응 과정

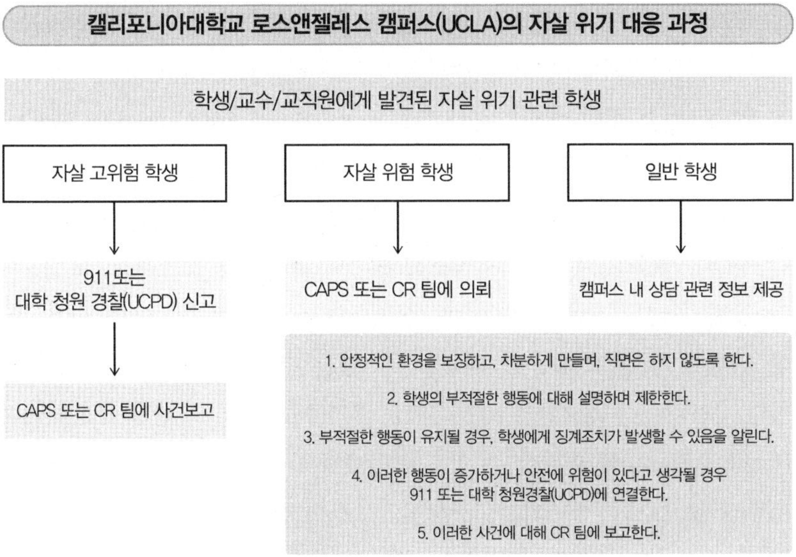

출처: www.studentincrisis.ucla.edu

재 심리, 건강, 경제위기, 성폭력, 유학생 적응, 법, 동성애 등 다양한 분야에 관한 위기 상담을 진행하고 있다.

UCLA 대학의 경우 앞서 살펴본 버펄로 캠퍼스처럼 심각한 위기 상황에서는 바로 911 또는 대학 청원 경찰에 신고할 수 있도록 권고하고 있고, 대학 청원 경찰이 CAPS 또는 CR 팀에 사건 보고를 하도록 되어 있다. 둘째, 개인정보 제공 동의, 위험관련 행동을 지속적으로 할 경우 징계조치에 대한 안내 등의 교칙이 잘 마련되어 있어 자살과 관련된 복잡한 사안들을 적절히 대처할 수 있으리라 본다. 셋째, UCLA 대학은 상담에 참석하지 않거나, 상담을 놓친 경우 해당 학생이 벌금을 지불하도록 되어 있다. 마지막으로 CAPS의 경우 UC 의료센터 및 심리치료실 등의 전문 의료진이 자살 위기관리의 전문적이고 포괄적인 서비스를 제공하고 있다.

6) Massachusetts Institute of Technology(MIT)[18]

MIT의 경우 MIT Medical의 The Mental Health and Counseling Service 서비스와 학생지원서비스(S³, Student Support Services)를 제공하고 있다. 먼저 상담서비스 센터(The Mental Health and Counseling Service)의 경우 재학생은 사전 예약을 하지 않아도 상담을 할 수 있으며 24시간 응급 전화도 운영하고 있다. 센터는 위기 개입 및 치료, 개인 및 집단 상담, 약물 치료 등의 서비스를 제공하며, 또한 스트레스, 고립, 학업 압박감, 식이장애 문제, 수면 문제, 피로, 알코올 및 약물 남용, 일상 전반에 걸친 문제들을 해결할 수 있는 전문가 집단으로 구성되어 있다. MIT는 응급상황의 경우 MIT 내의 MHCS뿐 아니라 Cambridge Health Alliance에 연락할 수 있도록 안내하고 있는데, Cambridge Health Alliance(CHA)는 캠브리지, 소머빌, 보스턴, 매사추세츠 지역 사회의 의료 협력체계이며 하버드 의과 대학의 학술 교육 병원 중 하나인 의료 시스템이라고 볼 수 있다.

MIT 캠퍼스 내의 학생지원서비스(S³)는 개인적 혹은 의료적인 상황으로 학업에 뒤쳐지는 것을 걱정하는 학생들을 돕는 곳으로, 다음의 대표적인 서비스를 제공하고 있다. 첫째로 학업수행평가 회의에 있어 해당 학생들을 옹호한다. 둘째, 해당 학생의 학업수행 및 출결석을 교수 및 교직원과 대화를 통해 이해시킨다. 셋째, 해당 학생의 MIT 퇴학, 자퇴, 재입학 요청을 승인 및 재검토한다(http://web.mit.edu/uaap/s3).

MIT의 Mental Health and Counseling Service와 S³ 서비스의 차이점을 정리하면 다음과 같다. MIT MHCS는 심리사, 의사, 사회복지사, 간호사 등으로 구성되어 개인 및 집단 상담, 평가, 신경심리학적인 상담 등을 제공하지만 학생의 학교생활에 대한 옹호를 제공하지는 않는다. 이와 반대로 S³은 다양한 배경을 가진 교직원들(academic administrators)

---

18) https://medical.mit.edu/services/mental-health-counseling

그림 2-8 MIT의 자살 위기 대응 과정

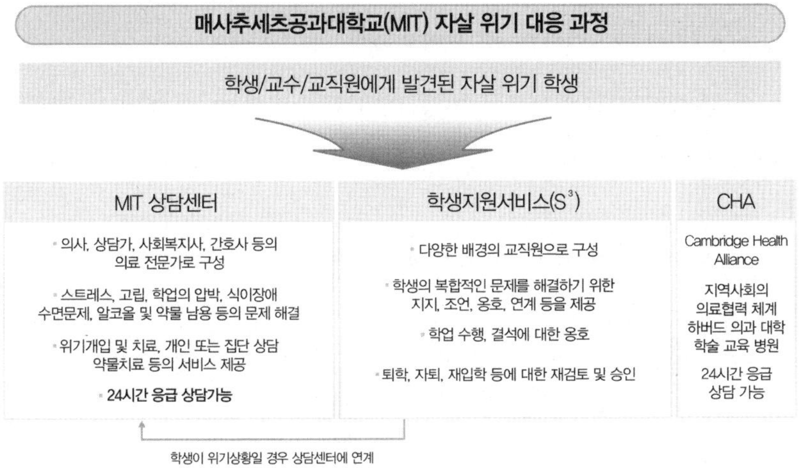

로 구성되어 학업 및 개인적인 문제들을 해결하기 위한 지지, 조언, 옹호, 연계 등을 지원해 주며, 학생이 지닌 복잡한 문제들을 해결하기 위해 노력한다. 예를 들어 S³의 경우, 해당 학생이 건강상의 문제로 시험이나 과제를 수행하지 못했을 때 즉시 MIT Medical 센터에서 치료를 받을 수 있도록 안내하고 있다. 또한 S³ 교직원은 해당 학생이 치료를 받는 동안 할 수 없는 과제 및 학교 활동을 다른 것으로 대체할 수 있도록 교수와 적절한 방안을 모색한다.

MIT는 다음과 같은 시사점을 제공한다. 첫째, MIT 부속 병원 내 MIT MHCS를 활용하여 학생에게 보다 전문적인 서비스를 제공한다. 둘째, 지역 사회의 의료협력 체계가 마련되어 있어, MIT 상담센터뿐 아니라 인근 협력 병원에서 24시간 응급서비스를 제공받을 수 있다.

마지막으로 MIT는 학생지원서비스의 교직원들이 학생의 학업수행 문제, 결석, 재입학·자퇴·퇴학 등의 복합적인 문제를 옹호해 주고 있다. 학생이 학점 및 출결석 등의 사유로 상담을 받을 수 없는 경우에 대해 S³ 교직원이 교수 등에게 전문적이고 적극적으로 대응하는 것은 강점이라 볼 수 있다.

7) Northwestern University[19)]

노스웨스턴 대학교에서 자살 위기 학생들을 도울 수 있는 전략과 방법은 다음과 같다.

표 2-14 Northwestern University가 제시한 응급상황 사례

- 학생이 자살을 하려고 하고, 흉기를 사용하고자 할 때이거나, 그 학생이 흉기를 소지하고 있다면, 당신의 안전을 위해서 벗어나는 것이 중요
- 의료 개입이 필요한 경우(약이나 독성물질을 복용하거나, 칼로 긋거나 창문 밖으로 뛰어내리는 등의 자해를 하는 등의 행동)
- 차에 뛰어드는 등의 즉각적으로 자신에게 해를 입히려고 할 경우
- 학생이 음주상태에서 자살을 하려고 할 경우

표 2-15 Northwestern University의 자살 위기 학생을 도울 수 있는 방법

- CAPS(Counseling And Psychological Services)에 의뢰하기: CAPS 사무실 운영시간일 경우 위기 학생이 상담가와 상담을 받을 수 있으며, 운영 외 시간일 때에는 비상대응 상담가와 전화상담이 가능하다.
- 학과장 사무실(Dean of students offices)로 연락하기: 학과장 사무실은 안전과 관련된 문제나 캠퍼스 내의 전반적인 건강을 다루는 곳이다.
- Northwestern University Behavioral Consultation Team(NUBCT)에게 보고하기: NUBCT는 대학 청원 경찰, CAPS, 학과장 사무실, 교무처 사무실(the Provost office), 인사 팀(the office of Human Resources), 학생처(Student affair) 부서로 이루어진 협업 팀이다. 폭력적 행위, 잠재된 폭력성, 협박

19) http://www.northwestern.edu/counseling

행동을 했을 경우 본부서에 보고하도록 되어 있다.

출처: Northwestern University. (2009). *Northwestern university behavioral consultation team.*

첫째, 응급상황일 경우에는 911에 즉시 연락하도록 안내하고 있다.

둘째, 비응급 상황일 경우, 여러 방안들을 권고하고 있다. 여러 부서 중 먼저 CAPS는 노스웨스턴 신입생 오리엔테이션 기간 동안 (Wildcat Welcome) 학부모에게 CAPS가 하는 역할과 업무에 대해 자세히 안내하고 있다. 특히 1) 학생의 안전이 염려될 경우, 2) 학생이 상담치료를 중단할 경우, 3) 상담 치료 추천에 대한 안내 등의 상황에서는 학생의 비밀을 부모에게 전할 수 있음을 고지하고 있다(The Wildcat Parent, 2010).

다음으로 Northwestern University Behavioral Consultation Team (NUBCT) 팀은 교내에서 학생의 폭력적이고 위협적인 행위가 예상되거나 실행에 옮겼을 경우 보고하는 곳으로, 매년 지침과 진행사항에 대해 검토하고 수정하며 적어도 한 번은 행정 및 사정 개입의 훈련에 참석하여 팀의 역할 및 업무수행을 향상시킨다.

또한 다섯 가지 유형의 위기사항에 대한 지침을 마련해 제시하고 있다. 1순위는 긴박한 응급상황에 해당되고, NUCBT 팀이 즉시 부정적인 일 발생 방지를 위한 법 집행(law enforcement)을 고지하며, 해당 학생을 보호하기 위한 행동을 취해야 할 경우를 말한다. 2순위인 높은 위기상황은 자해 또는 물리적인 위협행동이 즉시 나타나지 않거나 계획이 다소 부족한 경우에 해당된다. 3순위인 일반적인 위기상황은 자·타해의 위협이 나타나지 않지만 캠퍼스에 지장을 주는 행동이나 상황들이 확인되었을 때에 해당된다. 4순위는 낮은 위기상황으로 자·타해 위협뿐 아니라 지장을 주는 행동들이 나타나지 않을 때, 5순위는 위기

상황이 아니어서, 팀이 관리하거나 사후계획을 하지 않아도 되는 경우를 말한다.

노스웨스턴 대학교는 NUBCT의 부서 간 협업을 통해 여러 위기 상황에 대해 전체적인 업무 담당을 좀 더 체계적으로 접근하고 있고, 문제 발생 시 부정적인 일이 발생하지 않도록 법 집행에 대해서도 고지하고 있는 것을 확인할 수 있다. 또한 학생 상담이 주된 업무인 CAPS가 신입생 오리엔테이션 기간에 학부모에게 CAPS의 역할과 업무, 상담의 필요성 등에 대해 안내하고 있어 학생 상담 및 치료연계에 학부모 협조를 훨씬 더 수월하게 얻을 수 있을 것이다.

3. 해외 대학교 기숙사 사례

해외에서는 심리적 위기와 관련하여 기숙사 직원의 대응방법에 대한 매뉴얼이 존재한다. 대학 내 자살위기대응체계가 구축된 여섯 개 대학의 사례를 살펴보고 시사점을 찾아보도록 한다.

1) The University of North Carolina at Pembroke[20)]

노스캐롤라이나 대학의 '기숙사 직원 매뉴얼 및 워크북'에는 학생의 위험 정도에 따른 자살개입방법이 세 가지로 제시되어 있다. 또한 10단계로 구성된 자살대응 프로토콜이 있다.

자살을 하려는 학생들에게 효과적으로 개입하고 이들을 치료하기 위해서는 항상 심리평가와 그에 따른 개입이 중요하며, 해당 학생을 가까이에서 관찰하면서 지속적으로 위험을 평가하는 것이 필수적임을

20) The University of North Carolina at Pembroke. (2013). *Residence Life Staff Manual & Workbook*, Revised July 2013 Retrieved from http://www2.uncp.edu/housing/reslife/roommates/res_life_staff_manual_workbook.pdf

표 2-16 The University of North Carolina at Pembroke의 자살시도 사건 발생 시의 매뉴얼

전화신고 또는 간접적인 보고	자살을 하고 싶어 하는 학생 또는 그런 학생을 잘 알고 있는 사람이 상황을 보고하기 위해 연락해 온 경우.
	• 학생의 말에 경청하기 • 상황에 대한 지원자를 호출 • 위치확인, 안전요인 평가 • 자살도구가 있는지 확인 • 구급차가 필요한지 확인 • 자살대응 프로토콜 따르기
개인 연락	자살 생각을 표현하거나, 자살 징후를 보이는 학생에게 직접 연락을 하는 경우
	• 학생의 말, 감정상태를 기록 • 도움이 도착할 때까지 안심시키기 • 건강상태와 주변 환경 체크 • 자살도구 소지 시, 억지로 무력화시키지 않기 • 자살대응 프로토콜 따르기
자살시도	실제로 자신의 몸을 해하는 시도를 하는 경우
	• 생명에 지장이 없는 위협－자살대응 프로토콜 따르기 • 생명에 지장이 있는 위협－911에 전화하기

강조하고 있다. 잠재적인 자살 위험 상황을 예측하고 이에 대한 조치가 필요하며 자살시도 사건이 발생하였을 때에는 <표 2－16>의 매뉴얼을 따르도록 규정하고 있다.

자살사건이 발생했을 때에도 대상별로 해야 할 역할들이 제시되어 있다. 이러한 자살대응 프로토콜은 총 10단계로 구성되어 있다. 첫째로 사건의 목격자는 근무 중인 해당 기숙사 직원에게 연락한다. 연락받은 기숙사 직원은 경찰 및 911에 신고전화를 하고, 경찰이 도착할 때까지 학생과 통화를 하거나 대면하여 더 큰 사고가 일어나지 않도록 한다. 경찰이 도착하면 해당 학생의 상황을 평가하고 학생건강센터나 학생상담센터와 함께 학생의 응급센터 이송 여부를 결정한다. 만약 병원으로 이송하는 것이 결정되면, 경찰은 학생을 병원으로 이송시키고, 기숙사 직원은 학생이 응급실에 입원하는 데에 필요한 보험정보나 기타 서류들을 준비하여 학교 차량을 이용, 병원으로 뒤따른다. 또한 기숙사 부관장에게 상황을 보고하도록 한다. 기숙사 부관장은 기숙사 관장 및 학생처장과 같은 총책임자에게 상황보고를 한다. 대상별로 역할을 요약한 프로토콜은 <표 2－17>과 같다.

표 2–17 The University of North Carolina at Pembroke의 자살사건 발생 시 역할 및 업무

순서	대상	역할
1	목격자	근무 중인 기숙사 직원에게 연락
2	기숙사 직원	경찰 및 911에 신고
3		경찰 도착 시까지 해당학생과 통화
4	경찰	학생의 상황을 평가
5		학생건강센터/학생상담센터 이송여부 판단
6	학생건강센터 학생상담센터	병원 이송 여부 결정
7	경찰	병원으로 이송
8	기숙사 직원	병원 뒤따르기, 응급실에 필요한 서류 준비
9		기숙사 부관장에게 상황보고
10	기숙사 부관장	기숙사관장 및 총책임자(학생처장)에게 상황보고

이 매뉴얼에는 학부모 고지와 후속조치에 대한 내용도 언급되어 있다. 학부모 고지 여부는 학생처 부처장이 경찰과 함께 의논하여 학생의 상황을 학부모에게 알려야 할 것인지에 대해 결정하도록 하고 있다. 또한 학생이 병원으로 이송된 경우 다음 날 기숙사 직원이 학생상태를 확인하여 후속조치를 취하거나 기숙사로 돌려보낼지를 결정한다. 이때에 학생이 기숙사로 돌아가기 전, 학교의 자살대응 프로토콜을 따랐다

는 것을 보장하기 위해 기숙사 직원은 학생의 퇴원서류의 복사본을 받는다. 또한 학생은 병원에서 퇴원 시에 기숙사로 돌아가기 전 반드시 따라야 하는 가이드라인을 편지 형태 등으로 설명받아야 한다.

자살시도와 관련된 프로토콜 외에도 기숙사 직원이 사망 학생을 발견한 경우에 따라야 하는 가이드라인 또한 제시되어 있다. 처음 사망 학생을 발견했을 때 직원은 캠퍼스 경찰에 신고하며 신고 시에 자신의 이름, 직위, 현재위치, 사건의 성격에 대해 말한다. 기숙사 직원은 캠퍼스 경찰에게 학생처 부처장이 이를 알고 있는지 확인하고, 이후 기숙사 부관장에게 연락하여 사건을 보고한다. 기숙사 부관장은 기숙사 관장과 해당 단과대 학장에게 연락한다. 이때 사건에 대한 정보는 대학의 교직원에게만 공유되어야 함을 강조하고 있다. 경찰이 도착하기 전까지 사체를 옮기거나 누군가 다가오지 않도록 하여 보존하며 캠퍼스 경찰, 의료진, 기숙사직원 외에는 출입하지 않도록 관리한다. 기자들로부터의 정보 요구는 홍보 팀(University Relations)으로 돌리며, 다른 교직원들은 기자들과 사건에 대해서 이야기해서는 안 되므로 교직원은 학생의 사망원인에 대해 어떠한 평가나 진술을 하지 않는다. 오직 의료진만이 학생의 사망원인에 대해 판단하고 알릴 수 있다. 사망한 학생의 룸메이트, 친구, 교직원과 같은 관련 사람들은 학생상담센터, 지역의 심리상담센터 등으로 연계한다.

2) Kent State University[21)]

켄트 주립대학의 경우, 자살위기 학생에 대해 근무시간 내와 외로 나누어 인계해야 할 곳을 따로 명시하고 있다. 병원으로 이송할 경우

21) Kent State University. (2013, July 8). *Department of Residence Services Residential Communities: Resident Assistant Manual 2013−2014, Updated Summer 2013*. Retrieved from https://www.kent.edu/sites/default/files/ra-manual-14-15.pdf

에는 절대 기숙사 직원이 직접 학생을 병원으로 이송하지 않도록 강조하며 자살위기, 자살시도, 자살사망에 대한 지침이 소개되어 있다.

정신적 위기를 겪는 학생이 도움을 필요로 할 경우 근무시간(오전 9시부터 오후 5시까지)에는 학생상담센터로 인계하고 근무시간 이후(오후 5시 이후)에는 근무 중인 기숙사 직원이 학생을 관찰, 보호하여 다음 날 근무시간에 학생상담센터로 인계하게 된다. 학생의 상태에 따라 구급차가 필요한 경우에는 911에 전화한다. 이때, 대처과정에서 기숙사 직원이 직접 학생을 이송해서는 안 된다는 것을 강조하고 있다. 911에 전화한 후 반드시 근무 중인 다른 기숙사 직원에게 연락하여 지원을 받을 수 있도록 한다. 의료진이 도착하면 기숙사 직원은 경찰의 검토사항(법의 위반이 발생했는가, 학생이 자신 혹은 타인에게 해를 끼칠 의도가 있었는가) 등에 대한 정보를 제공해야 한다.

자살사고(위협) 시에는 기숙사 직원이 자살위협을 인식한 경우 바로 학생에 대한 정보와 함께 자살충동에 대한 정도를 파악해야 한다. 또한 학생이 더 이상 자살을 고민하지 않는 것 같을 때에도, 기숙사 직원이 계속해서 접촉하여 관찰해야 한다. 자살위협에 대해 기숙사 관장에게 보고할 때에는 학생의 감정 상태와 그에 어떻게 반응했는지를 가능한 한 솔직하게 전달해야 하고, 사건의 발생 경위에 대해 정확히 전달해야 한다.

학생이 자살기도를 한 경우에는 다음의 다섯 가지 지침을 준수하도록 하고 있다. 첫째, 학생의 상태와 상관없이 발견자는 즉시 911에 신고한다. 둘째, 기숙사 관장에게 연락한다. 셋째, 학생이 자살시도 후 심리검사 없이도 병원에 입원될 수 있으므로 기숙사 복귀 전 심리검사를 받을 수 있도록 해야 한다. 넷째, 학생이 기숙사로 복귀하는 경우 복귀 전에 기숙사 직원에게 사전에 알릴 수 있게 한다. 마지막으로, 상황 대응 과정에서 교직원이 심리적으로 고통을 느끼는 경우 상사와 상담할 수 있도록 해야 한다.

학생 사망 시에는 학생의 죽음을 인지하자마자 기숙사 직원은 근무 중인 기숙사관장과 교내경찰에게 연락해야 한다. 기숙사 관장은 다른 부서 교직원들과 학생상담센터에 문의한다. 기숙사 직원은 검시관 또는 가족 통지에 대해 모든 책임을 지지 않는다. 발생하는 모든 일에 대해 각자 다른 역할을 맡으며 책임을 공유한다.

켄트 주립대학의 경우 자살위기, 자살시도, 자살사망의 세 가지 경우에 대한 대응 매뉴얼이 제시되어 있다. 또한 매뉴얼의 마지막 부분에 위의 모든 상황에 대한 질문에 대답할 수 있는 직원(예를 들어 학생처장)을 명시해 놓은 점도 특징적이다. 특히 학생이 자살을 기도했을 때에는 학생의 상태와 상관없이 병원으로 이송한다는 점이 눈에 띈다고 할 수 있다. 학생의 치료와 함께 심리평가를 진행할 수 있다는 점과 학생의 상황에 대해서 학교가 인지하고 적절한 대응을 했다는 사실이 확인될 수 있다는 점은 장점이라고 할 수 있다. 그러나 학생의 의사와 상관없이 병원에 이송하는 것에 대해서는 국내의 법적 기준에서 학생의 권리를 침해하는지에 대한 검토가 필요하다.

3) Queen's University[22)]

퀸즈 대학은 위기상황 발생 시 대응 팀이 구성되고 대응 팀의 구성원이 각각 정해진 역할을 수행하고 있다. 퀸즈 대학 위기대응 팀은 다음과 같은 특징을 가지고 있다.

위기대응 팀의 주요 기능은 학생을 돕고 캠퍼스 안전, 응급조치, 외부응급조치 등을 도울 수 있도록 현장에 들어가는 것이다. 위기상황 시 현장에 있는 직원과 학생들에게 상황에 대해 알려야 하고 어떤 정

22) Queen's University. (2015, January). *Student Death Protocol.* Retrieved from http://www.queensu.ca/security/StudentDeathProtocol.pdf

보가 공유될지, 그 정보는 누구와 공유될지를 결정한다. 룸메이트나 같은 층에 사는 학생들 등 관련된 학생들과 만나 상황에 대해 의논하고 해당 지역의 직원과 만나 사건에 대해 논의하는 역할을 한다.

위기대응 팀의 부차적인 기능에는 대응 팀에 가족과 친구들이 참여할 수 있도록 연락처를 제공하는 것이 있다. 기숙사에 있는 물품 목록을 만들어 학생의 물품 제거에 대해 어떻게 할지 가족 및 친구들과 협의하는 역할을 한다. 대응 과정에서 부서 조치와 관련된 정보는 모두 문서화하고 학장과 학생처장에게 제공하며 개인상담, 프로그램 등을 통해 직원과 학생에게 지속적인 도움을 제공한다. 또한 학생들의 어려움에 대한 지표를 만들어 기숙사 환경을 관찰하고 적절한 조치를 취한다.

퀸즈 대학의 사례는 위기대응TF 팀의 기능에 대한 설명이라는 점에서 다른 대학과 차별된다. 연락체계를 만드는 것과 상황에 대해 논의할 관련자를 만나는 것, 해당 학생 이외에도 상황과 관련된 교직원과 주변 학생에 대한 심리상담을 제공하는 부분이 있다. 특히 보호자 고지에 있어서 일관적이고 적합한 대응을 위해 대응 팀에 먼저 접촉한 후 가족에게 연락하도록 하고 있는 것이 눈여겨 볼 점이다.

4) University of Texas at Austin[23)]

텍사스 대학에서는 기숙사에서의 자살과 관련하여 자살시도와 자살 사망의 두 가지 상황에 대해 시설 직원들을 위한 응급조치 매뉴얼이 존재한다. 기숙사 내 자살위험이 있는 학생과 이미 자살로 사망을 한 학생을 발견했을 때로 나누어 매뉴얼을 제시하였다.

자살시도 목격 시, 목격자는 먼저 해당 학생이 어떤 이유로 자살

23) The University of Texas at Austin. (2014). *Emergency Procedure Manual for Facilities Staff*. Retrieved from http://www.utexas.edu/student/housing/pdfs/MaintenanceEmergencyProceduresManualApartments5-01.pdf

을 하려고 하는지와 같은 자살 심각성에 대한 정보를 찾아내는 데에 주력해야 한다. 또한 상황 대응에 도움을 줄 수 있는 사람(주변 사람, 911, 경찰 등)을 부르고 기숙사 직원에게 연락한다. 기숙사 직원이 부재한 경우에는 해당 지역 담당자에게 연락하고, 해당 지역 담당자가 부재한 경우에는 기숙사 생활의 담당자에게, 기숙사 생활의 담당자도 부재한 경우에는 교내 학생상담센터에 연락한다. 이때, 이러한 상황이 외부에 알려지지 않도록 주의할 것을 강조하고 있다.

자살 사망 목격 시, 혹은 기숙사 내에 누군가 죽어 있는 것을 발견했을 때는 발견 즉시 캠퍼스 경찰에 신고해야 하고 기숙사 직원에게 연락한다. 방 안에 있는 어떠한 물건도 만지지 않고 현장을 보존하는 것이 중요하다. 또한 방문을 잠그고 관련 교직원 및 경찰, 응급대원 외에는 출입하지 않도록 하며 군중 통제를 돕는다. 상황에 대해서 언론취재에 응하지 않아야 하며 경찰이 해산하기 전까지 현장 근처에 대기해야 한다. 이 사건으로 인한 스트레스에 대해서 도움을 받을 수 있도록 해야 한다.

<표 2-18>는 앞서 살펴본 해외 대학교 사례들을 시사점 중심으로 정리한 것이다.

표 2-18 해외 대학교 교내 및 기숙사 자살위기 대응 매뉴얼 비교

대학	주요 특징
Cornell University (코넬 대학교)	• 위기관리 팀(Alert Team)을 구성하여 위기상황의 예방과 초기 개입함 • 정신적 고통에 대한 지표 학습, 행동·감정, 신체, 기타 요인으로 분류하여 자살 징후로 연결되는 여러 특성에 대해 명시함 • 명시된 지표는 자살 위험성이 높은 학생들을 선별하고 예방하는 데 도움을 줌

대학	주요 특징
Ohio State University (오하이오 주립대학교)	• 비자발적인 자살 고위험군 학생들을 위해 온라인 스크리닝 작업(ISP: Interactive Screening Program)을 실시 • 대학의 임원진을 구성하여 학생의 법무를 위한 책임자와 학생 인권보호를 위한 책임자가 존재, 법적인 문제에 대해 철저히 대비하고 있음 • 자살위기에서 치료의 중요성을 강조하며, 비자발적인 입원, 제적 상태 등의 강제적인 성격을 띰
State University of New York at Buffalo (뉴욕 주립대학교 버펄로캠퍼스)	• 재학생 및 교환학생을 대상으로 상담 서비스를 제공하고 있으며, 불가리아어, 구자라트어, 힌디어, 일본어, 한국어, 스페인 언어로 상담이 가능함 • 경미한 수준에서부터 심각한 자살 위기 학생 개입에 이르기까지 학교 내 청원 경찰의 비중이 상당히 높음
University of California, Los Angeles (캘리포니아대학교 로스앤젤레스 캠퍼스)	• Counseling and Psychological Services(CAPS)와 Consultation & Response Team(CR team)에서 대학생의 신체 및 정신건강을 관리하고 있음 • CAPS의 경우 대학 내의 전반적 건강관리 기관이며, UC 의료센터, 의료진, 심리치료실 등을 포함하고 있어, 위기관리의 전문적이고 포괄적인 서비스를 제공해 줌. CAPS 내의 위기관리 팀은 24시간 내내 전화상담이 가능함 • 개인정보 제공 동의, 위험관련 행동을 지속적으로 할 경우 징계조치에 대한 안내 등의 교칙이 잘 마련됨 • 위기 학생이 상담일정을 동의 없이 취소하거나 참석하지 않았을 경우 벌금을 부과함
Massachusetts Institute of Technology (매사추세츠 공과대학교)	• The Mental Health and Counseling Service(MHCS)와 학생지원서비스(S^3, Student support services)를 제공 • MHCS는 심리사, 의사, 사회복지사, 간호사 등으로 구성되어 신경심리학적인 상담을 제공 • 학생지원서비스는 교직원들로 구성되어 학생의 학업 및 개인적인 문제들을 해결해 주기 위한 지지, 조언, 옹호, 연계 서비스 등을 지원함

대학	주요 특징
Northwestern University (노스웨스턴 대학교)	• Northwestern University Behavioral Consultation Team(NUBCT) 팀을 구성하여 여러 위기상황에 대해 전체적인 업무 담당을 좀 더 체계적으로 접근하고 있음 • Counseling And Psychological Services(CAPS)에서는 신입생 오리엔테이션 기간에 학부모를 대상으로 CAPS의 역할과 업무 안내, 상담 관련 내용 등을 사전 고지하고 있음 • 5가지 유형의 위기사항에 대한 지침을 제시하고 있음
The University of North Carolina at Pembroke (노스캐롤라이나 대학교)	• 위험정도에 따른 자살개입방법 제시됨 • 10단계로 구성된 자살대응 프로토콜이 있음 • 7단계로 구성된 학생 사망 프로토콜이 있음
Kent State University (켄트 주립대학교)	• 도움이 필요한 학생을 5시 이전은 학생상담센터, 5시 이후에는 근무 중인 기숙사 직원에게로 연계함 • 구급차가 필요한 경우 911에 전화함. 대처과정에서 기숙사 직원이 직접 학생을 이송하지 않도록 함. 911에 전화한 후 반드시 근무 중인 다른 기숙사 직원에게 연락하여 지원을 요청함 • 자살시도학생에 대한 지침이 소개되어 있음
Queen's University (퀸즈 대학교)	• 사건 발생 시 비상대응 팀이 구성되고 정해진 역할을 나누어 수행함 • 학부모 고지 시 일관적이고 적합한 대응을 위해 대응 팀에 먼저 접촉한 후 가족에게 연락함
University of Texas at Austin (텍사스 대학교)	• 교직원, 스태프, 학생, 학생처, 상담 및 정신건강센터, 근로 지원 프로그램, 대학 청원경찰(UTPD)로 구성하여 제공하는 Behavior Concerns Advice Line(BCAL) 서비스가 있음 • 기숙사에서 자살위험이 있는 학생에 대한 대응방법과 이미 자살로 사망한 학생에 대한 대응방법이 제시되어 있음

CHAPTER 03

대학생 자살위기 대응을 위한 관리 시스템

CHAPTER 03

대학생 자살위기 대응을 위한 **관리 시스템**

제1절 학교 내 관리 시스템

1. 위기관리위원회 구성과 역할

대학 내 위기상황에 대한 신속한 대응체계의 구축을 위해서는 교내 자살위기와 관련된 처리 규정이 있어야 하며 이를 실행할 중앙관제 기능의 위원회가 필요하다. 이 위원회에는 학교의 의사결정을 할 수 있는 다양한 구성원이 포함되어 위기상황에 대하여 신속하고 적절한 의사결정과 개입을 할 수 있어야 한다. 이는 학교 규모와 역할에 따라 상이할 수 있다. 학교 규모가 크다면 중요한 의사결정기구로서의 위기관리 위원회와 실제 위기상황을 다루는 실무비상대응TF 팀으로 직제를 나누어 구성할 수 있다. 예를 들면 위기관리위원회는 부총장, 교무처장, 학생처장, 총무처장 등 학교 전체 차원에서 신속한 의사결정, 교내 연계를 검토하고 신속한 위기개입을 위하여 비상대응TF 팀을 구성하는 역할을 한다. 즉 위기관리위원회는 교내 중요한 정책결정권자들을 중심으로 시설, 생활, 상담, 교육 등 다양한 측면의 장단기 정책수립을 위한 상시 정기 회의체를 운영하며 위기 발생 시 비상대응TF를 구성하고 대응과 관련된 지원을 제공하는 기능을 한다. 비상대응TF 팀은 위기사안이 벌어진 관련학과나 기숙사 등을 중심으로 실무적으로 대처할 수 있는 학과장, 행정직원, 학생상담센터, 의료나 법무적 지원 검토 부서직원 등이 포함될 수 있으며 자살이나 타인에 대한 위해행위 발생 시 이에 대한 신속한 대응을 위한 실무조직인 비상대응TF 팀이 위기관리위원회의 지도감독하에 작동하게 될 것이다.

표 3-1 위기관리위원회의 목표, 목적, 책임

목표(Mission)

- 학내 구성원의 건강과 안전
- 정보를 공유하고 대응 방안을 개발하여 학내 구성원의 건강, 복지, 성공적인 대학생활 실현

목적(Purpose)

- 기존의 자원들을 활용하여 예방에 초점을 두고, 학생들이 경험할 수 있는 위험요소 또는 해롭고 불안정적인 행동과 관련된 상황들에 조기 개입할 수 있도록 하는 것이다.
- 개입절차와 지지전략을 개발하고 사례관리를 제공한다.
- 정기적으로 이러한 상황들을 검토 및 평가하며, 기존의 대학 학칙에 부합하는 대응방법을 제시한다.

책임(Responsibilities)

- 학생의 행동에 관해 관심을 두는 지역사회에 대한 일련의 정보들을 주고 검토하는 것
- 위험의 초기 평가를 수행하고 추가적인 평가가 필요한 직원들과 행정처에 문제를 위탁하는 것
- 개인과 대학 커뮤니티 양쪽의 안전과 권리를 보호하기 위해서 해롭거나 지장을 주는 행동을 잠재적으로 관리할 수 있는 구체적 전략을 개발하는 것

- 대학 지원들에게 대학 정책과 절차에 부합하는 적절한 행동을 추천하는 것
- 최적의 팀 기능과 대학 커뮤니티의 인터페이스를 기르기 위한 팀 절차와 실행중인 프로토콜의 개선에 관여하는 것
- 더 많은 조사를 정당화하면서 대학 정책과 절차상의 문제점들을 확인하는 것

출처: Balancing Safety and Support on Campus Team－Jed Foundation & HEMHA.

Gamm, Mardis와 Sullivan(2011)의 조사에 따르면 미국 175개 학교 중 캠퍼스 위기관리위원회 또는 팀의 대표로는 학생처장(114팀), 학생처부처장(61팀), 학생상담센터장(153팀), 총무처장(139팀), 기숙사장(125팀), 학생처직원(112팀), 대학건강센터장(81팀), 학장(72팀) 순으로 나타났고 부가적으로 팀 구성원에 교무처, 재무처, 장애지원센터, 법률상담, 학생회, 운동센터, 국제교류처, 여성서비스센터, 경력개발센터 등이 포함되기도 하였다. Gamm 등(2011)과 Eells와 Rockland-Miller(2011)등의 조사에 따르면 위기관리위원회나 팀의 명칭도 아래와 같이 다양한 것으로 보고되었다.

표 3-2 위기관리위원회(팀)의 명칭

- Behavioral Intervention Team (BIT) － 가장 일반적인 명칭
- Student Crisis Action Team (SCAT)
- Communicating Action Response for Emergency (CARE)
- Care and Action for Students Team (CAST)
- Student Protection Response Team (SPRT)
- Action for Students in Suffering Team (ASIST)
- Ensuring Action for Students in Emergency (EASE)
- Action Crisis Team for Students (ACTS)
- Care Team
- Students of Concern Committee (SCT)
- Campus Assessment Team (CAT)

- Campus Assessment, Response and Evaluation (another CARE acronym) Team
- Student Behavior Consultation Team (SBCT)
- Assessment and Care Team (ACT)
- Behavioral Assessment Team (BAT)

출처: Balancing Safety and Support on Campus Team－Jed Foundation & HEMHA.

2. 자살위기 관리

학교에서 학생의 자살시도 및 발생은 그 원인이 복합적이어서 안전관리에서도 다각적 접근을 위한 시스템 구축이 필요하다. 이는 자살위기상황에 대한 신속한 조치와 효율적인 관리, 그리고 학생과 학교 보호차원에서 필요하다. 이를 위해서는 특정 부처나 기관이 아닌 학교 전체 차원의 대응 팀의 구성과 운영이 필요하다. 또한 이 팀에는 관련 부처 및 전문가 집단이 관여하여야 하며 이로써 학교의 모든 자원(인적, 행정적, 재정적)을 체계적으로 신속하게 동원할 수 있는 조직이 되어야 한다. 특히 생명이나 의료, 정보보호와 관련된 법적인 문제가 제기될 수 있으므로 이에 대한 충분한 검토와 사전지식이 공유되어 모든 대응단계에서 신속하고 전문적으로 대응할 수 있도록 체계가 운영되어야 한다.

1) 비상대응TF 팀 구성과 역할

비상대응TF 팀은 자살위기 발생 시 현장의 모든 행정업무를 담당하며, 교내 위기관리위원회에 상황을 실시간 보고함으로써 사안에 따라 필요시 적절한 대응계획을 수립할 수 있도록 한다.

팀의 구성은 학교 상황에 맞추어 다음과 같이 이루어질 수 있다.

일반적으로 팀장은 학생처 부처장이며, 위기 발생 학과의 주임교수와 행정실 직원(단대 직원)이 간사가 될 수 있다. 이외에 학생상담센터장, 법률적 검토를 위한 교수 1인, 학생치안과 안전을 담당하는 총무처 직원 등이 포함될 수 있다. 사안에 따라 장애학생지원센터나 양성평등센터, 교무처, 국제교류처 등 필요하다고 판단되는 기관이나 교직원이 포함될 수 있다.

자살위기 발생 시 위기관리위원회와 비상대응TF 팀의 공동비상대책회의가 개최된다. 첫 번째 회의는 정확한 사안을 확인하며, 필요한 대응이 무엇인지 논의하여 TF 팀 구성원의 개별 업무 분장을 실시하고 사건에 신속·정확하게 대처할 수 있도록 한다. 두 번째 회의는 사건의 자살시도자의 치료가 수행되는 시점에 개최하여 적절한 치료와 진행경과에 대한 모니터링을 실시한다. 마지막 종결 회의는 사안이 종결되는 시점에 진행한다. 사안이 종결되는 시점은 팀에서 판단하거나 대학의 학사 일정을 고려하여 학기 종강일을 기준으로 할 수 있다. 공동비상대책회의와 중간 모니터링 회의, 종결 보고회의 등 3차 회의를 진행할 수 있다.

교환학생의 경우에는 비상대응TF 팀에는 외국인 학생을 담당하는 부서장(예를 들면 국제교류처부처장과 국제교류처 직원)이 포함된다. 자살시도자와의 원활한 의사소통, 관련기관 및 파견 학교의 적극적인 업무협조를 이끌어 내기 위하여 영어 등의 외국어로 의사소통이 가능한 직원을 우선 배치하는 것도 고려해 봄직하다.

표 3-3 비상대응TF 팀의 구성과 역할

목 적	학생 자살위기상황 발생 시 즉각적으로 대처함으로써 위기에 따른 악영향을 최소화하기 위함
역 할	학생과 학교 구성원의 안녕 및 보호를 위한 학교안전관리 기본정책에 따른 대처와 결과 보고
활 동	• 자살 위기 사안 확인 • 위기사안에 따른 세부적인 대응방안 수립 • 경찰조사 협조(언론대응 등 대외 조력은 안전관리위원회를 통해 결정) • 상부 보고 및 안전관리 지원 요청 • 외부 전문기관 협조 요청 • 주변인에 대한 방안 수립
구성원 역할	• 재학생을 대상으로 자살위기 사안 발생 시 긴급하게 소집되는 TF형태의 팀을 구성한다. • 팀장(전체 조율, 보고, 대외 대처) • 간사(사안을 담당) • 학생 안전관리 안전보호 • 학생위기 연계 자문 및 사후관리 • 학생 의료 법률 자문 및 대처 • 언론통제 등 미디어대응
운영체계	**발견**: 자살 위기 발견 ↓ **긴급연락**: • 응급상황 조치(119, 112 연락) • 교내 지원 요청 • 위기관리위원장, 긴급대응팀장에게 연락 • 보호자 연락(간사: 학과장) • 총책임자(총장) 보고 **안전조치**: • 현장 응급조치 및 안전조치 • 사실과 추측, 판단 구별 • 상황정리 및 이후의 대응경과 보고 • 현장에 대한 외부차단 ↓ **소집**: <위기관리위원회>의 소집

	위기관리위원회 위원장의 긴급회의 소집 ① 긴급회의 실시: 위기관리위원회, 긴급대응 팀, 최초발견자(교직원) 사건 발생 12시간 이내
	↓
1차 긴급 회의	(해당 학생의 상황파악, 자살 위험성 판단, 영향을 받을 가능성이 있는 학생들의 리스트 등) ② 보호자와의 협력적 관계 유지(정보공유와 상담) ③ 외부에 대한 대응 일원화 ④ 구체적 대응책 결정 (관계 교직원의 역할확인, '누가, 무엇을, 언제' 할 것인가를 정함, 필요에 따라 외부 전문기관과 연계)
간사	• 치료 및 대응과정 모니터링 • 예상문제 검토 및 대응방침 준비 • 교내과 안정화 • 대응경과 기록 및 보고
	↓
2차 긴급 회의	대응의 경과 확인과 평가(상황에 따라 대응방침과 대응책을 재검토) 긴급대응 팀에서 진행
	↓
3차 종결 회의	• 활동 종료까지의 기록 정리 • 결과 보고 • 종결시점: 해당 학기 종강일

2) 위기 대응부터 사후관리까지의 안전관리

비상대응TF 팀은 학생 개인과 대학 커뮤니티 양쪽의 안전과 권리를 보호하기 위해 노력하며 대학의 정책과 절차에 부합하는 개입을 해야 한다.

비상대응TF 팀의 팀장은 위기관리위원회의 명령에 따라 팀원을 소집하고 회의 진행뿐 아니라 외부병원이나 기관 연계 등 진행과정에서의 조정, 지원요청, 후속 조치 등 중요한 역할을 담당한다.

(1) 신고 및 응급조치

최초신고자는 자살시도가 심각하다는 응급상황 판단(시도 중인 현장을 목격, 치명적인 상해, 치명적인 자살 도구를 가지고 있음, 술이나 약물 등으로 의식이 없음 등)에 따라 경찰에 즉시 연락하고, 신체 상해가 있을 경우 119에 연락하여 이송을 요청한다. 이때 자살시도로 인한 신체 상해 정도, 상황, 자살신고자의 기본 인적사항 등을 파악하여 신고하며 신고자의 직위, 이름, 연락처 등을 제공한다.

긴급조치를 위하여 출동 요청을 받은 직원들은 신고자와 목격자가 현장을 떠나지 않도록 요청하고 사안이 얼마나 위급한지를 파악하며 신속하게 현장에 도착하도록 한다. 이때 가장 우선시할 사항은 학생에 대한 응급처치와 안전조치이다. 학생의 안전을 확인하고 경찰이 올 때까지 현장을 보존하고 외부인을 차단하며 자살시도자 곁을 지킨다. 최초목격자가 주민이거나 학생인 경우 목격자의 이름, 연락처 등을 확인하고 추후 목격자 진술을 대비한다. 또한 사안이 일어난 학생의 정보를 수집하여 가능한 한 정확한 상황을 확인한다. 이때 사실과 추측을 구별하고 대응경과를 신속하게 위기관리위원장과 대응팀장에게 알린다.

경찰이 오면 해당 학생을 경찰차나 119 앰뷸런스에 태워 병원으로 이송하며 직원의 차량으로 이송하지 않는 것을 원칙으로 한다. 해당 학생이 신체적 상해가 있거나 의식이 없을 경우에는 신속하게 병원으로 이송한 후 해당과의 진료와 치료를 받도록 조치한다. 해당 학생이 신체적 상해가 경미하거나 없을 경우, 해당 학생의 동의를 받아 직원 차량으로 이송이 가능하다.

자살시도 상황이 치명적이고 심각하다면 보호자에게 신속하게 알린다. 이때 알리는 역할은 직원이 하는 것보다는 학생지도의 책임을 맡은 학과장이나 지도교수가 하는 것이 바람직하며 학부모와의 의사소통은 여러 사람이 하는 것보다는 한 사람으로 일원화하는 것이 바람직하다.

표 3-4 자살시도 의뢰 시 대상자 기본정보 확인 사항

- 이름
- 성별/나이
- 주민등록번호
- 주소
- 의료보장형태
- 보호자/연락처
- 발견 경위 및 주요증상
- 신체질환 여부(신체질환이 있을 시에는 신체질환의 위험 해결이 우선)

표 3-5 응급상황에 따른 조치의 원칙

▶ 만취, 중독, 금단현상은 의료적 응급상황을 초래할 수 있다

만약 술로 인한 의료 응급상황이 발생했다면, 다음을 확인하라.

- 구급차를 부르고, 의료적 지원을 찾으라.
- 혼자 내버려 두지 마라.
- 기도 상태, 호흡, 순환계를 점검하라.
- 의식이 없다면 그 사람의 신체를 회복 자세로 유지시키라.
- 회복 자세로 유지시킬 때, 깨진 유리 또는 날카로운 물건을 치워라.
- 비록 그 사람이 따뜻한 상태라 하더라도 체온이 내려갈 수 있으니 저체온 예방을 위해서라도 따뜻함을 유지해야 한다.

▶ 부가적인 응급조치 원칙

- 알코올 흡수로 인해 신체 부상의 고통을 느끼기 어려울 수도 있음을 인식하라.

• 구토하거나 의식을 있을 경우 그를 앉혀라. 가능하다면 회복자세를 취하도록 하라. 만약 필요하다면, 토하게 한 후 기도를 깨끗이 하라.
• 숨을 쉬지 않을 때 인공호흡이 필요하다.
• 맥박이 없을 때 심폐소생술이 필요하다.
• 그 사람이 적절한 관련 정보를 줄 수 있을 경우라면, 친구나 가족이 함께 병원에 가는 것이 좋다.

출처: 오혜영 외(2012).

(2) 긴급회의와 대응

비상대응TF 팀은 자살과 관련된 사안을 정확하게 파악하기 위해 친구나 관련 주변인들에게 정보를 수집하여(예를 들어 실연, 학점, 가족 갈등, 정신과적 문제) 적절한 대응계획을 수립할 수 있도록 한다. 자살 시도자의 안정이 최우선이므로 질책이나 책임 추궁 등의 부정적인 반응은 삼가고, 해당 학생의 심리적 고통에 대해 이해와 지지를 제공하며 해당 학생이 적절한 치료를 받을 수 있도록 지도한다. 또한 보호자와 협력적인 체계를 유지하는 노력을 한다. 안전관리와 치료 등에 대하여 사전 동의를 한 학생의 경우, 학부모에게 신속하게 연락을 취하고 학생의 상황과 심리 상태를 사실 정보에 입각하여 알리고 치료를 위한 협조를 요청한다. 사전 동의를 하지 않은 경우에도 생명의 안전과 보호를 위해 보호자에게 사실을 알리고 치료를 위한 협조를 요청하는 것이 원칙이나, 특수한 상황(성폭력, 가정폭력 등)이 아닌지 신중히 파악하고 치료를 위한 협조를 요청할 필요가 있다.

또한 이러한 상황이 다른 학생들에게 미칠 위험성이나 외부에 알려질 위험성을 신속하게 차단해야 하며 이와 관련한 지원을 하여야 한다. 동요되는 학과가 있는지 살피고 학생들이 동요되지 않도록 교수, 교직원 회의를 통해 상황과 지침을 공유하는 역할을 한다. 이때 자살시도자에 대한 과도한 흥분과 걱정을 삼가도록 하고 사실과 추측이 혼동되고 루머가 확산되지 않도록 정확한 사실과 치료과정 등에 대해 알릴 필요가 있다. 원인과 상황에 대한 추측성 이야기는 해당 학생이나 가족에게 도움이 되지 않는다는 사실을 명확히 전달하여 불필요한 오해나 잡음을 방지하고, 확인되지 않은 루머가 퍼지지 않도록 해당 학과를 관리할 필요가 있다.

학과장은 학과에서 해당 학생으로 인해 동요되는 주변 학생들이 있는지를 확인하고 취약학생을 관리하기 위한 고위험군 리스트를 작성한다. 이때 자살시도 학생과 평소 가까운 친구나 선후배, 같은 룸메이트, 자살시도 학생과 마지막 연락을 한 학생 등은 고위험군 리스트에 포함이 되며, 이외에도 자살시도 소식에 영향을 많이 받은 학생들이 포함된다. 고위험군 리스트가 작성되면 교내 학생상담센터에 알려 도움을 요청한다. 학생상담센터는 해당 학과와 협력하여 필요한 자문을 제공하고 해당 학과가 안정화될 수 있도록 특별 상담실을 개설할 수 있다. 이때 특별 상담실은 학생상담센터 공간과 별도로 운영하여 일반 심리 상담을 받는 학생들의 영향을 최소화하여야 한다. 해당 학과 학생들이 손쉽게 이용할 수 있는 해당 학과 사무실 근처를 임시상담실로 지정하여 운영할 수 있다.

(3) 입원

해당 학생이 신체적인 상해가 있는 경우, 치료와 안정을 위해 입원치료를 받도록 한다. 신체적 상해가 없는 경우, 응급실이나 정신과 병동에서 약물치료를 통해 치료를 받도록 한다. 반복적 자살 위험이 있다고 판단되면 정신과 전문의의 진단하에 보호자 동의나 본인 동의에 따라 입원치료를 하는 것을 원칙으로 한다. 응급입원은 자의에 의한 입원이 아닐 경우에는 자살시도현장에 경찰 또는 정신보건전문요원이 있을 경우 최대 3일간 가능하다.

(4) 학과 복귀 또는 휴학

교내에서 자살시도를 한 것은 자신과 타인에게 심각한 정신적 위해를 가한 것이므로 담당주치의가 학교에 복귀하여도 문제가 없다고 판단될 때까지 치료 과정에 순응하도록 안내할 필요가 있다. 학생의 상태가 안정적이고 학교(또는 기숙사)에 복귀하여도 문제가 없다는 전문의의 판단이 있을 때까지 해당 학생은 치료를 의무적으로 받도록 권고하는 해외 대학들의 사례를 참고하기 바란다. 해당 학생은 본인이 더 이상 위기에 처해 있지 않다는 것을 증명할 수 있어야 하고, 대학 환경에서 정상적으로 생활할 수 있도록 위기를 불러일으키는 근본적인 감정적 혹은 심리적 문제를 충분히 해결하고 복귀할 수 있어야 한다.[1)]

(5) 학과 복귀 후 사후관리

해당 학생의 심리적 안정이 이루어져서 학과에 복귀가 가능하다는 의사의 진단이 내려지면 복귀일 당일 혹은 익일에 해당 학생에 대한 의무상담을 실시한다. 학교로 복귀한 당일이나 익일에 해당 학생이 반드시 학생상담센터에 방문하여 사후 관리를 받을 수 있도록 규정을 만들어 놓을 필요가 있다.

학생상담센터에서는 해당 학생의 위기수준을 파악하고 상담진행과 관련된 계획을 세운다. 사례관리는 1주일에 1회 50분의 상담을 기본으로 하되 학생의 상황이나 상태에 따라 주 2회를 실시할 수 있으며, 방문이 어려운 경우에는 전화나 메일 등 매체상담을 통해 지속적인 모니터링과 사례관리가 이루어지도록 한다.

(6) 학생정보 관리와 직원의 소진 관리

위기관리위원회와 비상대응TF 팀 그리고 관련 직원들은 필연적

---

1) 'College of William & Mary. (2013). Residence Life Student Staff Manual 2014－2015'의 사후관리 매뉴얼을 참고한 것임.

으로 학생의 비밀 정보를 알게 될 수 있다(예: 주민등록번호, 훈련 기록, 심리적 이슈, 일반적인 개인 정보 등). 이때 알게 된 정보에 대하여 철저히 비밀을 유지하여야 한다. 비상대응TF 팀과 관련 교직원은 서로 정보를 공유할 수 있지만, 정보를 공개할 수는 없음을 유의하여야 한다. 학생이 동의하지 않은 정보에 대하여는 학생의 부모와도 정보를 공유할 수 없다. 직속상관, 위기관리위원회에 속한 교직원만이 정보를 공유할 수 있는 유일한 멤버이다. 위기관리위원장과 비상대응TF 팀장은 이러한 지침을 관련 교직원에게 상기시키고 주의하도록 안내한다.

자살위기에 대한 대응이 마무리되면 이를 담당했던 관련 교직원의 소진현상이 나타날 수 있다. 이때 소진된 교직원들의 고충을 상담하고 필요한 심리적 지원을 후속으로 제공하는 것이 필요하다. 소진된 교직원들의 상태를 파악하고 비상업무로 소진된 몸과 마음을 재충전할 수 있도록 학교 상황에 맞는 여러 가지 지원방법을 마련해 놓을 필요가 있다.

3) 기숙사생의 자살위기 대응

(1) 비상대응TF 팀의 구성과 역할

해외 대학교의 기숙사처럼 사전에 기숙사생에 대한 위기대응 역할과 매뉴얼이 마련되는 것이 중요하다. 기숙사에서의 대응은 보다 복잡한 데다 신속성이 있어야 하므로 사안이 발생한 후 당황하지 않도록 미리 지침을 마련하고 관련 교직원을 훈련시켜 놓을 필요가 있다.

(2) 신고 및 비상 연락

최초목격자는 근무 중인 기숙사 직원에게 연락을 한다. 상황이 치명적인 경우는 바로 119와 112로 신고한다. 최초목격자가 학생이거나 일반인인 경우, 직접 대응이 어렵기 때문에 신고 이후 119, 112의 대응은 직원이 하는 것으로 한다.

이때 해당 학생의 피해 정도, 기본 인적 사항, 목격자 여부 등이 정보를 파악하여 신고한다. 전화로 신고할 경우 다른 전화를 사용하거나 다른 사람이 대신 경찰에 전화할 수 있도록 하여 경찰에서 다시 연락이 왔을 때 전화를 즉각 받을 수 있도록 한다. 직원은 경찰이 도착할 때까지 해당 학생의 곁을 떠나지 않으며 학교의 다른 부처에 지원을 요청한다. 연락받은 직원은 바로 위기관리위원장과 비상대응TF 팀장에게 신속하게 연락을 취하고 학생의 상태를 알린다. 학과장이 학부모에게 사실을 알릴 수 있도록 조치하는 것이 필요하다. 이때 증거자료가 될 수 있는 기숙사 방 안이나 현장의 어떤 것도 만지지 않는다. 최초목격자는 응급상황 발생에 대한 증인이 될 수 있기 때문에 확보하는 것이 필요하다.

(3) 안전응급조치 및 기숙사 관리계획

기숙사 직원은 해당 학생이 흉기나 위험 물질로 위협하는 등 직원이나 다른 학생들에게 위험하다고 판단될 때에는 학생에게 다가가지 않는다. 구경을 하는 사람들이 있으면 해산시키고 경찰이 출동할 때까지 안전거리를 확보한다.

학생이 위협적이지 않을 경우에는 학생에게 다가가 상태를 살피고 필요시 기숙사 내에서 관리되는 응급조치, 즉 기도 확보나 CPR 등을 실시할 수 있다. 응급조치를 필요로 할 경우에는 반드시 경찰에 연락을 하여야 한다. 병원으로 이송하는 경우 직원은 학교 차량을 타고 이송차량을 뒤따르며 응급실에 동행한다. 상황을 파악하기 위해 룸메이트나 관련 주변인에게서 기본 정보를 확인한다. 기숙사 내의 불필요한 오해나 억측이 생기지 않도록 루머를 차단한다.

기숙사 내에서 발생할 경우 다른 사생들이 동요하고 그중 해당 학생의 룸메이트 등 심리적 충격이 큰 학생들이 있을 수 있으므로 영향받을 가능성이 큰 학생들의 명단을 작성하고 이들에 대한 심리적 지원도 대응계획에 포함한다.

그림 3-1 기숙사 자살위기 대응 과정

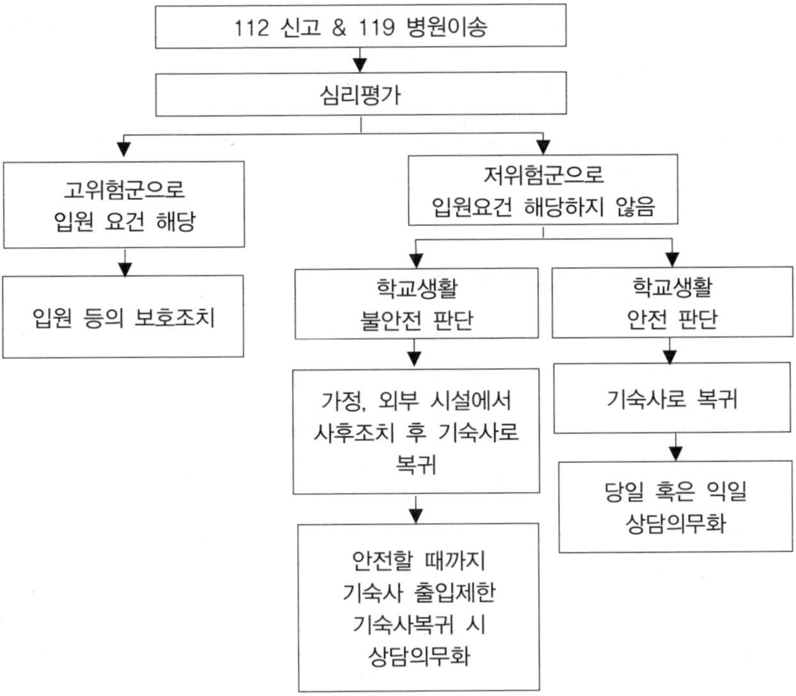

(4) 기숙사 복귀와 사후관리

사생의 기숙사 복귀는 기숙사에 복귀하여도 별 문제가 없다는 전문의의 확인을 통해 복귀하도록 하는 것이 필요하다. 기숙사 복귀가 어렵다고 판단될 경우, 보호자에 의한 보호조치를 원칙으로 하며 복귀 시에는 학생상담센터에서 의무상담을 받도록 제도화할 필요가 있다.

3. 자살 위기 수준에 따른 대응

1) 자살시도의 치명성이 높은 경우

의식불명, 중태, 다량 출혈, 심한 외상, 위험성이 높은 약물, 위험도를 알 수 없는 약물 등을 복용한 경우이다. 이를 신고할 때에는 신체적 정보와 장소, 시간, 방법 등의 정보를 제공하고 대상자의 안전이 문제가 될 때에는 병원에 응급치료를 요청한다.

목격자가 있는 경우 심리적 동요 정도를 파악하고 현장을 차단해야 하며 심리적 동요 정도에 따라 응급상담을 받도록 한다.

- 난폭한 행동으로 인해 언어적인 방법으로 안정을 시키거나 설득하는 것이 불가능하여 위험성이 지속될 경우 억제와 제압을 통해 난폭한 행동을 중단시킬 수 있다. 이때는 여러 사람이 협동으로 실시하며 응급 출동한 정신보건전문요원이 있을 시라도 단독으로 실시해서는 안 되며 경찰과 구급대원이 함께 실시하도록 한다.
- 공공안전망인 경찰과 119구급대의 도움을 받기 어려운 경우 사설 이송서비스를 활용할 수 있다.
- 대상자를 안정시킬 때는 주의분산 또는 말로써 달래기 등 심리적인 접근을 통해 상황을 진정시키는 시도가 필요하다. 대상자와 논쟁하여 자극하지 않도록 주의하며, 대상자로 하여금 체면을 살릴 기회를 제공하도록 한다. 비위협적이고 비언어적인 공감의 태도가 필요하다.

2) 치명성이 낮은 경우

정서적인 흥분상태와 낮은 치명률의 자해가 동반된 자해를 의미하며 전화로 신고할 시 자해 시도 방법, 시간, 장소, 손상 정도 등의 정보와 목격자 등의 정보를 제공한다. 전문적인 도움을 구하기 전에 자살기도 학생이 안정을 취할 수 있도록 신뢰하는 사람을 불러 정서적 안정을 도울 수 있다.

때때로 사안이 중하지 않은데 너무 과도하게 개입하게 되면 주변 학생들의 동요가 심해지고 자해에 대한 잘못된 행동을 강화할 수 있다. 특히 자살시도자가 자신의 정보가 노출되는 것을 꺼려하는 경우 주의가 필요하다. 목격자가 있는 경우, 목격자에 대한 심리적 지원이 필요한지를 파악하고 필요에 따라 정신건강센터나 학생상담센터에 응급상담을 의뢰한다. 치명성이 낮은 경우라도 목격자가 학과생들인 경우 학과생들의 동요를 막고 사실 정보만 공유하며 자살시도나 자해는 잘못된 행동임을 알리는 정도로만 개입한다. 과도한 관심과 이야기는 오히려 피해를 키울 수 있으므로 사안이 종결될 때까지 신중하게 행동하도록 지도한다.

3) 교외 단체 활동에서 자살 위험성이 포착된 경우

단체 행사나 기타 학교 내 단체 외부활동에서 자살 위험성이 포착된 경우, SNS나 외부에서 학생의 자살시도 계획을 알게 된 경우, 학과에서는 신속하게 24시간 지원이 가능한 경찰과 자살예방서비스 기관을 이용한다. 경찰에 의뢰할 때에는 의뢰자의 기본정보 및 위기상황에 대한 정보(장소, 상태, 과거 병력 등)를 제공한다. 자살시도자에 대한 보호자 정보가 필요할 때에는 경찰관직무집행법 제2조에 따라 경찰이 보호자에게 연락을 취하도록 요청할 수 있다.

표 3-6 사례별 대응 조치

1. 자살시도 치명률이 높은 경우

1) 위기개입 흐름도

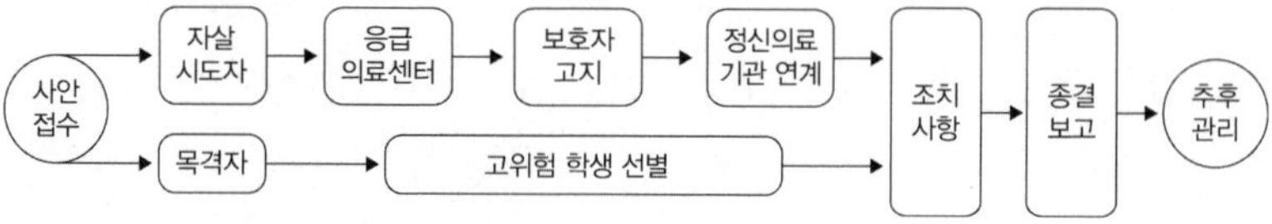

2) 자살시도 치명률이 높은 경우의 의미

의식불명, 중태로 발견, 추락, 목 조름, 골절, 다량출혈, 심한 물리적 외상, 위험성이 높거나 위험도를 알 수 없는 약을 먹은 경우 등을 의미함

3) 전화 신고 시, 자살시도자와 주변 목격자들에 대한 구체적인 정보를 파악

- 자살시도자의 신체손상정보를 파악하고 응급의료기관으로 이송하도록 전달함
- 자살시도 장소, 시간, 시도방법 등
- 목격자 인원, 상황, 심리적 동요 정도 등

4) 학교의 자살시도 치명률이 높은 경우 사안 처리

- 자살시도율이 높은 사안 발생 시 취해야 할 기본처리지침
- 최초 발견자는 112로 관할 경찰서에 연락을 취하여 응급의료센터에 이송
- 위원회 비상연락망 가동
- 위원회 사안보고
- 보호자에게 연락 취하기
- 언론대응 담당자 정하기
- 외부전문기관 협조 요청

2. 자살시도 치명률이 낮은 경우

1) 위기개입 흐름도

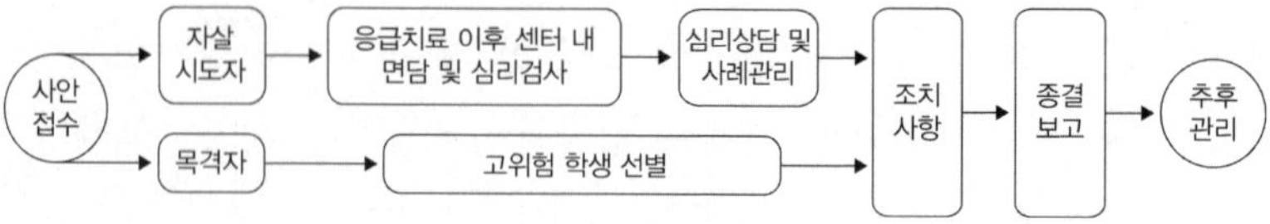

2) 자살시도 치명률이 낮은 경우의 의미

- 분명한 의식 상태에서 가벼운 자해나 위험성이 낮은 약제를 먹은 것으로 확인된 경우
- 단순한 치명률이 낮은 경우와 정서적인 흥분상태와 낮은 치명률의 자해가 동반된 자해소동 개념의 사안으로 분류됨

3) 전화 신고 시 자살시도자와 주변 목격자들에 대한 구체적인 정보를 파악

- 자해시도, 시간, 장소, 자해방법, 신체손상정도 등을 파악
- 목격자 인원, 상황, 심리적 동요 등
- 전문적인 도움을 구하기 전에 자살기도 학생이 신뢰하는 사람을 불러 정서적 지지를 제공할 수 있도록 안내

4) 학과 지도 회의

사안에 따른 과도한 개입은 주변 학생들의 주의를 집중시키고 자해와 같은 잘못된 행동을 강화하여 부정적인 파급효과를 초래할 수 있으므로 개입방향을 정확하게 설정함

3. 학교의 외부활동 시 위험성이 포착된 경우

1) 위기개입 흐름도

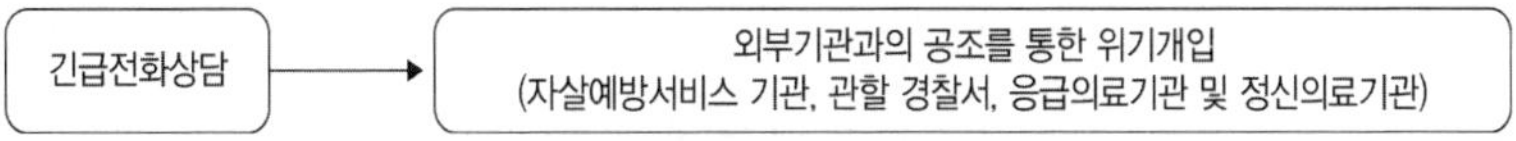

2) 의미

- 학교 관련 외부활동 및 학교 밖의 위험성이 포착된 경우를 의미
- SNS에서 학생의 자살시도 계획을 알게 되거나 자살시도 위험성이 있는 학생이 가출한 경우

3) 위기개입

① 긴급전화상담
② 외부기관과의 공조를 통한 위기개입 – 자살예방서비스 기관과의 공조
– 관할 경찰서와의 공조
– 응급의료센터 및 정신의료기관 연계
③ 경찰 공동 대응 과정
의뢰한 대상자의 기본정보 및 위기상황에 대한 정황정보를 확인한다.

인적정보: 대상자 및 가족 등 위치정보: 위기상황 발생 장소에 대한 정보 전화정보: 위기상황에 대한 정황, 가능하다면 정신과적 치료력, 자살 과거력 등

④ 응급 개입 시 위험에 처한 보호자 정보가 필요한 경우 경찰관에게 정보를 요청한다.

[경찰관직무집행법 제4조]에 의하면 경찰은 구호대상자(자살을 시도하는 사람)를 발견하였을 때에는 보건의료기관이나 경찰관서에 보호하는 등 적절한 조치를 수행하도록 되어 있으며, 제4조 제4항에 의거, 보호조치를 시행하였을 때에는 구호대상자의 가족, 친지, 그 밖의 연고자에게 그 사실을 알려야 한다.

4) 입원치료

사전 동의서가 있는 경우는 보호자에게 연락하고 보호자가 충분히 해당 학생을 보호할 수 있게 한다. 사전 동의서가 있더라도 이에 대해 충분히 인지하지 못하는 경우도 있으므로 사전에 보호자에게 연락을 할 것이라는 사실을 해당 학생에게 알리고 동의를 얻어야 한다. 사전 동의서가 없는 경우에는 치료에 필요한 보호자의 보호에 대해 충분히 설명하고 보호자 고지에 대해 설득을 하는 과정이 필요하다. 해당 학생이 안정을 찾을 때까지 입원을 유지하고 퇴원 전 다음 사항을 점검하고 전문의의 권유에 따라 퇴원 여부를 결정한다. 이외에도 당사자 본인의 동의가 없는 경우, 정신질환의 문제가 있는 경우 등 다양한 경우가 발생할 수 있다. 이때에는 경찰관직무집행법 제4조, 정신건강증진법 제41조, 43조에 따라 조치를 취하여야 한다. 입원 보호와 관련된 자세한 내용은 6장의 '4. 자살 시도자에 대한 관련 기관 구호요청'에 상세히 기술되어 있다.

표 3-7 퇴원 전 점검사항(체크리스트)

번호	내 용	확인
1	소형화기나 치명적인 약품들이 안전하게 보관되거나 환자가 접근할 수 없도록 되어 있는지 확인한다.	
2	도움을 줄 수 있는 사람을 확보하고, 위험신호를 보이는 경우 취할 수 있는 후속조치에 대해 교육한다.	
3	정신건강 전문의와 추후 진료예약을 하고, 가능한 경우 추후 상담기관을 추천받는다.	
4	위기상황에 24시간 전화를 할 수 있는 지역의 정신보건센터 전화번호와 담당자를 해당 학생에게 알려 주고 학생상담센터의 의무상담 조항에 대해서 안내한다.	
5	위기상황이 다시 발생하면 언제든 응급센터로 되돌아올 수 있다는 것을 인지하고 있는지 확인한다.	

4. 자살로 인한 사망

1) 자살 사망사고 시 긴급회의

이 회의는 위기관리위원장에 의해서 시행되며 위기관리위원회와 비상대응TF 팀이 소집된다. 가능한 한 빨리 열어야 하고, 아침에 학교 수업이 시작하기 전에 소집하는 것이 바람직하다. 주간에 발생하면 즉시 회의를 열고 야간에 발생하였을 때에는 적어도 12시간 이내 익일 오전 7시에 열도록 한다. 사망사고가 언제 일어났는지에 따라 학생들이 소문으로나, 메시지나, 다른 수단에 의해서 소식을 듣기 전에 회의를 여는 것이 바람직하다.

만약 이러한 일이 일어나면, 위원장은 먼저 사실의 정확성에 대해서 확인해야 한다. 학교의 미리 정해진 비상메일이나 비상전화 연락망을 통해 위원회와 비상대응TF 팀을 소집하여 죽음에 대해서 알리고 정보공유를 한다. 이때 안전관리위원회 및 비상대응 팀의 스태프 외에 유가족들의 허락을 받기 전까지 죽음의 원인에 대한 정보는 주지 말아야 한다. 목격자가 많고, 많은 학생들의 동요가 예상될 때에는 학교 교직원 회의도 고려할 수 있다.

표 3-8 사망 초기 학교 교직원 회의 예시(Sample Agenda for Initial All-Staff Meeting)2)

(1) 초기 미팅의 목표
아래의 목표를 다루기 위해서 적어도 한 시간은 할애하라.

- 위기관리위원회 소집 알림
- 죽음에 대한 정확한 정보를 공유한다.
- 구성원들이 자신의 반응과 슬픔을 표현할 기회를 준다. 추가적인 지원이나 적절한 자원이 제공되어야 하는지 확인한다.
- 적절한 교직원 인력을 제공한다.
- 자살에 대해서 이야기할 수 있는 자료를 구성원들에게 제공하여 학생들의 반응과 질문에 준비한다.
- 자살과 대학생 시기의 정신과적 질병에 관한 사실을 안내한다.
- 학과나 기숙사 내에 학생상담센터가 주관하는 특별 상담실을 설치할 수 있다.
- 이때 특별상담실 위치를 포함한 하루의 계획에 대해서 설명하라.
- 모든 구성원들의 중요한 역할은 학생들을 관찰하면서 학생들의 동요와 행동 변화를 확인하는 것이다.
- 어려움을 겪는 학생들을 관리하기 위한 계획을 토론한다.
- 위험학생에 대해 확인하고 언급하는 것을 힘들어하는 구성원에 대해서는 기록을 해 놓을 필요가 있다.
- 다른 외부의 위기 대응자나 도와주려는 스태프들을 존중한다.
- 장례식을 위한 학생 학적 조치(dismissal protocol)에 관하여 구성원에게 이야기한다.

2) 'HEMHA & Jed Foundation. (2008). *Balancing Safety and Support on Campus: a guide for campus team*' 내 코넬대학교 위기관리위원회의 샘플임. 장례과정과 자살소식을 전하는 부분, 사망에 대한 반응 등이 우리나라와 문화가 다르므로 참고사항으로 할 것.

- 안전관리팀의 구성원 중 누가 미디어에 말하는 사람으로 지정됐는지 확인하고, 모든 미디어의 요구에 알아보도록 지시한다.

(2) 첫째 날의 마무리 회의
첫날의 끝에 모든 스태프들과 미팅을 하는 것은 안전관리위원장과 팀 조정자에게 도움이 된다. 이러한 미팅은 아래의 단계를 시행하는 기회를 제공한다.

- 구성원들이 이해한 바를 확인한다.
- 보고를 받고, 경험을 공유하고, 걱정을 표현하고, 질문을 한다.
- 추가적인 지원이 필요한지 평가하고 구성원들을 체크한다.
- 죽음과 장례 절차에 대한 정보를 전한다.

비상대응TF 팀은 사안을 정확히 파악하기 위해 주변인으로부터 정보를 수집한다. 이때 학생 개인정보 관리에 유의하여야 하며 경찰과의 연계에 있어 자살한 학생의 주변인 조사과정에서 부당한 죄책감을 경험하지 않도록 세심한 주의가 필요하다.

표 3-9 교내 학생 자살위기관리 프로토콜

TIP[3]
• 학교 내 사고인 경우 최초 발견자와 목격자를 파악하고 사고현장을 보존한다. • 특별 상담실을 설치한다. 심리적 충격이 큰 취약 학생이나 교직원은 혼자 두지 않고 상담서비스를 제공 / 외상 후 스트레스장애를 관찰하고 치료지원을 한다. • 당분간 학생들의 출석관리를 강화하고 주변학생들을 면밀히 관찰한다. • 학사일정은 기존대로 유지하는 것이 원칙이나, 스트레스가 될 수 있는 일정은 조정 가능하다. • 학생들에게 자살사안에 대해 공지하는 경우에는 소규모 단위로 사실만 전달함으로써 심리적 동요 및 유언비어 확산을 방지한다. • 상황에 대한 책임전가나 비난을 삼가한다. • 언론은 담당자를 지정하여 일관되게 대응하도록 하고, 공식적인 사안보고서를 토대로 사실적인 정보 제공 / 학생개인정보 관리에 유의한다. • 자살학생 학교 내 운구행렬 및 공식적 추모행사는 재학생에게 미칠 파장을 고려하여 삼간다. 이때 고인의 유가족에게 정중히 이해를 구한다. • 재학생 교육 시, '자살'과 관련된 객관적 사실을 공개, 감정표현의 기회 제공, 자살을 미화하거나 비방하지 않도록 지도하고 자살자에 대해 예의를 갖추도록 지도한다. • 학생들이 장례식장 방문을 희망하는 경우에는 시기를 정하여 방문하도록 한다.

2) 자살소식 공지 시 유의사항[4]

표 3-10 자살소식 공지 시 유의사항

대상단위	– 소규모 단위로 사안 전달 – 고인과 친했던 친구들일 경우 개인적 또는 작은 집단으로 (친숙한) 학과 교직원이 사실 전달

3) '김희숙, 김미향, 박완주, 박경란 (2011). 학교 및 교육기관에서의 학생자살위기관리 프로토콜. 교육과학기술부'의 일부내용 발췌 수정.

4) '최재운, 김유진, 이희경, 진현숙, 박보은 (2014). 자살위기개입 매뉴얼. 대구광역시서부교육지원청 Wee센터'에서 발췌하고 수정·보완한 내용임.

공지시간	– 쉬는 시간이나 하교 직전과 같이 시간적인 여유가 없을 때에는 공지하지 않음 – 소식을 전달하고 학생들이 반응과 감정을 어느 정도 표현하고 상호작용할 수 있는 충분한 시간을 확보하여 전달
공지내용	– 발생한 상황에 대해 정확하고 솔직하게 말하되 자살사망이나 자살시도의 방법과 수단에 대한 자세한 정보는 제공하지 않고 중립적 입장에서 설명 – 사실정보를 공지하기 전 유가족의 사전 양해를 구함. 사실이라도 고인의 프라이버시를 존중하여 전달정보를 선별함 – 애도를 표시하는 동시에, 자살은 절대 문제를 해결하는 수단이 아니라 남겨진 사람을 힘들게 하는 잘못된 선택이라는 점을 강조 – 억측과 소문 전파 방지를 위해 '원인'보다 '동기'와 '배경'을 중심으로 전달 – 사망한 친구를 애도하거나 기억하는 데 정해진 방법이 없으며, 서로에게 친절하고 서로의 차이점을 존중해야 함을 전달 – 주변 사람의 자살을 경험했을 때 자신에게 나타날 수 있는 반응과 증상을 설명
주의할 점	– 학생들에게 친숙한 사람(담당 교수)이 공지하며 논의시간을 가짐 – 침묵, 질문, 개인적인 대화 허용(학생들이 자살에 대한 세부적 내용을 궁금해 하는 것은 애도과정의 자연스러운 부분임) – 전체 학과에서 공통된 내용을 전달하되 학년에 따라 전달방법을 달리함 – 자살한 학생을 비난하거나 온갖 소문과 추측, 자살이 미화되거나 낭만적으로 다뤄지지 않도록 전달 – 자살 직전의 시간을 강조하지 않고 특정인에게 책임이 전가되지 않도록 주의 – 학생들에게 사실을 알리는 직원들이 받을 수 있는 스트레스에 대해 인지하고 지지하는 것이 중요함

3) 자살생존자들을 위한 도움[5)]

자살생존자는 자살 사망으로 인해 상실을 경험한 교내 친구, 주변 학생들이나 가족들을 의미한다. 그들은 감정적인 충격, 혼란, 부인, 슬픔, 죄책감, 비난, 수치심 등을 포함한 강하고 모순된 감정을 경험한다. 그들은 다른 정신적 트라우마의 희생자들과 비슷한 신체적, 행동적 사인을 보일 수 있다.

표 3-11 생존자들을 돕기 위한 몇 가지 제안[6)]

1. 자살생존자들과 라포를 형성하고 도움을 주려고 한다는 것을 설명한다. 자살생존자들의 감정은 매우 예민하다. 생존자들이 그들의 생각과 감정을 표현하도록 도와준다. 돌봄과 연민을 전달할 수 있도록 지원하고, 그들의 감정이 괜찮다는 것을 확인한다.
2. 자살생존자들이 사랑하는 사람의 몸에 무슨 일이 일어났는지를 포함한 간단한 정보를 전달하고, 죽음과 조사 과정에 대해 간략히 설명한다.
3. 자살생존자들이 다른 가족, 가까운 친구, 의사, 또는 성직자와 같이 도움을 얻을 수 있는 사람들이 있다는 것을 알도록 한다.
4. 자살생존자들이 지원을 요청할 수 있는 정신 건강과 관련된 지역사회 자원에 대한 정보를 제공한다.
5. 자살사고 이후, 교직원은 자기 자신을 돌보아야 한다. 그들이 사고현장에서 본 것에 영향을 받을 수 있고 사안이 중요하다 보니 한계를 넘어 계속해서 자살생존자들을 도와주고 싶을 수 있다. 스스로의 감정에 관심 갖고 동료, 가족, 친구 또는 다른 교직원을 통해 지지 프로그램과 같은 것들로부터 도움을 받는 것이 중요하다.

---

5) SPRC(Suicide Prevention Resource Center). & SAMHSA(Substance Abuse and Mental Health Services Administration). (2013, February). *The Role of First Responders in Preventing Suicide.* Retrieved from http://www.sprc.org/sites/sprc.org/files/ems.pdf

6) 'SPRC. (2014). The Role of Emergency Medical Services Provider in Preventing Suicide'에서 발췌한 것임.

4) 장례

장례 절차 시에는 학생의 가족과 함께 장례 계획에 대하여 장의사와 이야기할 수 있도록 한다. 이때 가능하다면 가족들에게 장례식 일정을 학교가 쉬는 날이나 방과 후 시간에 잡도록 권유할 수 있을 것이다. 가족들과 상의하여 교내 성직자와 같은 사람과 함께 장례식을 수행할 것을 상의하고, 기본적인 정신건강 문제(우울증과 같은)와 자살의 연관성을 강조하며, 위기는 다른 학생들에게도 전염될 수 있음을 인식시킨다. 가족의 결정에 따라 가족 및 교직원을 포함한 사람들에게 장례식에 대한 정보를 알리도록 한다. 학생들이 장례식장 방문을 희망하는 경우에는 학과 차원에서 시기를 정하여 함께 인솔하여 방문할 수 있다. 이때 유가족의 슬픔을 위로하고 애도하는 과정은 필요하나 지나치게 다루어지면 자살이 미화되거나 전염될 가능성이 있음을 배제해서는 안 된다.

표 3-12 장례 지침

- 위치
- 장례식 시간
- 예상하는 것
- 유가족들에게 조의를 표하는 방법에 대한 지침
- 수업시간에 장례식에 참석하는 학생에 대한 지침
- 교내 상담자와 지역사회 정신건강 전문가와 장례식 참석을 상의한다.
- 교내 성직자의 지원여부

출처: 'AFSP & SPRC. (2011). After a Suicide: A Toolkit for Schools'의 내용을 한국 상황에 맞게 수정한 것임.

5. 자살위기 학생 의뢰와 상담

1) 위험군 상담 의뢰(referral source)

학과에서 지도하는 과정, 또는 수업시간에 정신과적 위기가 관찰되면 사전 예방 차원에서 상담을 의뢰할 수 있다. 의뢰할 경우, 의뢰자인 교수나 기관 관계자는 학생과의 면담을 통해 의뢰에 대해 이야기하고 동의를 받는 것이 필요하다. 의뢰방법은 학교의 의뢰체계에 맞추어 한다. 보통은 학생상담센터에 방문 또는 전화하여 상담을 의뢰할 수 있게 되어 있다. 상담 진행은 초기 위기진단을 위한 접수상담으로 시작되며 의뢰된 학생의 상태를 파악하고 필요한 위기 개입 즉, 입원치료, 정신과 진료나 약물치료, 개인상담 등의 개입을 결정하게 된다. 1회기는 50분간 진행되며 위기상담 전문 스태프에 의해 이루어진다.

2) 정보수집과 기록

전화를 통한 접수상담은 단순히 위기상황을 접수하는 것이 아니라 대상자에 대한 최초 상담의 과정으로서 중요한 과정이라고 할 수 있다. 의뢰자는 필요한 정보를 미리 수집하여 학생상담센터에 제공할 수 있도록 한다. 행동적, 언어적 단서들을 수집하고 이에 대한 정보를 제공한다.

- 객관적인 정보를 최대한 수집하도록 한다.
- 정보수집의 범위는 심리적 상태와 정신병리 판단을 위한 임상적 정보와 정신과적 병력뿐 아니라 사회경제적 상태, 사회적 지지체계에 대한 정보 등을 포함하는 것이 좋다.
- 수집된 정보내용은 '접수상담'에 기록, 보존한다.
- 체계적인 평가 기록과 개입, 의뢰를 위해 안전관리 서식지를

사용할 수 있다.

- 신속한 평가를 위해 CTRS(Crisis Triage Rating Scale) 등 필요하다고 판단되는 검사를 실시한다.

3) 대면평가

학생상담센터는 자살위기 학생에 대하여 대면평가를 실시한다. 면담이 불가능한 정신적 상태를 가지고 있다고 판단될 때에는 병원연계를 우선 고려한다. 대면평가와 병원연계 시에도 치료적 관계형성을 우선적으로 하고 평가를 실시하도록 한다. 적대적이거나 상담에 저항적이어서 라포 형성이 어려운 경우 1~3회기를 라포 형성과 평가에 할애할 수 있다.

- 면담이 가능한 재학생은 가능한 한 안정되고 조용한 장소로 상담실을 배치하고 외부 환경자극을 차단하고 안정시켜 평가할 수 있도록 한다.
- 대상 학생의 관점에서 위기상황을 이해하려고 한다.
- 신체적 어려움이 있는지 파악한다.
- 입원 및 치료를 위한 자원을 파악하고 준비한다.
- 개입계획은 구체적으로 세우며 학과의 지원이 필요한 경우에는 학과와 협력회의를 주최할 수 있다.

표 3-13 자살위기분류척도(CTRS, Crisis Triage Rating Scale)의 활용

번호	RATING A: 위험성(Dangerousness)
1	자살 및 타해 사고를 표현하거나 이와 관련된 환청이 있음. 현 병력기간 중에 자살시도가 있음. 예측불가능하게 폭력적이거나 충동적임.
2	자살 및 타해 사고를 표현하고 환청이 있으나, 확신은 없음. 과거 폭력적, 충동적인 행동이 있었으나 최근에는 없음.
3	자·타해 사고를 양가적으로 표현하거나 행동을 하였음. 충동조절능력은 확실하지 않음.
4	약간의 자·타해 사고 혹은 행동은 있으나 행동조절이 가능함.
5	자·타해 사고나 행동의 과거력 및 위험이 없음.
번호	**RATING B: 지지체계(Supporting system)**
1	가족, 친구, 다른 형태의 지지체계 전혀 없음. 기관에서 필요한 지지를 즉각적으로 제공할 수 없음.
2	약간의 동원이 가능한 지지체계는 있으나 그 효과는 제한되어 있음.
3	이용 가능한 잠재적인 지지체계는 있으나, 제대로 기능하기에는 어려움이 있음.
4	관심이 있는 가족, 친구, 다른 형태의 지지체계가 있으나 필요한 지지를 제공하는 능력과 의지는 다소 불명확함.
5	관심 있는 가족, 친구, 다른 형태의 지지체계가 필요한 지지를 제공하는 능력과 의지가 있음.
번호	**RATING C: 협조능력(Ability to cooperate)**
1	협조가 불가능하거나 완강하게 거부적임.
2	약간의 관심을 보이거나 도움을 주려는 노력을 이해하는 정도.
3	개입을 수동적으로 받아들임.
4	도움을 원하나 양가적이거나 동기가 강하지 않음.
5	적극적으로 치료를 원하고 협조하려고 함.

반응의 긴급성 척도(URS, Urgency of Response Scale)[7]		
A (3－9)	극도의 위기	입원치료 요함. 즉각적인 경찰 혹은 119 구급대 출동 협조. 정신건강요원 즉각적인 서비스 제공 요함.
B (10)	고위험	2시간 이내 개입, 입원가능성 있음. (심한 자살사고, 위협적인 폭력, 반복적이진 않으나 심한 스트레스)
C (11)	중간 위기	12시간 이내 개입(고민, 심한－보통의 자살사고, 혼란스러운 행동.
D (12－13)	낮은 위기	48시간 이내 개입(보통 정도의 고민, 약간의 지지가 있으나 안 좋은 상황으로 진행).
E (14－15)	위기상황 아님	2주 안에 개입.
G		개입 종결(전화상담, 연계 종결).

출처: 이명수(2011). 자살위기개입핸드북. 서울시자살예방센터.

4) 개입

개입은 1, 2차 평가에 근거하여 이루어지도록 한다. 먼저 자살 행동에 대한 심층적인 공감과 정서적 지지를 한다. 자살행동을 실행할 수밖에 없었던 당시에 대해 공감하며 자살시도 학생의 표면적인 자살시도 행동을 믿어 준다. 하지만 안정된 다음에는 본인 행동이 정당화되지 않는다는 것과 다른 관점, 행동, 문제해결책이 있다는 것을 지도한다. 또한 병원 진료를 한 번 이상은 받아야 하는 것을 설명하고, 필요시 치료 여부를 확인하며 서면 확인을 받는다.

개입과정에서 자살시도 학생이 정상적으로 학교에 적응하도록 돕

7) 최초로 개발된 CTRS의 경우 'F(대기)'가 활용되나 1회의 접수상담에서 대응방향을 결정하기 위해서는 표에 제시된 형태를 활용하는 경우가 많다. '이명수 (2011). 자살위기개입핸드북. 서울시자살예방센터 p. 22'에는 CTRS의 활용방법과 평가결과에 대한 대응 원칙이 제시되어 있다.

고 낙인찍히지 않도록 학과 지원을 받아 또래 도우미인 게이트키퍼(gate keeper)를 만들어 주어 정서적 지지를 제공해야 한다. 자살은 반복 시도성이 강하므로 일정기간 지속적인 관심과 신뢰를 보이며 배려하여 반복 자살자의 심리변화에 대해 숙지하고 회복기에 이를 수 있도록 지지해야 한다. 이후에도 관련 교직원에게 자살시도 학생 대응에 대해 알려주고 협조를 구하며 처리 상황에 대해 기록으로 남기고 상담일지를 작성해야 한다.

5) 학교 밖 연계자원 활용

대학은 학생들의 자살문제와 관련하여 한정된 자원을 가지고 있다. 따라서 보다 전문적인 서비스 제공을 위해서는 다음과 같은 전문기관들과 연계를 하는 것이 필요하다. 서울의 경우 서울시자살예방센터(1577-0199)에서 24시간 핫라인을 운영하고 있으며, 응급 시에는 출동하여 위기 개입을 제공하고 있다. 각 지방에서도 유사한 핫라인을 활용할 필요가 있다. 학생이 자살을 시도한 경우에는 대학에서 가까운 응급의료센터에서 응급진료를 실시할 수 있도록 실무자 간 협의를 통해 미리 연계체계를 갖추어 놓을 필요가 있다. 퇴원 후 지속적인 상담 등 사후관리가 필요할 경우 외부기관인 지역의 자살예방센터, 구 단위 정신건강증진센터(정신건강복지센터), 기타 자살예방프로그램 실시기관과 연계하여 사후관리를 제공할 수 있다. 대학에서 가까운 지역 개인 병원과 협력체계를 갖출 필요도 있다. 고위험군으로 판정된 학생들에게 약물치료가 필요하다고 판단되는 경우 학생들이 통학하는 거리에 있는 지역 병원 및 군데와 협력하여 사례를 관리할 필요가 있다. 이때 정신건강 의학 전문의와 협력적인 관계에서 체계적이고 신속한 관리가 이루어지도록 전문의와 정보 및 치료계획을 공유하고 협력하여 사례를 관리한다. 지역의 정신건강증진센터에서 이용할 수 있는 서비스를 미리 알고 이를 활용하는 것도 좋을 것이다.

표 3-14 지역 정신건강증진센터 활동의 예시

우울증 대상자 사례관리	• 지원대상: 00구 거주 지역주민 중 우울증(자살)문제로 센터 서비스에 대한 욕구가 있으며 동의한 자 • 지원내용: －증상 및 약물관리 －상담지원(심리상담, 지지상담, 정신건강상담) －의료비지원(응급후송비 및 외래, 입원 치료비 지원)
자살위험군 안전관리	• 지원대상: 자살사고 및 자살시도 문제가 있는 대상자 중 증상재발, 자·타해 위험 등으로 인해 응급 및 위기개입이 요구되는 자 • 지원내용: 24시간 위기상담 전화 및 사후관리 서비스연계(집중상담)

이외에도 지역자원 연계를 통한 아웃리치나 교육도 가능하다. 일례로 이화여자대학교에서는 서대문구정신건강증진센터와 연계하여 '생명존중지킴이(이화 mindkeeper)' 교육을 실시하여 학생들이 캠퍼스 내에서 스스로 자치적인 정신건강 활동을 전개하고 동료 학생들에게 정신건강의 중요성을 홍보하며 적극적으로 자살위기를 예방하는 게이트웨이 역할을 하도록 하고 있다. 서대문구청장 명의의 수료증과 대학 내 사회봉사 인정점수를 부여하는 등 효과적으로 지역 연계자원을 활용하고 있다.

그림 3-2 이화여자대학교 사례: 학생상담센터와 지역사회 연계를 통한 생명존중지킴이 활동 모델

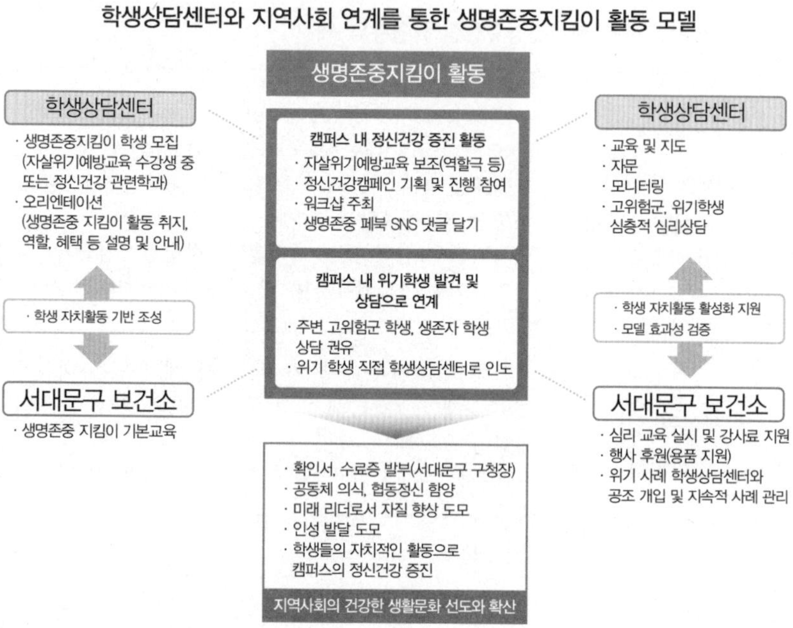

제 2 절 자살위기 개입 사례

1. 외국인 유학생 사례[8)]

로라(20세, 가명)는 외국인 유학생으로 한국 대학에 재학한 지 5개월이 되었다. 수업시간에 침울하고 멍한 모습을 자주 보였다. 수업을 진행하던 교수가 손목에 붕대를 감은 것을 발견하고 자해 가능성이

8) 이 사례는 본 저자가 경험한 외국인유학생 자살위기 사례의 일부 내용을 기초로 각색하여 제시한 것임.

있다고 판단하여 상담센터에 문의하였다. 다음 날 아침 해당 교수와 학생의 방문 약속을 잡았으나 학생이 학교에 등교하지 않아 행정 직원이 해당 학생의 집을 방문하였다. 방문 당시 몸을 가누지 못할 정도로 술을 많이 먹은 상태에서 목에 자해시도를 한 것이 발견되어 바로 가까운 병원에 이송하였다. 상담센터의 외국인담당 상담원이 함께 동행하여 치료과정에 도움을 주었다.

또한 본국에 있는 학부모에게 위기상황을 알리고 치료에 대한 동의를 구하였다. 로라는 이전에도 13세, 16세에 심각한 자살시도(약물, 가스 중독 등)를 한 경력이 있었고 조울증 진단도 받아 약물치료를 받아온 치료경력이 있었다. 부모는 로라의 상태에 대해 깊은 관심과 우려를 가지고 신속하게 개입할 의지를 표명하였고 응급 치료 과정에 동의하였으며 이후 자국에서 적절한 보호와 치료가 필요함에 동의하였다.

대사관에 연락하여 대사관과 공조체계를 만들고 협조하에 자국 송환 조치를 취하였다. 대사관에서 가장 빠른 일정에 자국 송환 비행기 티켓을 확보하여 주었고 자국에서 로라를 데리고 안전하게 이송할 수 있도록 간호사를 파견하여 주었다. 그러나 비행기 편이 많지 않아 자국으로 송환되기까지 1주일간 치료와 보호가 필요하였다.

자취하는 상황에서 로라를 돌봐줄 가족이나 친구가 없는 상황으로 판단되었지만, 로라는 정신과 입원치료를 완강히 거부하였다. 대신 외래 약물치료와 심리상담을 병행하며 자살위기 모니터링을 지속적으로 실시하는 것에는 동의하였다. 심리상담은 방문과 전화로 이루어졌으며 3회가 제공되었다. 자살위기 모니터링은 사전에 연계되어 있던 자살예방센터의 지원을 받아 3시간 간격 전화모니터링을 실시하는 것으로, 전화를 받지 않을 시에는 경찰이 출동하기로 하였다. 이후 비행기 탑승 전까지 7일간 위기사례로 밀착하여 관리하며 상담을 제공하면서 안전하게 자국으로 송환하도록 하였다. 로라의 아버지와 메일 또는 전화로 긴밀하게 연락하였으며, 로라의 부모가 귀국장에 마중을 나와 로라는 안전하게 집으로 돌아갈 수 있었다. 이후 자국에서 가족들의 협조하에 정신과 진료를 받으면서 우울증치료를 본격적으로 받았으며 많이 호전되었다. 치료 과정에 대한 몇 차례 이메일 왕래 후 로라의 부모님으로부터 감사 메일을 받게 되었고, 이로써 종결되었다.

이 사례는 수업을 진행하는 교수가 학생들의 정신건강 지표에 대해 인지하고 있어 이에 민감하게 반응하고 직원들이 신속하게 대응하여 위기를 모면한 사례이다. 직원이 학생의 집을 방문하여 위기상황을 신속하게 대응한 것, 상담센터의 외국인담당 상담원을 통한 집중적인 상담과 병원치료 동행 등이 내담자에게 심리적 안전감을 제공해 주었다. 또한 치료를 위해 연계 병원과 치료 협력을 맺은 것, 대사관과의 협력, 지역 정신건강기관과 연계협력 등 자살위기를 겪는 유학생을 대비한 대응시스템과 매뉴얼을 사전에 만들어 놓아 필요한 협조를 이끌어 낸 것이 주요하였다. 외국인유학생의 경우 국가마다 정신과 치료 지원과 개인정보보호 등에 대한 법률적인 규정이 다르기 때문에 국내법에 의거하여 처리하지 못하는 부분들이 있음을 유의할 필요가 있다. 응급상황에 따른 대응 이후, 사후관리를 위해 부모와 긴밀한 연락을 취하고 적절한 치료와 보호를 안내해 주는 등의 노력이 성과를 거둔 사례이다.

2. 기숙사생의 사례[9)]

윤희(24세, 가명)는 남자친구와 헤어진 것을 인정하지 못하고 기숙사 내에서 말다툼을 한 뒤 기숙사 옥상에 올라가 뛰어내리려고 하였다. 깜짝 놀란 남자친구의 신고로 접수가 되었다. 기숙사 관장과 부관

9) 이 사례는 본 저자가 경험한 자살위기 사례 중 일부 내용에 기초하여 각색하여 제공한 것임.

장, 학과 지도교수가 긴급 연락을 받고 현장으로 신속히 도착하여 해당 학생을 설득하며 연계병원으로 이송하였다.

부모님에게 알리는 것을 거부한 윤희는 응급실 치료에는 동의하였지만 입원치료는 거부하였다. 기숙사와 학과 학생상담센터 등이 바로 팀을 구성하여 상황을 정확히 파악하고 적절한 치료가 이루어지도록 협력하고 실시간으로 전화하며 치료과정과 진행과정을 공유하였다. 입원실에서 약물치료를 받은 후 다음 날 상담센터를 방문하기로 하였다. 상담실에는 기숙사 직원과 동행하여 왔으며 윤희의 남자친구도 동행하여 윤희 치료에 협조하기로 하였다. 심리평가와 면담을 통해 윤희 상태를 파악하고 남자친구와 따로 면담을 통해 윤희의 치료에 자극을 주지 않는 선에서 지원해 줄 수 있는 방안에 대해 논의하였다.

윤희는 평소 성격이 급하고 제뜻대로 되지 않으면 물건을 집어 던지는 등 난폭한 행동을 하는 편이었으며 충동적이고 공격적인 성향이 있는 것으로 나타났다. 그러나 상담이 진행되면서 이야기를 진솔하게 하고 상담에 곧잘 응하였다. 자신의 힘든 어린 시절과 최근의 스트레스 상황에 대해 표현하기 시작하면서 자신의 행동을 돌아보는 태도도 보였고 남자친구와의 이별을 받아들이는 상황으로 발전하였다.

최초 일주일에 2~3회 상담을 진행하고 이후부터 주 1회로 상담을 진행하였다. 학기가 종료되는 시점에서는 공격적이고 폭력적으로 행동하는 모습에서 변화하여 자신의 불만을 언어적으로 표현하는 부분이 늘었고 세상이 원하는 대로 되지 않는다는 사실에 대한 수용과 불행한 자신의 어린 시절에 대한 보상 심리가 컸다는 것을 인식하게 되면서 자신을 수용하고 스스로를 사랑하는 법에 대해 배웠으며 안정적으로 학교를 다니게 되었다.

이 사례는 충동적이고 공격적인 성향을 가진 내담자가 남자친구의 이별 통보에 대한 시위형 자살시도를 한 사례이다. 교내 기숙사 내에서 벌어졌기 때문에 기숙사 직원, 학과 교수, 학생상담센터와 기타 관련 기관이 서로 신속하게 협력하여 학생에게 적절한 조치를 취하기 위해 회의와 정보를 공유하면서 사례를 진행하였다.

학생들은 자신이 자살시도를 하였지만, 이 행동이 얼마나 위험하고 다른 사람들에게 정신적인 피해와 파급효과를 주는 심각한 행동인지를 잘 인식하지 못한다. 또한 입원치료나 정신과 치료에 거부적인 태도를 가질 수 있다. 이때 자칫 자살위기라는 상황에 압도된 나머지 치료에 비협조적인 학생을 몰아세우거나 강하게 설득하려고 하면 오히려 대화를 거부할 수도 있기 때문에 학생의 말을 먼저 듣고자 하는 상담자의 태도와 치료가 왜 필요한지를 내담자의 인식 수준에 맞추어 차근차근 설명하고 이해시키려는 노력이 중요한 치료의 과정이 된다. 윤희 사례는 교직원이 함께 협력해서 신속한 대응이 이루어지긴 했지만, 학생으로서 다양한 교직원을 만나야 한다는 것에 거부감과 두려움도 함께 있었기 때문에 자신은 문제가 없으며 치료받을 필요가 없다는 방어적 태도를 취한 것이다.

이러한 개입과정에서 차근차근 학생의 말을 듣고 인정해 주며 그럼에도 불구하고 이러한 행동이 미치는 여파와 혹시라도 시도가 반복될 가능성 등을 검토하고 필요하면 치료를 받아야 한다는 점을 이해시키는 것이 필요하였다. 부모의 보호나 치료의 협력이 필요하지만, 윤희 사례처럼 부모에게 알리는 것을 극도로 싫어하는 사례도 있기 때문에 성인 연령의 대학생의 경우 본인이 동의하지 않는다면 부모를 치료에 개입시키기 어려울 수 있다. 이후 윤희는 심리상담과 약물치료를 병행하여 많이 호전되었으며 약물 등의 치료비는 본인이 아르바이트로 충당하면서 스스로 자기를 돌보는 등 건강성을 회복하였고 기숙사 생활과 학교 생활을 무리 없이 적응해 나가게 되었다.

참고문헌

1. 국내문헌

강이영 (2008). 대학생의 자살 사례 연구. 생명연구. 제10집, 2－11.

권석만 (2008). 인간관계의 심리학. 학지사.

권중돈, 김동배 (2005). 인간행동과 사회환경. 학지사.

고병인 (1995). 대학의 정체감 위기와 정서의 특징들. 한세대학교 교원논집, 5호, 193－210.

김가은 등 (2013). NECA 원탁회의 합의문: 청소년 사망원인 1위 자살, 각계 전문가가 바라보는 해결책은?. 대한의사협회지, 56(2), 111－119.

김신연, 채규만 (2013). 대학생의 생활스트레스가 자살사고에 미치는 영향: 지각된 사회적 지지와 삶의 의미의 조절효과. 서강대학교 학생생활상담연구소, 34(1), 1－13.

김영기, 임희수, 이은혜 (2015). 대학생 정부 학자금 대출 실태조사 및 문제점 진단. 대학내일20대연구소.

김현숙 (2003). 교수와 학생의 상호작용이 대학생활적응도에 미치는 영향. 대한무용학회논문집, 36, 5－19.

김혜성 (2010). 대학 기반 자살 예방 프로그램 개발과 도입에 관한 연구. 한국정신보건사회복지학회 학술발표논문집, 185－218.

김혜성 (2011). 여자대학생의 자살위험에 영향을 미치는 요인에 관한 연구. 한국정신보건사회복지학회 학술발표논문집 2011권, 1호.

김효정, 정미애 (2010). 대학생의 가족기능과 자기효능감이 자살생각에 미치는 영향. 한국간호교육학회지, 16(1).

김희경, 손연정, 이미라, 임경춘, 장혜경, 한수정, 양남영, 유명란, 고은자 (2010). 국내 중국 유학생의 문화적응 스트레스 영향요인. 성인간호학회지, 22(2).

김희숙, 김미향, 박완주, 박경란 (2011). 학교 및 교육기관에서의 학생자살 위기관리 프로토콜. 교육과학기술부.

노상윤 (2006). 지역통계DB의 체계적 구축과 효율적 활용방안. 열린전북, 2006년 5월호. 전북발전연구원.

대학내일20대연구소 (2015). 대학생 아르바이트 실태 및 고위험 아르바이트 인식 조사.

문성원 (2004). 자살 사이트 및 안티 자살사이트의 생성 및 유지에 관한 심리적 측면들: 운영자들에 대한 면담 사례 연구 Two Case Studies. 한국심리학회지 상담 및 심리치료, 16(1).
문소영 (2014). 대학생이 지각한 아버지-자녀 의사소통과 자살위험성간의 관계: 자아탄력성을 매개로. 숭실대학교 기독교학대학원 석사학위논문.
민윤기 (2005). 대학생의 자살위험요인 지각과 자살생각 평가. 충남대학교 혁신인력개발원, 31, 31-52.
박명실 (2005). 대학생 자살 위험 집단 유형의 분류, 평가 및 집단 상담치료 적용. 중앙대학교 심리학과 박사학위논문.
박미진, 김진희, 정민선 (2009). 진로상담: 취업준비 대학생의 스트레스에 대한 질적 연구. 상담학연구, 10(1).
보건복지부 (2012). 위기대응프로토콜 개발 및 보급 연구.
서강대학교 (2015). 위기학생 보호를 위한 비상대책위원회 규정.
서울대학교 대학생활문화원 (2008). 24시간 상담전화 Snu Call(스누콜) 운영 안내.
서인균, 이연실 (2014). 대학생의 취업스트레스와 자살생각의 관계에 대한 우울의 매개효과 검증: 남, 녀 대학생 비교연구. 청소년복지연구, 16(3).
손은령, 김계현 (2002). 여자대학생이 지각한 진로장벽 요인에 관한 연구. 한국심리학회지 상담 및 심리치료, 14(1).
송태민, 진달래 (2013a). 우리나라 세대별 자살 특성 분석. 한국보건사회연구원.
송태민, 진달래 (2013b). 베이비붐 세대 및 에코 세대의 자살 특성분석. 한국보건사회연구원.
신새봄 (2015). 대학생이 지각한 원가족 건강성과 자아분화가 자살생각에 미치는 영향: —대학생활적응을 매개변인으로—. 전북대학교 일반대학원 석사학위논문.
양정순, 채창균, 이찬영, 임건주 (2013). 학자금 대출과 대학생의 취업준비 및 성과. 한국직업능력개발원.
오혜영, 박현진, 공윤정, 김범구, 양대희, 최영희, 성벼리, 이정실 (2012). 학업중단청소년 유형별 상담매뉴얼. 한국청소년상담복지개발원.
유계숙, 손현겸 (2014). 포스터 논문: 대학생의 자살생각에 영향을 미치는 위험요인과 보호요인. 한국가족관계학회 학술대회 자료집.
이명수 (2011). 공공기관위기관리지침서. 서울시자살예방센터.
이명수 (2011). 자살위기개입핸드북. 서울시자살예방센터.
이명수 (2013). 자살 및 정신질환 위기관리 프로토콜. 서울시자살예방센터.
이화여자대학교 (2015). 자살위기 학생예방 및 위기상황 대응체계구축 연구.
장창민, 최지영 (2011). 한국 대학생 자살의 특성: 보도기사를 중심으로. 한국보건교육·건강증진학회, 12호, 73-82.

조계화, 이현지 (2013). 대학생이 인식하는 자살의 원인과 대책에 관한 내용 분석. 한국사회복지교육, 22, 105－133.
최명식 (2007). 대학내 자살에 관한 연구. 서강대학교 인간이해, 28호.
최승혜, 이해영 (2013). 대학생의 취업스트레스에 영향을 미치는 요인. 한국콘텐츠학회논문지, 13(12).
최우경, 김진숙, 김동일, 정여주, 이주영, 김명찬, 이윤희, 강은비, 금창민, 남지은, 하문선 (2012). 대학생의 생활스트레스와 자살생각과의 관계: 인지적 정서조절의 조절효과와 매개효과. 상담학연구, 13(1).
최윤신, 김혜련, 김한나 (2011). 부모의 알코올 중독이 대학생자녀의 자살사고에 미치는 영향: 자아존중감과 가족기능, 사회적 지지의 조절효과를 중심으로. 한국알코올과학회지, 13(2).
최윤정 (2012). 대학생의 스트레스와 자살생각과의 관계에 작용하는 보호요인의 조절효과. 한국청소년연구, 23(3), 77－104.
최재운, 김유진, 이희경, 진현숙, 박보은 (2014). 자살위기개입 매뉴얼. 대구광역시서부교육지원청 Wee센터.
최지영 (2011). 대학생과 자살. 대한보건협회 보건종합학술대회, 2011, 43.
한국대학생활협동조합연합회, 대학내일20대연구소 공동연구 (2015). 대학생 CAMPUS LIFE 2015 — 대학 생활환경 실태조사 백서.

2. 외국문헌

Anne Colby, et al. (2007). *Educating for Democracy: Preparing Under-graduates for Responsible Political Engagement.* San Francisco: Jossey-Bass.
Berman, A. L., & Jobes, D. A. (1991). Adolescent suicide: assessment and treatment. *Washington DC: American Psychological Association.*
Brindis, C., & Reyes, P. (1997). At the crossroads: Options for financing college health services in the 21st century. *Journal of American College Health, 45*(6), 279－288.
Camelford, K. G., & Ebrahim, C. (2015). *Professional school counselor burnout: Causes and prevention strategies.* Retrieved on January 24, http://www.lacounseling.org/images/lca/Conference/attachment-2037241579%20%20camelford.pdf
Carsen, R. C., Butcher, J. N., & Coleman, J. C.(1988). *Abnormal Psychology and modern life (8th ed).* NewYork: Harper Collins.
Cohen, V. K. (2007). Keeping Students Alive: Mandating On-Campus Counseling

Saves Suicidal College Students' Lives and Limits Liability. *75 Fordham L. Rev. 3081.*

College of William & Mary. (2014, December 9). *Residence Life Student Staff Manual 2014−2015.* Retrieved from http://www.wm.edu/offices/residencelife/documents/studen tstaffmanual.pdf

Cooper, G. D., Clements, P. T., & Holt, K. (2011). A review and application of suicide prevention programs in high school settings. *Issues in Mental Health Nursing, 32*, 696−702.

Coulter, L. P., Offutt, C. A., & Mascher, J. (2003). Counseling center management of after-hour crises: Practice and problems. *Journal of College Student Psychotherapy, 18*, 11−34.

Fossey, Richard, Moore, & Heather, E,. (2010). University Tort Liability for Student Suicide: The Sky is not Falling. *39 J. L. & Educ. 225.*

Furr, Westefeld, McConnell, & Jenkins. (2001). Suicide and depression among college student: a decade later. *Professional Psychology: Research and Practice. 32*(1) 97−100.

Gray, C. E. (2007). The University-Student Relationship Amidst Increasing Rates of Student Suicide. *31 Law & Psychol. Rev. 137.*

HEMHA(Higher Education Mental Health Alliance). & Jed Foundation. (2013, April 9). *Balancing Safety and Support on Campus: a guide for campus teams.* Retrieved from https://www.jedfoundation.org/about/jed-news/campus-teams

James Youniss & Miranda Yates. (1997). *Community Service and Social Responsibility in Youth.* Chicago: University of Chicago Press.

Jang, J. R., Song, W. Y., & Choi, M. Y. (2009). The effects of acculturative stress, self-control and education on internet addiction among Chinese students in Korea. *The Korean Journal of Clinical Psychology, 28*(2), 161.

Jed Foundation. (2008). *Student Mental Health and the Law: A Resourc for Institutions of Higher Education.* Retrieved from http://www.jedfoundation.org/assets/Programs/ Program_downloads/StudentMentalHealth_Law_2008.pdf

Joanne, L., Peggy, W., Gayle, J., & Donna, A. (2011, March 17). *After a Suicide: A Toolkit for Schools,* AFSP(American Foundation for Suicide Prevention). & SPRC(Suicide Prevention Resource Center). Retrieved from http://www.sprc.org/sites/sprc.org/files/library/AfteraSuicideToolkitforSchools.pdf

Jou, Y. H., & Fukada, H. (1996). The causes and influence of transitional stress among Chinese students in Japan. *The Journal of Social Psychology, 136*(4), 501–509.

Johnston, S. G. (2008). The Mental Health Security for America's Families in Education Act: Helping Colleges and Universities Balance Students' Privacy and Personal Safety. *46 Duq. L. Rev. 211.*

Kent State University. (2013, July 8). *Department of Residence Services Residential Communities: Resident Assistant Manual 2013–2014, Updated Summer 2013.* Retrieved from https://www.kent.edu/sites/default/files/ra-manual-14-15.pdf

Lake, P., & Tribbensee, N. (2002). The emerging crisis of college student suicide: Law and policy responses to serious forms of self-inflicted injury. *Stetson Law Review, 32,* 125–127.

Lee, J. M. (2008). *A study on the actual conditions of foreign students' the adaptation in Korea.* Unpublished master's thesis, Ewha Womans University, Seoul.

Maslach, C., & Jackson, S. E. (1981). The measurement of experienced burnout. *Journal of Occupational Behavior, 2,* 99–113.

Massie, A. M. (2008). Suicide on Campus: The Appropriate Legal Responsibility of College Personnel. *91 Marq. L. Rev. 625.*

McWhirter et al. (2010). At–risk youth: A comprehensive response for counselors, teachers, psychologists, and human professionals. *Belmont,* CA :Brooks/Cole

Moore, H. E. (2007). University Liability When Students Commit Suicide: Expanding the Scope of the Special Relationship. *40 Ind. L. Rev. 423.*

National Suicide Prevention Lifeline. (2008, June 13). *Suicide Risk: A Guide for ED Evaluation and Triage.* Retrieved from http://www.sprc.org/sites/sprc.org/files/library/ER_SuicideRiskGuide8.pdf

NSW(New South Wales) Health. (2004, September). *Suicide Risk Assesment and Management: Emergency Department.* Retrieved from http://www.health.nsw.gov.au/mhdao/programs/mh/Publications/emergency–dept.pdf

Poland, S., & McCormick, J. S. (1999). Coping with crisis: Lessons learned. Longmont. *CO: Sopris West.*

Queen's University. (2015, January). *Student Death Protocol.* Retrieved from http://www.queensu.ca/security/StudentDeathProtocol.pdf

Quinnett P. (2007). *QPR gatekeeper training for suicide prevention: the model, rationale and theory* [Internet]. Spokane: QPR Institute; 2007 [cited 2012 Jan 5]. Available from: http://www.qprinstitute.com/pdfs/QPR %20Theory%20Paper.pdf.

Russinoff, I., & Clark, M. (2004). Suicidal patients: Assessing and managing patients presenting with suicidal attempts or ideation. *Emergency Medicine Practice, 6.* Retrieved from https://www.google.com/search?hl=en&tbo=d&noj=1&spell=1&q=Russinoff,+I.,+%26+Clark,+M.+%282004%29.+Suicidal+patients:+Assessing+and+managing+patients+presenting+with+suicidal+attempts+and+ideation.+Emergency+Medicine+Practice+August&sa=X&ei=A8QFUfqcFqKQyAGcmIGwBw&ved=0CDIQBSgA&biw=1280&bih=834.pdf

Schwartz & Whitaker. (1990). *Suicide among college students: Assessment, treatment, and intervention.* In S.J. Bluementhal & D.J. treatment of suicidal patients. Washington, D.C.: American Psychiatric Press.

Schwitzer, A. M. (2005). Self－Development, Social Support, and Student Help－Seeking: Research Summary and Implications for College Psychotherapists. *Journal of College Student Psychotherapy. 20*(2).

SPRC(Suicide Prevention Resource Center). & SAMHSA(Substance Abuse and Mental Health Services Administration). (2013, February). *The Role of First Responders in Preventing Suicide.* Retrieved from http://www.sprc.org/sites/sprc.org/files/ems.pdf

Substance Abuse and Mental Health Services Administration. (2009). *After an Attempt: A Guide for Taking Care of Your Family Member After Treatment in the Emergency Department.* Retrieved from http://www.suicidepreventionlifeline.org/app_files/media/pdf/lifeline_afteranattempt_forfamilymembers.pdf

Sumer, S., Poyrazli, S., & Grahame, K. (2008). Predictors of depression and anxiety among international students. *Journal of Counseling & Development, 86*, 429－437.

The University of Memphis. (2013). *Coordinator Manual: Residence Life and Dining Services.* Retrieved from http://www.memphis.edu/reslife/pdfs/2013%20Coordinator%20Manualfinal.pdf

The University of North Carolina at Pembroke. (2013). *Residence Life Staff Manual & Workbook,* Revised July 2013. Retrieved from http://www2.uncp.edu/housing/reslife/ roommates/res_life_staff_manual_workbook.pdf

The University of Texas at Austin. (2014). *Emergency Procedure Manual for*

Facilities Staff. Retrieved from http://www.utexas.edu/student/housing/pdfs/Maintenance EmergencyProceduresManualApartments5-01.pdf

3. 인터넷

교육과학기술부·경찰청. (2012). 청소년 자살 통계. http://www.moe.go.kr/main.do
대학교육연구소 (2015). 학자금 대출 현황. http://khei-khei-tistory.com/1271
대학알리미 (2014). 학자금 대출 현황. http://www.academyinfo.go.kr
통계청 (2011). 성 및 연령집단별 자살률. http://kostat.go.kr/portal/korea/index.action
통계청·여성가족부 (2014). 청소년 통계.
이화여대 학생상담센터 홈페이지. http://home.ewha.ac.kr/~ESCC/
QPR 자살예방교육 지도자 과정 매뉴얼. QPR 자살예방연구소. www.qprkorea.co.kr
http://www2.ku.edu/~alcohol/cgi-bin/course/faqs.shtml#who
http://clinicallypsyched.com/counselor-burnout-a-recognizable-and-preventable-condition-implications-for-mental-health-professionals-tyler-j-andreula-m-a/#sthash.2PhQ0yDu.dpuf
http://expertbeacon.com/what-do-if-you-walk-someone-trying-commit-suicide
http://www.emorycaresforyou.emory.edu/what_to_do-to-help/faculty_staff.html
http://www.helpguide.org/articles/stress/preventing-burnout.htm
http://wmich.edu/suicideprevention/workshops
http://www.oakland.edu/OUCC/suicide-prevention
http://shs.wustl.edu/HealthAndWellness/Pages/Programs.aspx
http://www.suicideline.org.au/emergency/what-to-do-in-an-emergency
http://www.theravive.com/services/professional-burnout.htm
http://ub-counseling.buffalo.edu/crisis.php
http://www.utexas.edu/safety/bcal
http://www.counseling.ucla.edu/
http://medical.mit.edu/services/mental-health-counseling
http://www.northwestern.edu/counseling/
세계일보 (2011.03.03). 벼랑 끝에서 찾은 교내 상담센터 "고민은 6개월 뒤에 들어볼게요". http://www.segye.com/content/html/2011/03/02/20110302005280.html에서 검색
서울경제 (2011.03.21). 카이스트에 무슨 일이. http://economy.hankooki.com/lpage/society/201103/e2011032117170093820.htm에서 검색

동아일보 (2011.04.08). 학생들 “경쟁일변도 학교 개혁정책이 숨막히게 해”. http://news. donga.com/3/all/20110408/36249508/1dptj에서 검색
중앙일보 (2011.04.10). 한국 KAIST 학생 잇딴 자살 파문... 미국 대학에선 어떻게 학생을 보호하나?. http://article.joins.com/news/article/article.asp?ctg=12&total_id=5323682에서 검색
한겨레신문 (2012.08.02). 한지붕 두세대 ‘베이비붐－에코’ 다른 삶. http://www.hani.co.kr/arti/economy/economy_general/545495.html에서 검색
파이낸셜뉴스 (2013.04.14). 정부 금융권, 학자금 대출 지원 확대. http://www.fnnews.com/news/201304141409469359에서 검색
스포츠조선 (2014.04.01). 혼밥족－독강족... 대학가 아웃사이더 문화 확산. http://sports.chosun.com/news/ntype.htm?id=201404020100011040000268&servicedate=20140401에서 검색
SBS 8뉴스 (2014.10.28). “빚더미 대학생 7만명… 30% 고금리에 허덕”. http://mnews.sbs.co.kr/news/endPage.do?newsId=N1002656814에서 검색
한국경제TV (2015.01.12). 취준생·직장인 33%, “대학간 것 후회”. http://www.wowtv.co.kr/mobile/news/view.asp?artid=A201501120155에서 검색
대전일보 (2015.02.12). KAIST 대학원생 기숙사서 숨진 채 발견 원인 들여다보니. http://www.daejonilbo.com/news/newsitem.asp?pk_no=1157583에서 검색

CHAPTER 04

대학기반 자살예방 프로그램

CHAPTER 04

대학기반 **자살예방 프로그램**

본 장에서는 학교에서 행해지는 다양한 자살예방활동을 예방, 개입, 사후개입의 세 가지 수준에서 살펴보고, 경험적 연구를 통해 효과가 검증된 대표적 국내외 자살예방 프로그램들을 소개한다. 대학생의 자살사망률은 중년 남성이나 노인 집단에 비해 낮을 뿐 아니라 대학을 다니지 않는 동년배와 비교했을 때 1/2 정도에 그치기 때문에(Blumenthal, 1988), 대학에 다니는 것 자체가 자살의 보호요인으로 거론되기도 한다. 그러나 우리나라 대학생들의 경우 학업 및 취업관련 스트레스가 상당히 높고, 실제로 2011년 카이스트 대학생 4명이 연쇄적으로 자살한 사건에서 볼 수 있듯이 대학생들의 정신건강문제나 자살문제가 매우 심각한 수준이라는 것은 간과할 수 없는 사실이다(박종익, 2011). 그렇지만 지금까지 대학에서의 자살예방노력은 미비했고, 특히 우리나라의 경우 자살예방과 관련한 상담서비스를 제공하는 학교가 10개 미만이라고 추정되기도 한다(박종익, 2011). 대학이 지닌 우수한 치료적 자원이나 잘 짜여진 사회적 구조를 고려해 볼 때 이는 안타까운 현실이라고 할 수 있다. 한편, 대학에서 자살예방서비스가 제공된다고 해도 자살예방의 다양한 차원을 포괄적으로 다루기보다는 주로 고위험군의 즉각적 자살위험에 반응하는 것에 서비스가 집중될 뿐 아니라(Joffe, 2007), 우리나라의 경우 점점 늘어나고 있는 외국인 유학생들의 정신건강 문제, 특히 자살문제에 대해서는 아직 크게 관심을 기울인 적이 없다는 점 또한 주의를 요한다. 본 장은 대학에서 흔히 사용되고 있는 대표적인 자살예방 프로그램을 소개하는 것을 목적으로 하지만, 이러한 현실적 제약 때문에 중·고등학교 청소년 대상의 프로그램을 포함하기도 한다. 본 장에서는 학교에서 가장 흔하게 행해지는 일차적 예방이나 응급상황에서의 개입을 중심으로 프로그램을 소개한 후, 대학에서의 자살예방활동이 지닌 제약과 나아갈 방향에 대해 논의하기로 한다.

제 1 절 자살예방활동의 구성과 내용

자살예방활동은 자살위험성과 상관없이 전체 집단을 대상으로 한 예방(prevention), 잠재적 또는 실제적으로 자살위험이 있는 사람들을 대상으로 한 개입(intervention), 그리고 자살시도 및 자살사건 이후 주변 사람들을 대상으로 한 사후개입(postvention)으로 구성된다. 각각은 일차예방, 이차예방, 삼차예방으로 표현되기도 하며, 효과적 자살예방활동은 이 세 가지 차원을 모두 포함하는 것이어야 한다.

먼저 예방은 자살에 기여하는 여러 조건들을 사전에 약화시키는 다양한 전략들로 구성되며, 전체 집단을 대상으로 행해지는 다양한 예방활동들뿐 아니라 학교 내 자살예방 정책과 구체적 행동절차의 확립, 자살위기관리팀의 구성과 훈련, 치명적 자살 수단에 대한 접근성 제한, 학교와 지역사회 연계 강화 등 시스템 차원의 노력들을 포함한다. 학교에서 흔히 사용되는 예방 전략들은 1) 전체 학생들을 대상으로 자살에 대한 인식을 증진하고, 자살의 위험요소와 경고신호, 구체적 개입방법과 학교나 지역사회 자원 등에 대해 정보를 전달하는 '수업기반(curriculum-based) 프로그램', 2) 자살위험을 사전에 식별하여 적절한 도움을 제공하기 위해 전체 학생들을 대상으로 선별검사를 실시하는 '스크리닝 프로그램', 3) 자살위험이 있는 학생을 효과적으로 발견하고 적절한 서비스로 의뢰할 수 있도록 학생들이나 교사, 교직원 등을 훈련시키는 '게이트키퍼(gatekeeper) 훈련'으로 크게 구분된다(Stein et al., 2010; Whitney, Renner, Pate, & Jacobs, 2011). 한편 개입은 자살위험이 있는 학생들을 대상으로 자살위험도를 평가하고 위험수준에 따라 적절한 위기개입이나 상담/심리치료를 제공하여 자살위기가 더 이상 악화되지 않도록 예방하는 일체의 활동들을 의미한다. 사후개입은 예방이나 개입보다 우리에게 덜 익숙한 접근방법으로, 자살사건 후 남겨진 자살생존자들을 대상으로 위기개입(crisis intervention)을 실시하여 그들의 심리적 외상을 최소화하고 일상적 기능 수준을 회복시킬 뿐 아니라, 모방 자살이나 자살의 전염을 막아 시스템을 안정화시키는 것을 목적으로 한다(이승연, 2008). 사후개입의 또 다른 측면은 심리적 부검(psychological autopsy)으로, 이를 통해 한 개인이 어떻게 자살사건에 이르게 되었는지를 이해할 수 있을 뿐 아니라 학교의 위기대응과정이 효과적이었는지에 대한 평가를 할 수 있게 된다(Westefeld et al., 2006). 사후개입은 학교 행정가나 교사들의 위기상황에 대한 이해를 돕고 그들이 적절하게 대처할 수 있도록 지속적인 자문을 제공하는 것 역시 포함한다(이승연, 2007).

제 2 절 대표적인 예방 프로그램

본 절에서는 학교에서 자살예방활동으로 가장 흔하게 사용되고 있는 일차예방에 초점을 맞추어, 앞서 언급된 4가지 보편적 전략 각각에 대해 대표 프로그램들을 개관하고자 한다. 잘 통제된 경험적 연구를 통해 효과성이 검증된 자살예방 프로그램이 거의 없다는 것은 대학에서의 자살예방활동이 제한되는 이유 중 하나로 거론되기도 하므로(Joffe, 2007), 본 절에서는 우선적으로 경험적 증거가 보고된 바 있는 프로그램들을 중심으로 개관하고자 한다.

1. 수업기반 프로그램

고등학교에서 가장 빈번하게 사용되는 자살예방 프로그램으로 '교육'이라는 학교의 문화와도 잘 맞는다는 장점이 있다(Cooper, Clements, & Holt, 2011). 전체 학생을 대상으로 자살에 대한 인식을 증진하고, 위험요소, 경고신호에 대한 정보를 제공할 뿐 아니라 자살에 대한 오해를 불식시키며, 자살위험을 보이는 또래를 알게 되었을 때 어떻게 대처해야 하는지 구체적인 방법을 가르치고 연습시킨다. 이는 보통 수업시간에 포함되거나 별도의 심리교육 수업을 통해 행해진다(Miller, Eckert, & Mazza, 2009). 한때 수업기반 프로그램이 자살을 극도의 스트레스에 대한 자연스러운 반응이라고 정의함으로써 모방 자살을 높일 수 있다는 비판이 제기되었으나(Stein et al., 1990), 최근에는 자살생각은 정상이 아니며 정신질환이나 다른 심리사회적 위기로 인해 도움이 필요한 응급상황임을 강조하고, 대처방법이나 도움 청하는 방법, 도움을 받을 수 있는 관련 기관 등에 대한 정보를 제공하는 것에 초점을 두고 있다(Cooper et al., 2011). 다양한 정신건강 위험이 있는 학생들이 예방적

교육프로그램에 덜 참여한다는 한계가 있긴 하지만(Berman et al., 2006, Miller et al., 2009에서 재인용), 수업기반 프로그램의 가장 큰 장점은 가르치는 내용에 있기보다는 자살이나 정신건강 문제와 관련하여 어른들에게 도움을 요청할 수 있고 신뢰할 수 있는 학교 환경을 만든다는 것에 있음을 기억할 필요가 있다(Ciffone, 2007).

1) 국외 프로그램

대표적 수업기반 프로그램으로는 비영리기관인 Screening for Mental Health에 의해 개발된 Signs of Suicide(SOS)와 South Elgin High School(SEHS) 프로그램을 들 수 있다(Cooper et al., 2011). 먼저 Signs of Suicide 프로그램은 13~17세 중·고등학생들을 대상으로 학교에서 사용되는 자살예방 프로그램이며 스크리닝(우울과 자살 위험)과 교육의 두 축으로 구성되어 있다. 이 프로그램은 SAMHSA(Substance Abuse and Mental Health Services Administration)의 National Registry of Evidence-based Programs and Practices[1)]에 등록된 증거－기반 프로그램으로, 미국, 캐나다, 아일랜드 내 7,000개 이상의 학교에서 실시되어 왔다. 교육 부분은 진단이나 치료를 받지 못한 정신질환과 자살 간에 밀접한 관련이 있음을 이해하도록 돕고 자신과 다른 사람들에게서 우울과 자살의 신호를 인식할 수 있게 도울 뿐 아니라, 이러한 신호에 대한 적절한 행동 단계를 가르치는 것을 목적으로 한다. 특히 우울, 자살신호에 대한 적절한 행동단계로서 ACT 기술을 사용하도록 가르치는데, ACT는 A(Acknowledge: 자신이나 친구가 우울하거나 자살위험이 있음을 인지하기), C(Care: 관심을 갖고 반응하기), T(Tell: 믿을 만한 어른에게 말하기)로 구성된다. 교육은 비디오 시청과 토론의 두 가지 측면에

---

1) NREPP SAMHSA's National Registry of Evidence-based Programs and Practices http://www.nrepp.samhsa.gov/ViewIntervention.asnx?id=53

서 이루어진다. 미국의 9~12학년 2,100명을 대상으로 프로그램 실시 후 3개월 뒤에 평가한 결과 자기보고된 자살시도는 통제집단에서 5.4%, 치료집단에서 3.6%로 나타났으며, 통제집단과 비교 시 치료집단은 자살시도를 40% 더 적게 보고하였다(Aseltine & DeMartino, 2004). 마찬가지로 4,133명의 고등학생들을 대상으로 효과검증을 실시하였을 때 치료집단이 자살에 대한 지식도 유의하게 더 많고 우울이나 자살에 대하여 더 적응적인 태도를 지니고 있었으며, 지난 3개월 동안 자살시도 역시 통제집단에 비해 40% 더 적은 것으로 나타났다(Aseltine, James, Schilling, & Glanovsky, 2007).

한편 Ciffone(2007)은 일리노이 주의 두 개 고등학교 421명을 대상으로 South Elgin High School(SEHS) 자살예방 프로그램을 실시하고 효과성을 검증하였다. SEHS 프로그램은 자살이 스트레스에 대한 정상적 반응이 결코 아니며 정신질환, 특히 주요 우울증과 직접 관련되어 있음을 강조해 왔다. 프로그램 목표는 학생들이 자살위험이 있어 보이는 또래에게 처음에 어떻게 반응해야 하는지를 배우고, 친구가 자살 의도에 대해 말하면서 비밀을 지켜달라고 말할 때 어른에게 기꺼이 알려야 하며, 자살이 하나의 대안이 될 수 없고, 자살을 생각하게 될 경우 믿을 수 있는 어른이나 상담자와 만나 이야기해야 한다는 것을 배우도록 하는 것이다. 이를 위해 SEHS 프로그램은 자살에 대해 적절한 태도를 강화시키고, 주요 우울증의 증상을 인지할 수 있게 정보를 제공하며, 학교와 지역사회 정신건강 서비스에 대한 가시성과 수용성을 증가시키는 것 등을 목표로 삼는다.

SEHS 프로그램은 50분씩 3일에 걸쳐 진행하는데, 첫째 날에는 「Choosing Life: Gail's Story」라는 14분짜리 비디오를 시청하고 나머지 시간에 13개의 자료화면을 중심으로 구조화된 토론을 한다. 둘째 날은 「Day for Night: Recognizing Teenage Depression」이라는 26분짜리 비디오를 시청하고 우울과 관련된 서면 정보를 제공받으며 퀴즈

20문항에 답을 하게 된다. 마지막 날은 둘째 날 진행을 맡았던 교사들이 퀴즈의 답을 정리해 주고, 학생들이 놓친 문항에 대한 토론을 유도한다. Ciffone(2007)은 퀴즈를 내고 자살에 대한 올바른 사실이나 답을 제공하는 것이 프로그램에서 제공된 정보의 중요성을 강조하고 교육적 분위기를 확립하는 데 효과적이라고 덧붙인다.

이 연구에서 치료집단과 통제집단은 자살가능성 감소와 연합된 요소들, 즉 자살에 대한 적절한 태도, 주요 우울증에 대한 지식, 정신건강 전문가에 대한 쉬운 접근성, 도움요청 행동, 사회적 지지 등과 관련된 8개 문항을 사용하여 사전 검사를 받았고, 프로그램 실시 21일 후에도 동일한 검사를 받았다. 그 결과 치료집단은 8개 질문 영역 모두에서 긍정적인 태도 변화를 나타냈으며 치료집단과 통제집단의 태도 차이 역시 유의하였다(Ciffone, 2007). 물론 태도변화가 반드시 실제 행동으로 이어지는 것은 아니다. 그러나 1987년 SEHS 프로그램을 시작한 이래 19년간 11,000명 이상이 참가했지만 그중 의학적 치료를 필요로 한 자살시도의 수가 0.5%에 불과하였다는 사실은 3일간의 수업기반 프로그램과 자살행동 감소 간의 관계를 시사해 준다.

2) 국내 프로그램

우리나라의 경우 학교나 교육현장에서 '자살예방교육'이라는 제목하에 교육을 실시하는 것이 용이하지 않기 때문에, 많은 경우 '생명존중교육'이라는 용어를 사용하여 간접적 방식으로 프로그램을 진행해 왔다는 특징이 있다(오승근, 2006). 교육 내용으로 자살을 다룰 경우 자살생각이나 충동을 지닌 청소년들에게 자살행동을 불러일으킬 수 있다는 우려 내지 편견 때문에(지승희, 김명식, 오승근, 김은영, 이상석, 2008), 도덕이나 윤리교육과정의 일부로 생명존중과 관련된 전반적 내용을 다루어 왔지만, 자살예방에 대한 효과는 미비한 것으로 평가되고 있다.

한국자살예방협회의 '생명사랑나누미' 프로그램, 한국생명의전화와 삼성생명공익재단 사회정신건강연구소가 공동 개발한 '내 생명 소중하게 가꾸기' 프로그램 등은 자살에 대한 내용을 다루고는 있지만 여전히 생명존중교육의 틀을 크게 벗어나지 못했다는 한계를 지닌다. 청소년 대상 생명사랑나누미 프로그램은 전체 4회기 중 2회기를 문제나 갈등상황, 위기상황에서의 대처방안을 다루는 것에 할애하며 자살위기는 그 일부로만 다루어진다(지승희 등, 2008). 중학생 대상 '내 생명 소중하게 가꾸기' 프로그램은 2006년부터 일반학교를 대상으로 실시되었으며, 생명의 소중함과 생명존중의식 함양을 다루는 전반부(1~3회기)와 자살에 대한 태도나 자살경고신호, 도움요청방법 등 실제 자살예방교육을 진행하는 후반부(4~8회기)로 구성된다(주 1시간 기준). 대집단 및 소집단으로 활용가능하고 강의보다는 활동이나 토론을 중심으로 운영된다는 장점이 있지만(삼성사회정신건강연구소·한국생명의전화, 2008), 전체 회기가 8회기로 길어서 현장에서 실제로 사용하는 것은 무리가 될 수 있다(지승희 등, 2008).

이처럼 청소년 대상의 자살예방교육이 생명존중이라는 주제를 벗어나지 못하고 자살을 우회적으로만 다룬다는 점을 비판하면서, 지승희 등(2008)은 자살문제를 보다 직접적으로 다루는 학급 단위의 단기 프로그램을 개발하였다. '높이 날아올라 새롭게'는 2교시, 총 100분짜리 프로그램으로 중학교 1학년부터 고등학교 2학년까지의 청소년을 대상으로 하며, 프로그램의 구성과 내용은 <표 4-1>과 같다. 그러나 프로그램의 치료 효과는 아직까지 만족스럽지 못한데, 지승희 등(2008)은 프로그램 실시 1~2주 전 사전검사를 실시하고 프로그램 실시 후 2일 이내로 사후검사를 실시하여 효과성을 검증하였으나, 치료집단과 통제집단 간에 자살위험성과 자살태도에서 유의한 차이는 나타나지 않은 것으로 보고하였다.

표 4-1 '높이 날아올라 새롭게' 프로그램의 구성과 내용

단계 (소요시간)	주요 활동 내용
도입 (15분)	강사 및 프로그램 목적과 활동 내용 소개 • 영상자료 1 시청 후 느낌 나누기
문제 제기 (30분)	청소년들의 자살행동, 유일한 해결책인가? • 청소년 자살문제에 대한 토론(대인관계 문제로 자살을 생각하는 경우: 성적과 입시 문제로 자살을 생각하는 경우) • 토론 내용 발표 • 자살 행동에 대한 올바른 태도
휴식 (10분)	마음을 편안하게 해 주는 음악 들려주기
문제 대처 (30분)	자살생각, 이젠 어림없다(자살위기를 극복하는 방법) • 내면 강화: 합리적, 비합리적 선택 • 외적 지원: 효과적으로 주변에 도움 요청하기 및 도움받을 수 있는 외부 기관 소개
문제 종결 (15분)	자살, 예방할 수 있다 • 자살생각을 물리치는 나의 힘!! • 영상자료 2 시청과 정리 활동

출처: 지승희 등(2008). 청소년자살 예방프로그램 및 개입방안 개발. 서울: 한국청소년상담원.

아직까지 국내에서 대학생을 대상으로 실시된 수업기반 자살예방 교육 프로그램을 찾기는 어려우며 효과성 검증이 된 프로그램을 찾는다는 것은 더욱 더 어려운 실정이다. 그러나 이러한 예방교육을 시도하려는 대학들의 움직임이 조금씩 나타나고 있다. 그 예로 효과성 검증이 된 것은 아니지만, 이화여대는 매 학기 대형 교양과목 수강생을 대상으로 자살위기에 대한 학생들의 이해를 높이고 적절한 대처방식을 알리기 위해 '자살위기 예방교육'을 실시해 오고 있다. 강의 교수의 신청에 따라 교육이 실시되며, 교육내용은 자살위기 실태, 자살위기 증상 및 경고신호에 대한 정보 제공, 스트레스 및 자살위기점검 체크리스트 실시 등으로 구성되고 75분간 진행된다. 이때 자살위기 예

방 자료집, 위기상담 안내책자를 함께 제공한다. 교육을 받은 학생들 중 매 차시마다 10~20명 내외가 스스로 자살위기관련 상담을 신청하고 있어 자살위기를 사전에 예방한다는 원래의 목적에 잘 부합한다고 할 수 있다.

2. 스크리닝 프로그램

1) 국외 프로그램

스크리닝 프로그램은 전체 학생들을 대상으로 자살 위험성을 미리 식별하여 적절한 도움으로 연계하기 위한 목적으로 사용되지만, 실제로 자살생각 및 행동은 시간에 따라 계속 변화하기 때문에 스크리닝 시점에서는 문제가 없었더라도 이후에 자살위험이 높아지는 경우에는 선별이 불가능하다는 한계를 지닌다(Cooper et al., 2011). 가장 유명한 자살관련 스크리닝 도구에는 Suicidal Ideation Questionnaire(SIQ), Suicide Risk Screen(SRS), 그리고 Comlumbia Suicide Screen(CSS)이 있으며 SIQ의 민감도(sensitivity)는 83~100%, 특수성(specificity)은 40~70%, SRS는 각각 87~100%, 54~60%로 보고되어 왔으며(Thompson & Eggert, 1999), CSS의 경우 민감도는 75%, 특수성은 83%이다(Shaffer et al., 2004). 민감도는 실제로 자살위험이 있는 사람을 옳게 식별한 비율(true positive rate)을 뜻하며, 특수성은 현재 자살위험이 없는 사람을 옳게 식별한 비율(true negative rate)을 뜻한다(Horowitz, Ballard & Pao, 2009). 이러한 도구들은 자살위험이 있는 사람을 식별하는 데 매우 효과적이지만, 실제로 자살위험이 없는 사람들까지도 폭넓게 걸러내기 때문에(false positives) 이는 이들에게 집중적으로 상담이나 치료를 제공해야 하는 전문가나 기관의 입장에서는 큰 부담이 아닐 수 없고 프로그램 실시 후 얼마 못 가서 사용이 중단되는 경향이 있다(Whitney et al., 2011).

한편 직접적으로 자살생각이나 행동만 측정하여 선별하는 대신, 자살의 위험요인, 특히 우울을 중심으로 선별하거나 전반적인 정신건강 상태를 평가하는 방식을 사용하기도 하는데, Emory University의 자살예방 대학 스크리닝 프로젝트는 대표적인 예라고 할 수 있다. Haas, Hendin, 그리고 Mann (2003)에 따르면, Emory University은 American Foundation for Suicide Prevention의 후원을 받아 2002년 봄학기에 신입생 약 1,000명을 대상으로 파일럿 테스트를 실시하였으며, 수정된 설문지를 사용하여 2002~2003학년도부터 스크리닝을 실시하였다. 학생들은 이메일을 통해 스크리닝 참여를 권유받았고, 인터넷상에서 개인 ID와 비밀번호를 사용하여 로그인한 후 설문지를 완성하였다. 설문지는 자살의 가장 큰 위험요인인 우울 9문항과 함께 불안, 알코올 및 약물 남용, 섭식장애 증상들, 그리고 자살행동과 관련된 다른 문제들(현재의 자살생각, 이전 자살시도, 고의적 자해)로 구성되었다. 설문지 결과는 한 명 이상의 상담자나 치료자에 의해 검토되었고, 그 결과 학생들은 3가지 집단으로 구분되었다. 집단 1은 지난 4주 동안 자살생각을 한 적이 있고 이전 자살시도 경험이 있고 우울 척도에서 높은 점수를 받았거나 다른 심각한 어려움을 가진 경우였고, 집단 2는 불안, 알코올이나 약물남용, 섭식장애와 관련된 심각한 문제가 있거나 중간 정도의 우울점수를 보인 경우에 해당하였다. 나머지 학생들은 집단 3에 분류되었다. 이러한 결과에 따라 인터넷을 통해 상담자 평가내용이 학생에게 전달되었고, 집단 1과 2인 경우 면대면 임상평가를 받고 치료대안을 논의하기 위해 학생상담센터에 방문할 것을 강력히 권고하였다. 또한 학생들은 웹 사이트의 대화 창을 사용하여 평가나 이후 치료에 대해 질문을 할 수 있었다. 임상평가 결과에 따라 학생들은 교내나 교외기관을 통해 약물치료나 심리치료를 제공받았고, 예비연구에 실제 참여한 약 250명의 학생 중 6명의 고위험군이 식별되고 치료에 의뢰되었다.

Emory University의 자살예방 대학 스크리닝 프로젝트에 대한 최근 연구(Garlow et al., 2008)는 2002~2005년 3년간에 걸쳐 스크리닝에 참여하였던 729명의 학생 자료를 검토하였다. 그 결과 11.1%의 학생들이 최근 자살생각을 한 적이 있었고, 16.5%는 이전에 자살시도나 자해행동을 한 적이 있는 것으로 나타났다. 한편 우울증상이 심각한 학생들 중 85%, 현재 자살생각이 있는 학생들 중 84%가 평가 당시 어떠한 정신과적 치료도 받고 있지 않는 것으로 나타나 대학의 정신건강 아웃리치(outreach) 활동의 필요성을 각인시켰다. 즉, 대학은 효과적으로 학생과 가족에게 우울, 자살위험, 가용한 치료 서비스들에 대해 교육시킬 뿐 아니라, 도움이 필요한 학생들을 찾아내어 적절한 서비스를 제공할 수 있어야 함을 알 수 있다.

2) 국내 프로그램

우리나라의 경우 자살예방을 위한 스크리닝 프로그램으로는 2006년 1월 학교보건법 개정 후 학생들의 정신질환을 조기 발견하고 조기 개입하기 위해 교육부 주도로 2007년 처음 시행된 '학생 정신건강 검진사업'을 들 수 있을 것이다. 초등학교 1학년과 4학년, 중·고등학교 1학년을 대상으로 온라인 또는 서면검사(초등학생 CPSQ, 중·고등학생 AMPQ－II)를 통해 우울이나 불안, 주의력결핍과잉행동장애, 학교폭력, 친구관계, 그리고 자살생각 등의 주요 정서행동문제에서 전반적인 상태를 스크리닝한 후, 기준 점수를 넘은 경우 학교 내 면담이나 상담, 심층평가를 위한 전문기관 연계나 학교 내 지속상담 등의 지원을 제공한다. 중·고등학생의 경우 자살생각을 묻는 문항에서 유의하게 답을 하면, 자살관련 면담을 진행하고 중간 수준 이상의 위험을 지녔다고 판단되는 경우 우선관리 집단으로 분류하여 긴급 서비스를 제공한다. 초등학생의 경우 자살생각에 대한 문항이 따로 포함되지는 않지만 면담과정에서 자살생각이 확인될 경우 마찬가지로 자살위험수준을 평가하고 그에 적절한 서비스를 제공하도록 되어 있다(교육부, 자살과 학생정신건강 연구소, 2015). 이러한 학생정서·행동특성검사는 앞서 언급했던 스크리닝 프로그램의 제한점을 모두 가지고 있으며(예, 높은 false positive rates), 자살위험이 있는 것으로 판단된 학생들에 대한 학교 차원에서의 체계적이고 지속적인 관리는 쉽지 않은 상황이다. 그러나 아직까지 대학생을 대상으로 실시되는 체계적인 스크리닝 프로그램은 보고된 바 없으며, 초·중·고등학교에서의 이러한 노력은 그 자체로 의미가 깊다.

대학 사례 중 이화여대에서는 전체 재학생을 대상으로 한 자살예방 스크리닝 검사는 아직 진행되고 있지 않지만, 매년 1학기에 2일간 실시되는 정신건강 Fair에서 심리검사 부스를 방문한 학생들을 대상으로 스트레스 체크리스트, 우울 검사, 정신건강 검사 등 총 3개의 검사를 실시하고 즉석에서 채점 및 해석 상담을 진행하고, 고위험군으로 의심되는 학생들을 위기관련 상담 및 정기 상담으로 연계하고 있다. 정신건강 Fair라는 학교 행사에 참여할 수 있을 정도로는 기능하고 있을 것이기 때문에 매우 심각한 정신건강문제 및 자살위기를 경험하고 있는 학생들은 포함되어 있지 않을 가능성이 있지만, 이러한 노력은 부분적으로 자살예방 스크리닝 프로그램의 목적을 담당하고 있다고 평가된다.

3. 게이트키퍼 훈련 프로그램

게이트키퍼 훈련은 주로 교사나 상담자 등 학생들의 행동을 주의깊게 관찰하여 개입할 수 있는 위치의 성인들을 대상으로, 자살위험이 있는 학생을 탐지하여 적절한 서비스로 연계시킬 수 있도록 체계적인 훈련을 제공하는 것이다(Cooper et al., 2011). 게이트키퍼 훈련은 학생들을 대상으로 시행될 수도 있는데, 앞서 소개한 수업기반 자살예방 프로그램은 학생들이 주변 또래 학생의 자살위험성을 탐지하여 적절한 서비스나 전문가에게 의뢰하도록 훈련시키는 내용을 포함하므로 부분적으로는 게이트키퍼 훈련과 일맥상통한다고 볼 수 있다.

1) 국외 프로그램

대표적인 게이트키퍼 훈련 프로그램에는 QPR(Question, Persuade, Refer)과 Living Works의 ASIST(Applied Suicide Intervention Skills Training) 프로그램이 있다(Copper et al., 2011). 먼저 QPR 교육[2]은 1995년 Paul Quinnett에 의해 개발된 지역사회 기반 교육 프로그램으로 일반사람들을 대상으로 이들이 정신건강 응급상황을 인식하고 위기 경험 중인 사람들이 필요한 도움을 받을 수 있게 돕는 방법을 훈련시킨다. 자살위험이 있는 사람들과 접촉할 가능성이 높은 집단, 즉 상담자, 위기전화 상담원, 의사, 간호사, 응급실 직원, 사회복지사, 대학 교직원 등을 대상으로도 훈련이 이루어진다. 훈련은 자격증이 있는 QPR 교육자가 90분에 걸쳐 자살의 실태, 자살에 대한 사실과 오해, 위험/보호요인, 경고신호, 도움을 얻을 수 있는 자원과 함께 Q(자살에 대해 질문하기), P(도움을 얻도록 그 사람을 설득하기), R(적절한 자원으로 그 사람을 의뢰하기)의 세 가지 행동기술과 지침을 소개하는 것으로 구성된다. QPR 게이트키퍼 훈련은 그동안 다양한 집단을 대상으로 이루어져 왔고 그 결과 자살에 대한 지식과 자살위기에 있는 사람을 도울 수 있다는 자기효능감을 증진시키는 것으로 보고되어 왔다(Mitchell, Kader, Darrow, Haggerty, & Keating, 2013).

QPR 교육은 대학 캠퍼스에서 가장 흔하게 사용되는 자살예방 프로그램으로 나타났으며(Gallagher, 2011, Mitchell et al., 2013에서 재인용), 대

---

2) https://qprinstitute.com

학에서 학생, 교직원, 교수 등을 대상으로 훈련 후 효과성을 검증한 결과 자살과 자살 예방에 대한 지식, 관련 자원에 대한 이해, 자살에 대해 묻는 것이 적절하다는 믿음에서 유의한 증가가 있었으며(Indelicato, Mirsu-Paunn, & Griffin, 2011), 자살예방에 대한 지식, 태도, 기술이 사전검사와 사후검사, 그리고 사전검사와 3~6개월 후 추후검사 간에 유의하게 증가되었음을 발견하였다(Mitchell et al., 2013).

1983년 캐나다의 LivingWorks[3])에 의해 개발된 Applied Suicide Intervention Skills Training(ASIST)는 전 세계적으로 가장 많이 사용되는 자살예방프로그램으로, 자살에 대한 이해를 증진하고 자살위험이 있는 사람과 일할 때 사용할 수 있는 대화를 직접 연습할 수 있도록 역할극, 개방형 질문, 시뮬레이션 등을 사용하여 체계적으로 훈련시키는 표준화된 프로그램이다(McAuliffe & Perry, 2007). ASIST는 이전 경험이나 훈련과 상관없이 16세 이상이면 누구나 참가할 수 있으며, 훈련을 통해 자살위험이 있는 사람을 더 잘 식별하고 자살의 즉각적 위험으로부터 그들이 안전할 수 있게 개입하는 기술을 습득한다. 의사나 간호사, 정신건강전문가, 상담자, 경찰, 응급구조원 등 많은 직업군에서 ASIST는 의무적으로 훈련받는 내용이기도 하다. ASIST 훈련을 받은 노르웨이의 Tromso 대학 정신과 레지던트들은 훈련 후 자살의 위험이 있는 사람들을 다루는 것과 관련하여 증가된 자신감, 기술, 인식을 보고하였으며(Guttormsen et al., 2003, McAuliffe & Perry, 2007에서 재인용), 대형병원 직원들을 대상으로 ASIST 훈련을 실시했을 때도 직원들은 환자들의 자살생각을 묻는 것에 훨씬 편안함을 느끼고 자살위험이 있는 환자/내담자에게 효과적인 개입 기술을 갖게 되었다고 느꼈다(McAuliffe & Perry, 2007).

3) https://www.livingworks.net/programs/asist

2) 국내 프로그램

상담교사나 교사 등 학교 교직원을 대상으로 자살에 대한 경고신호를 교육하고 학생들의 자살위험성을 평가하거나 적절한 기관에 의뢰할 수 있도록 훈련시키며 자살관련 학교정책과 절차개발에 조력하도록 동기화시키는 '학교지킴이 훈련', 즉 게이트키퍼 훈련은 한국자살예방협회에서 제안한 청소년 자살예방프로그램의 대표적 유형으로 제시되어 있지만(김경미, 김재원, 김지훈, 2012), 한국자살예방협회를 통한 ASIST 훈련이나 QPR자살예방연구소를 통한 QPR 훈련을 제외하고는 구체적인 게이트키퍼 훈련 프로그램이나 이에 대한 효과성 검증 연구는 거의 찾아볼 수 없다. 교사연수를 통한 자살예방교육이 게이트키퍼 훈련의 기능을 담당하고는 있지만, 이러한 연수 프로그램은 주로 강의에 의존하여 자살에 대한 일반적 내용을 전달할 뿐 실제 자살위험이 있는 것으로 의심되는 학생들과의 상호작용 방법이나 의뢰 방법 등 구체적인 기술들을 역할극이나 시뮬레이션 등을 통해 직접적으로 훈련시키지 않는다는 비판이 꾸준히 있어 왔다.

국내 대학 사례 중 이화여대는 소수의 학생들을 대상으로 게이트키퍼 훈련을 제공하고 있다. 2014년부터 서대문구 정신건강증진센터와 연계하여 실시하고 있는 '생명존중지킴이 교육'이 그 예이다. 자살위기 예방교육을 이수한 학생들에게 생명존중지킴이 교육 프로그램을 안내하고 신청자 중 매 학기 20명 내외의 학생들을 선발한 후, 이들을 대상으로 서대문구보건소와 협력하여 자살위기에 처한 학생들을 돕기 위한 실제적 개입방법에 대한 교육(3시간)을 실시한다. 그러나 효과적 자살예방을 위해서는 이러한 소수 학생들뿐 아니라, 교수나 교직원, 기숙사 직원이나 기숙사 학생조교, 오리엔테이션 진행을 맡은 학생대표들 등 다양한 교내 집단을 대상으로 게이트키퍼 훈련을 제공할 필요가 있다(Taub et al., 2013).

제 3 절 대표적인 개입 프로그램

개입, 즉 이차예방에 해당하는 자살 응급상황의 대처는 그동안 대학들이 주로 관심을 기울여 왔던 자살예방활동의 유형으로(Joffe, 2007), 많은 대학들이 학생이 이미 약물이나 독극물을 섭취했거나 자해를 하는 등 의료적 관심이 필요한 행동을 했을 때, 옥상에서 뛰어내리거나 차에 뛰어드는 것과 같이 즉각적으로 자신에게 해를 입히려고 할 때, 술에 취한 상태로 자살하고자 한다든지 무기를 소지한 상태에서 자살하고자 할 때로 자살 응급상황을 정의하고 있다. 해외의 많은 대학들이 자살 응급상황에 효과적으로 대처하기 위해 구체적인 프로토콜을 개발하여 운영하고 있지만, 본 절에서는 특히 경험적 연구를 통해 효과성을 검증하거나 자료를 분석한 대표 프로그램과 이들의 차별화되는 특징을 소개하고자 한다.

1. 국외 프로그램

Joffe(2007)에 따르면, University of Illinois, Urbana Champaign(이후 UIUC로 명명)은 1984년 이전까지만 해도 학생들의 즉각적 자살위험에 주로 반응하고, 위험이 진정되면 학생들에게 근본적 치료를 위해 전문적 도움을 받도록 권유하는 방식을 사용해 왔다. 그러나 이러한 접근은 자살 위협이나 시도 후 학생들의 상담/치료관련 서비스 이용률을 높이지 못했는데, 이는 학생들이 대학은 자신들의 삶과 죽음에 관여할 권리가 없다고 주장하며 힘겨루기를 한다든지, 분명한 증거에도 불구하고 자살위협이나 시도를 부인한다든지, 치료를 받겠다고 말은 하지만 실제로 이행을 하지 않거나, 아예 사라지는 등 여러 이유와 관련이 있었다. 이러한 상황은 즉각적인 자살위험이 없는 경우에 학생들로 하여금 자살예방을 위한 평가나 치료를 받도록 만드는 것을 더욱 어렵게 하였다. 결국 이러한 이유들로 인해 대학은 학생 본인의 자발적인 행동에 의존하는 대신 행정적 통제를 마련하는 쪽으로 움직이게 되었고, 결과적으로 UIUC는 1984년 '의무화된 평가' 전략을 확립하였다.

이는 자살을 하겠다고 위협하거나 시도한 학생들이 자격증이 있는 심리학자나 사회복지사에게 4회기의 전문적 평가를 받도록 의무화한 프로그램으로, 1회기는 자살시도나 병원 퇴원 후 1주 내에 행해지며, 2~4회기는 이상적으로는 매주 1회씩 행해진다. 이러한 의무조항을 지키지 않을 경우, 학교는 학생에게 수업제한이나 정학 등 다양한 행정적 제재를 가할 수 있다. 기본적으로 전문가는 학생의 현재 자살생각, 의도, 자살수단에 대한 접근성을 평가하고, 학생으로 하여금 원래의 자살사건을 둘러싼 상황, 생각, 감정들을 떠올려 재구성하도록 하며, 지금까지 살아오면서 학생이 지녔던 자살의도의 의미와 기원을 점검하고 대학의 규정을 숙지하도록 하는 식으로 진행된다. 4회기에 걸친 의무화된 평가 프로그램은 자살위험이 시간에 따라 계속 변화하며 더 오랜 시간 지속될 수 있다는 특징을 반영하여 즉각적 위험뿐 아니라 자살위협이나 시도 1년 이내에 자살위험성이 증가하는 현상, 즉 근접 위험(proximal risk)까지 염두에 둔 결과이다. UIUC는 이 프로그램의 실시를 위해 정신건강전문가 3인과 행정직원 1인으로 구성된 자살예방 팀을 구성하였고, 이 팀은 학내 구성원이 학생의 자살위협, 자살시도를 준비하는 행위, 자살시도, 심각한 자살생각 등을 자살사건보고양식(suicide incident report form)으로 제출했을 때 이를 검토하여 프로그램 적용을 결정하게 된다. 이 팀은 또한 격주로 30~60분씩 학생들의 치료 협조 상황을 검토하며, 자살 학생에 대한 대학의 공식 의견을 내는 유일한 창구로 기능한다. Joffe(2007)에 따르면, 이 프로그램의 실시 이전인 1976~1983년도 사이에 UIUC 재학생의 자살사망률이 10만 명당 6.91명이었던 것에 반해, 의무화된 평가프로그램이 적용된 1984~2005년까지 21년간 자살사망률은 10만 명당 3.78명으로 감소되었고, 이러한 감소추세는 국가적 그리고 지역적인 자살사망률의 추세와는 분명히 구별되는 것이었다.

College of William and Mary 역시 지난 수십 년간 자살예방프로그램을 운영해 왔으며, 자살예방활동과 그 결과를 서류화하여 체계적으로 분석해 왔던 소수의 대학 중 하나이다(Schwartz & Friedman, 2009). 기본적으로 College of William and Mary의 자살예방정책은 학생의 자살시도나 위협, 또는 자살위험이 있다고 의심될 경우 학내 구성원들이 학생처장에게 이를 보고하도록 의무화한 것에서 시작한다. 학생의 자살위험이 문제가 될 때 학생처는 학생에게 대학건강센터에 보고하거나 필요하다면 지역 내 전문가에게 정신과 평가를 받도록 요구하며, 학생이 이를 거부할 경우에는 정학 조치를 내릴 수도 있다. 이 부분은 앞서 설명한 UIUC의 행정적 통제와 일맥상통한다. 한편, 평가 후에는 심리치료나 입원, 일시적 귀가, 의학적 이유에서 수강철회 또는 휴학 등 위기개입계획을 세워 시행하며, 전문가 팀이 학생의 상태를 수시로 체크하여 모니터링을 제공한다(Meilman & Pattis, 1994).

College of William and Mary의 의학 및 정서적 응급상황 절차[4]에 따르면 학생이 자살을 시도하거나 위협할 때, 자신이나 타인을 해하거나 해하려 시도할 때, 극심한 정서적, 심리적 고통을 표시할 때 이를 응급상황으로 간주하며, 그러한 상황을 알게 된 누구든지 학생처장, 기숙사 직원 또는 캠퍼스 경찰에게 이를 알려야만 한다. 이들은 이러한 상황을 당직 임상가에게 전달하게 된다. 대학의 의학/정서적 응급상황 절차가 발효되었을 때, 학생은 안전하다는 것이 확인될 때까지 수업이나 대학 활동에 참여할 수 없으며 기숙사로도 복귀할 수 없

4) Residence Life Student Staff Manual 2014－2015. Retrieved from https://www.wm.edu/offices/residencelife/documents/studentstaffmanual.pdf

다. 학생은 자신이 더 이상 위기상황에 있지 않으며, 정서적/심리적 문제를 다루기 위해 충분한 조치를 취했음을 학교 측에 증명해야만 한다. 의학/정서적 문제들을 다루기 위해 대학을 떠나 있는 것은 학업상 불이익을 가져오지 않으며, 일단 건강을 회복하게 되면 학생처장은 학생을 다시 학교에 복귀시키게 된다. 이 정책에 따르지 않을 경우 학생은 학칙 위반으로 정학 등의 징계처분을 받을 수 있다.

College of William and Mary는 학생과 학교 사회의 안전을 보장하기 위해 이러한 응급상황을 다루는 매우 구체적인 프로토콜을 확립하여 운영 중이다. 이에 따르면, 1) 자신이나 타인을 해하려는 명확한 위험이 있을 경우, 가장 먼저 대학경찰 및 911에 전화하여 학생을 병원 응급실로 이송해야만 한다. 대학경찰은 이를 당직 임상가에게 알리고 이는 다시 학생처장에게 전달되어 심리적 응급상황 프로토콜이 발효될 것이다. 병원의 사전 평가자(pre-screener)가 (1) 학생이 비자발적 입원(involuntary hospitalization) 기준에 부합된다고 결정할 경우 학생은 심화된 평가와 치료를 위해 72시간 동안 임시입원을 하게 된다. 사전 평가자는 대학과의 협약에 따라 이를 당직 임상가에게 알리고 이는 다시 학생처장과 부모에게 고지될 것이다. (2) 만약 학생이 입원기준을 만족시키지 않는다면, 당직 임상가는 사전 평가자에게 자문을 구하여 학생의 지속적 위험 수준이 어느 정도인지 결정하게 될 것이며 학생과의 대화를 통해 학생이 독립적 생활환경에서 안전할 수 있는지를 평가할 것이다. ① 만약 안전에 대한 우려가 거의 없고, 학생이 스스로를 돌볼 수 있으며, 추후 평가나 치료계획에 협조적이라면, 학생은 기숙사로 복귀할 수 있고 다음 날 오전 대학상담센터로 전화하여 치료 약속을 의무적으로 잡아야 한다. 이러한 약속이 지켜지지 않을 경우 학생은 학칙 위반으로 제재조치를 받게 된다. ② 반면 학생이 학교환경에서 안전할 수 없거나 우려가 남아 있을 경우, 안전하다는 것이 확인될 때까지 학생은 기숙사로 복귀할 수 없으며, 당직 임상가는 사전 평가자와 협력하여 지역사회 내 다른 기관에서 학생이 적절한 사후관리를 받을 수 있게 조치해야 한다.

한편, 2) 즉각적이거나 분명한 위험은 없지만 여전히 안전이나 스스로를 돌볼 능력이 의심스러운 경우에는 당직 임상가가 사전 평가를 실시하고, 그 결과 (1) 안전문제가 없을 때, 임상가는 학생이 다음 날 대학상담센터 내 정신건강서비스 코디네이터와 의무적으로 미팅을 가질 수 있게 일정을 잡는다. 그러나 (2) 안전문제가 있을 경우, 대학경찰에 전화를 걸어 심화된 평가를 위해 학생을 응급실로 이송할 필요가 있음을 알린다. 임상가는 부모가 도착할 때까지 학생의 안전을 확보할 수 있도록 병원 사전 평가자와 협력하여 지역사회 내 기관에서의 사후관리 계획을 세우게 된다.

그림 4-1 College of William and Mary 심리적 응급상황 프로토콜

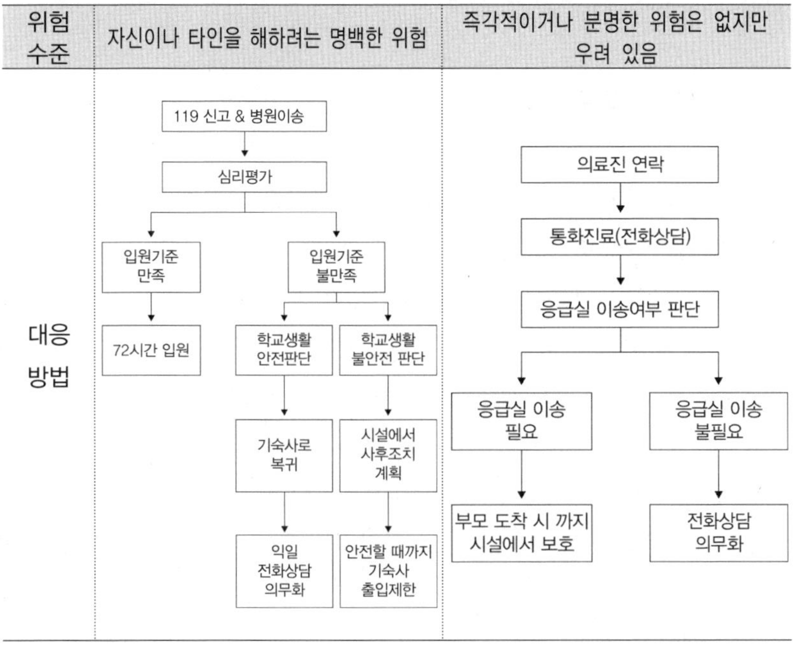

Meilman과 Pattis(1994)의 연구에 따르면, College of William and Mary의 대학상담센터는 1991년 한 해 동안 자살을 시도하거나 위협했을 뿐 아니라 자살위험성이 있다고 우려되었던 모든 사례에 대해 자료를 기록해 나갔다. 그 결과 총 60개의 사례가 발생한 것으로 집계되었으며, 자살사망은 없었다. 그러나 기대와는 달리, 자살시도율은 10만 명당 14.5건으로 미국대학건강협회(American College Health Association; ACHA)의 자료(10만 명당 4~8건)보다 더 높게 나타났으며, 이는 추후 재검증을 필요로 하는 부분이다. Meilman과 Pattis는 다른 전향적 연구에서도 회고적 보고에 의한 ACHA의 자료보다 자살시도율이 더 높게 나타났고 아마도 회고적 보고보다는 전향적 접근이 현실을 더 정확히 반영하는 것으로 보인다고 조심스럽게 논의한 바 있다. 한편, 이 연구에서 추후 심리치료는 자살시도자(약 91%)나 위협자(약 85%) 모두에서 가장 흔하게 사용되는 위기개입 방법이었으며, 자살시도자의 64% 가량이 자살시도 후 병원이나 대학 건강센터에 입원한 것으로 나타났다.

2. 국내 프로그램

아직까지 국내에서는 대학 내 자살위기대응에 대한 인식이 부족하여 해외 대학들의 경우처럼 자살응급상황에 대한 체계적인 대응절차나 정책 등을 개발하여 시행하고 있는 대학은 거의 없다고 할 수 있다. 서울대학교가 학생 자살사건과 버지니아 공대 총기사건 등을 계기로 2007년 '학생정신건강대책 연구위원회'를 구성하여 학생 정신건강과 관련한 여러 대책을 논의하고 2008년 3월 핫라인 시스템인 24시간 상담전화 SNU Call(스누콜)을 개설하여 운영하고 있으며(서울대학교 대학생활문화원, 2008), 공식적으로 문서화되지는 않았으나 기숙사 내에서 일관된 자살응급상황 절차가 시행되고 있다는 것이 이에 근접한 유일한 예라고 할 수 있다. 이에 대한 자세한 내용은 이 책의 제2장에서 설명하였다. 아직까지 이 시스템을 활용한 이래 객관적 자료 수집과 결과 분석을 통한 효과성 검증은 보고된 바 없다.

제 4 절 대학 내 자살예방활동의 제약과 개선방향

대학생 자살을 효과적으로 예방하기 위해서는 예방, 개입, 사후개입의 세 가지 접근을 모두 포함한 종합적 프로그램을 구축할 필요가 있지만, 실제 현실 속에서 이러한 이상적 시스템을 갖춘 대학을 찾기란 매우 어렵다(Lester, 2013). 지금까지 대학에서의 자살예방노력은 주로 자살 응급상황에 즉각적으로 반응하는 것에 집중되어 왔지만(Joffe, 2007), 전체 학생들을 대상으로 정신건강 증진 맥락에서 자살예방교육을 실시하는 것이 자살 생존자들을 중심으로 행해지는 사후개입보다는 더 보편적인 방법이었다.

자살 사후개입은 앞서 설명했듯이 자살사건 발생 후 모방 자살이나 자살의 전염을 막고, 자살 생존자들의 적응을 도울 뿐 아니라 위기 후 대학 전체 시스템의 안정을 도모하기 위해 반드시 필요한 위기개입이지만(Westefeld et al., 2006), 아직까지 이에 대해 체계적인 대책이나 절차를 마련하여 운영 중인 국내 대학의 예는 찾아보기 힘들다. 체계적인 자살 사후개입의 필요성은 2015년 2월과 6월 카이스트 대학원생의 연이은 자살사망에서도 찾아볼 수 있지만, 자살사건 후에도 사회적 관심은 여전히 자살예방과 개입에만 집중될 뿐이다. 사실 자살사망 후 사후개입의 성공적 실시는 자살의 전염을 막고 주변인들의 기능수준을 회복시키는 등의 일차적 효과 외에도 학교 시스템 내 자살예방이나 개입 등의 노력을 더욱 활성화시키고 뿌리내리게 한다는 이차적 효과도 있음을 잊지 말아야 한다.

한편, 사후개입이든 자살응급상황에서의 개입이든 모든 위기개입은 사전에 오랜 시간을 두고 논의하여 가능한 한 구체적으로 대응절차를 마련하는 것이 가장 중요하다. 그러나 실제로 자살응급상황에서 어떤 순서로 정보가 전달되고 의사결정이 이루어져야 하는지, 어떤 부서가 어떤 역할을 담당하고 서로 어떻게 상호작용해야 하는지, 지역사회 관련기관과의 상호작용은 어떻게 이루어져야 하는지 등 구체적이고 상세한 대응 프로토콜을 확립하여 사용 중인 대학은 많지 않으며, 특히 국내 대학의 경우 이러한 시스템 구축은 매우 시급한 당면과제라고 할 수 있다.

잊지 말아야 할 점은 자살응급상황에 대한 대처 프로토콜을 확립하거나 다양한 자살예방활동을 활성화시키기 위해서는 무엇보다도 대학행정가의 전폭적 지원과 지도력이 필수적이며(Stein et al., 2010), 대학생 자살문제에 대한 학내 구성원들의 인식 증진이 선행되어야 한다는 사실이다. 그렇지 않고서는 자살예방활동은 아무 의미도 없는 또 다른 업무의 연장일 뿐 교수나 교직원, 부서 간 협력을 끌어내는 것은 불가능해진다. 실제로 교수나 교직원들의 저항은 대학 내 자살예방활동의 주요 장벽 중 하나로 거론되기도 한다(Lester, 2013). 이와 관련하여 학교 내 일차예방의 진행 순서는 학생들을 대상으로 한 수업기반 프로그램 시행에 앞서, 가장 먼저 자살예방활동과 관련한 정책 및 절차 확립을 위한 행정적 자문이 이루어져야 하고 그 다음에 모든 교사 및 교직원에 대한 교육이 선행되어야만 한다는 Whitney 등(2011)의 제언을 기억할 필요가 있다. 그러나 실제 학교에서 많은 경우 이와는 정반대로 학생들을 대상으로 한 자살예방교육이 가장 먼저 이루어지고 있다는 것은 주의를 요한다.

대학이 학생뿐 아니라 교수나 교직원, 행정가에게 대학생 자살문제와 개입방법에 대해 더 잘 교육시켜야 한다는 것은 아무리 강조해도 지나치지 않다. 이는 고위험군의 선별과 효과적 대응에 크게 기여하게 되는데, 특히 신임교수나 신임직원, 지도교수, 강의조교, 기숙사 조교, 운동센터 직원, 학생식당 직원 등 다양한 집단을 대상으로 게이트키퍼 훈련을 실시할 필요가 있다(Schwartz & Frieman, 2009). 이때 게이트키퍼 훈련은 단순히 지식 전달이 아니라, 위험군 학생을 발견하여 의뢰하는 과정에서 실제로 사용할 수 있는 다양한 기술을 직접 훈련시키는 것에 집중될 필요가 있다(Cooper et al., 2011).

한편, 자살응급상황이나 고위험군 관리와 관련하여 대학상담센터의 after-hour 서비스 시스템을 개선하는 것 또한 해결해야 할 문제이다. 미국의 192개 대학상담센터를 대상으로 설문조사를 실시하였던 Coulter, Offutt, Mascher(2003)는 after-hour 서비스의 문제점으로 당직 중인 상담자에게 연락이 닿을 수 없다거나 기숙사 직원이 위기를 다룰 전문성이 없는 것, 정신과 지원이 없거나 자문을 구할 다른 전문가가 없다는 것 등을 지적하였다. 이와 함께 대학 내 치안담당 부서나 기숙사 등 다른 부서와의 협력 부재, 지역사회 내 의료 및 정신건강기관과의 협력 부재, after-hour 서비스에 투입된 소수 인력의 소진 문제, 병원으로 긴급 이송 시 교통수단의 문제, after-hour 서비스에 대한 정책 부재나 홍보 부족, after-hour 서비스에 대한 학생들의 무지와 인식 부족, after-hour 근무에 대한 보상 부재 등도 해결해야 할 주요 문제로서 논의하였다. 이러한 문제들은 국내 대학상담센터가 해결해야 할 실제적 문제들이기도 하며, 서울대학교의 스누콜 시스템은 after-hour 서비스 개선을 위한 부분적인 예가 될 수 있을 것이다.

더 나아가 Coulter 등(2003)은 학생이 자살응급평가를 위해 병원에 갔으나 치료 없이 돌려보내지는 경우가 많기 때문에, 입원할 정도는 아닌 위험군 학생을 어떻게 안전하게 보호할 것인가의 문제를 해결해야 한다고 강조하고 있다. 가족에게 연락하여 귀가시킬 수 있는 상황도 아니고 기숙사 복귀도 안심할 수 없는 경우 지역사회 내 쉼터에 일시 거주하도록 할 수 있을 정도로 사회적 기반이 구축되지 않은 상황에서 국내 대학들은 이 학생들을 어디에 안전하게 보호할 수 있을 것인지 고민해 볼 필요가 있다. 이러한 인프라 구축의 문제는 제5장에서 다루어질 것이다.

그러나 이러한 문제들에 앞서 가장 먼저 해결해야 할 문제는 아마도 다양한 자살예방활동을 계획하고 실시하기 위한 재원과 자살예방에 대한 전문성을 지닌 직원의 부재일 것이다(Lester, 2013). 대학 내 재원 부족이나 예산배정문제는 대학상담센터 내 인력부족, 특히 위기상담이나 개입을 전담할 전문 인력의 부족과 밀접한 관련이 있다. 이러한 상황 속에서 대학은 소수의 제한된 인력만을 자살위기개입에 투입하게 되고, 이들은 불명확한 역할정의나 절차, 부족한 행정적 지원 속에서 정상근무 시간을 넘어서까지 과도하게 일할 수밖에 없게 된다. 이 과정에서 이들이 경험하는 극심한 스트레스와 압박감은 안타깝게도 직업적 소진과 이직으로 이어지게 된다. 자살예방활동을 지원할 충분한 재원이 없다는 것은 대학이 자살위험이 있는 학생들을 적극적으로 찾아 나설 수 없게 하는 가장 큰 걸림돌이기도 하다. 정신건강문제와 관련하여 스스로 도움을 구하지 않는 대학생들의 특성을 고려해 볼 때 스크리닝 검사를 실시하거나 게이트키퍼 훈련을 통해 자살 위험군을 사전에 찾아내는 것이 매우 중요하지만(Schwartz & Frieman, 2009), 대학은 이러한 예방활동을 통해 발견하게 된 위험군 학생 모두에게 적절한 평가나 상담, 치료를 제공할 수 있을 만큼 여유롭지 않다. 따라서 자살예방활동을 지원하기 위한 교내외 재원을 확보하는 것은 대학생 자살문제의 성공적 해결을 위해 대학이 우선적으로 해결해야 하는 문제라고 할 수 있다.

마지막으로, 대학 내 자살예방활동의 성공적 운영을 위해서는 자살사건에 대한 현황 및 사례관리 과정에 대한 데이터베이스를 구축할 필요가 있다. 많은 대학들이 개인정보 보호의 문제나 효과적인 기록관리 시스템 부재 등을 이유로 자살사건에 대한 자료를 수집하지 않고 있는데(Joffe, 2007), 이는 자살사건에 대한 이해나 대학의 대응전략에 대한 비판적 검토 및 개선을 어렵게 한다. 물론 자살이 흔한 일은 아니지만 학생들의 자살시도나 자살위협, 기타 자살의 위험성이 의심되는 사례들의 발견과 치료과정에 대해 데이터베이스를 구축하는 것은 충분히 가능하며, 이는 보다 효과적인 자살예방 프로그램의 개발 및 시스템 개선을 위해 반드시 실행되어야 한다. 이러한 자료 기반(data-based) 문제해결과정은 실제 현장에서 지속가능한 프로그램 개발에 필수적이다. Westefeld 등(2006)은 각각의 대학이 학생 수와 구성, 규모에서 차이가 나기 때문에 자살예방 프로그램은 각 기관에 특수하게 개발될 때 훨씬 이로울 수 있음을 강조한 바 있다. 이러한 데이터베이스 구축은 특정 대학에 최적화된 맞춤형 프로그램 및 시스템 개발에 크게 기여하게 될 것이다. 또한 최근 대학 사회 내 외국인유학생이나 교환학생 증가와 함께 표면화되고 있는 자살이나 성폭력, 약물문제 등 이들의 정신건강문제를 해결하기 위해서도 중요한 시작점이 될 것이다. 다문화 배경을 지닌 학교 구성원의 필요를 고려한 구체적인 자살예방 전략과 대책 마련 역시 대학 사회가 더 이상 간과할 수 없는 당면 과제임을 기억해야 한다.

참고문헌

1. 국내문헌

교육부·자살과 학생정신건강연구소 (2015). 학생정서·행동특성검사 및 관리 매뉴얼. 서울: 교육부 학생건강정책과.

김경미, 김재원, 김지훈 (2012). 청소년 우울증 및 자살예방사업의 국내외 연구동향. Journal of Korean Medical Association, 55(4), 356−361.

김혜성 (2010). 대학기반 자살예방 프로그램 개발과 도입에 관한 연구. 한국정신보건사회복지학회 학술대회 자료집, 185−202.

박종익 (2011). 자살예방기본계획. 서울: 한국자살예방협회.

삼성사회정신건강연구소·한국생명의전화 (2008). 내 생명 소중하게 가꾸기. 파주: 교육과학사.

서울대학교 대학생활문화원 (2008). 24시간 상담전화 SNU Call(스누콜) 운영 안내. 서울: 서울대학교.

이승연 (2007). 학교장면에서의 자살사후중재. 상담학연구, 8(1), 161−180.

오승근 (2006). 청소년의 자살태도, 자살위험성 및 생명존중교육 참여 요구와의 관계. 고려대학교 대학원 박사학위청구논문.

지승희, 김명식, 오승근, 김은영, 이상석 (2008). 청소년자살 예방프로그램 및 개입방안 개발. 청소년상담연구, 141. 한국청소년상담원.

2. 외국문헌

Aseltine, R. H., & DeMartino, R. (2004). An Outcome Evaluation of the SOS Suicide Prevention Program. *American Journal of Public Health, 94*(3), 446−451.

Aseltine, R. H., James, A., Schilling, E. A., & Glanovsky, J. (2007). Evaluating the SOS suicide prevention program: a replication and extension. *BMC Public Health, 7*(161), 1−7.

Berman, A. C., Jobes, D. A., & Silverman, M. M. (2006). *Adolescent suicide: Assessment and intervention* (2nd ed.). Washington, DC: American Psychological Association.

Blumenthal, S. J. (1988). Suicide: A guide to risk factors, assessment, and treatment of suicidal patients. *Medical Clinics of North America. 72,*

937 – 971.
Ciffone, J. (2007). Suicide prevention: An analysis and replication of a curriculum-based high school program. *Social Work, 52*(1), 41 – 49.
Coulter, L. P., Offutt, C. A., & Mascher, J. (2003). Counseling center management of after-hour crises: Practice and problems. *Journal of College Student Psychotherapy, 18*, 11 – 34.
Cooper, G. D., Clements, P. T., & Holt, K. (2011). A review and application of suicide prevention programs in high school settings. *Issues in Mental Health Nursing, 32,* 696 – 702.
Gallagher, R. P. (2011). *National survey of counseling center directors, 2011.* Alexandria, VA: International Association of Counseling Services, Inc.
Garlow, S., Rosenberg, J., Moore, J. D., Haas, A. P., Koestner, B., Hendin, H., & Nemerofff, C. B. (2008). Depression, desperation, and suicidal ideation in college students: Results from the American Foundation for Suicide Prevention College Project at Emory University. *Depression and Anxiety, 25*, 482 – 488.
Haas, A. P., Hendin, H., & Mann, J. J. (2003). Suicide in college students. *American Behavioral Scientist, 46*(9), 1224 – 1240.
Horowitz, L. M., Ballard, E. O., & Pao, M. (2009). Suicide screening in schools, primary care and emergency departments. *Current Opinion in Pediatrics*, 21(5), 620 – 627.
Indelicato, N. A., Mirsu-Paun, A., & Griffin, W. D. (2011). Outcomes of a Suicide Prevention Gatekeeper Training on a University Campus. *Journal of College Student Development, 52*(3), 350 – 361.
Joffe, P. (2007). An empirically supported program to prevent suicide in a college student population. *Suicide and Life-Threatening Behavior, 38*(1), 87 – 103.
Lester, D. (2013). Suicide prevention on campus – what direction? *Crisis, 34*(6), 371 – 373.
McAuliff, N., & Perry, L. (2007). Making it safer: A health center's strategy for suicide prevention. *Psychiatry Quarterly, 78*, 295 – 307.
Meilman, P. W., & Pattis, J. A. (1994). Suicide attempts and threats on one college campus: Policy and practice. *Journal of American College Health, 42*(4), 147 – 154.
Miller, D. N., Eckert, T. L., & Mazza, J. J. (2009). Suicide prevention

programs in the schools: A review and public health perspective. *School Psychology Review, 38(*2), 168 – 188.

Mitchell, S. L., Kader, M., Darrow, S. A., Haggerty, M. Z., & Keating N. L. (2013). Evaluating Question, Persuade, Refer (QPR) Suicide Prevention Training in a College Setting. *Journal of College Student Psychotherapy, 27*(2), 138 – 148.

Schwartz, L., & Friedman, H. A. (2009). College student suicide. *Journal of College Student Psychotherapy, 23*, 78 – 102.

Shaffer, D., Scott, M., Wilcox, H., Maslow, C., Hicks, R., Lucas, C. P., & Greenwald, S. (2004). Columbia suicide screen: Validity and reliability of a screen for youth suicide and depression. *Journal of the American Academy of Child and Adolescent Psychiatry, 43*(1), 71 – 79.

Stein, B. D., Kataoka, S. H., Hamilton, A. B., Shultz, D., Ryan, G., Vona, P., & Wong, M. (2010). School personnel perspectives on their school's implementation of a school-based suicide prevention program. *The Journal of Behavioral Health Services & Research, 37*(3), 338 – 349.

Taub, D. J., Servaty-Seib, H. L., Miles, N., Lee, J. Y., Morris, C. W., Prieto-Welch, S. L., & Werden, D. (2013). The impact of gatekeeper training for suicide prevention on university resident assistants. *Journal of College Counseling, 16*(1), 64 – 78.

Thompson, E. A., & Eggert, L. L. (1999). Using the suicide risk screen to identify suicidal adolescents among potential high school dropouts. *Journal of the American Academy of Adolescent Psychiatry, 38(*12), 1506 – 1514.

Westefeld, J. S., Button, C., Haley, Jr., J. T., Kettmann, J. J., Macconnell, J., Sandil, R., & Tallman, B. (2006). College student suicide: A call to action. *Death Studies, 30*, 931 – 956.

Whitney, S. D., Renner, L. M., Pate, C. M., & Jacobs, K. A. (2011). Principals' perceptions of benefits and barriers to school-based suicide prevention programs. *Children and Youth Services Review, 33*, 869 – 877.

CHAPTER 05

대학 내 인프라 구축

CHAPTER 05

대학 내 인프라 구축

본 장에서는 우리나라 대학들이 대학 구성원들의 자살 위험성 인지, 대학 내 적극적 자살 예방, 효과적 개입 서비스의 제공 및 사후관리를 위한 인프라 구축을 위해 필요한 구체적 방안을 제시하고자 한다. 대학 내 인프라 구축이라는 측면에서 크게 자살 예방, 위기개입, 사후관리로 구분하고 세부 내용을 살펴보고자 한다.

제 1 절 예방

자살예방을 위한 활동은 학내 구성원 모두를 대상으로 자존감 및 생명존중의식 함양 등과 같은 정신건강을 증진하기 위한 활동으로 구성되어야 한다. 이를 위하여 학교는 일상적인 교육 및 상담활동을 정기적으로 제공하는 것이 필요하다. 구체적인 방안으로 본 절에서는 자살예방교육 필수이수제도, 예방 및 치료 참여에 대한 법적 동의 사전 획득, 게이트키퍼 훈련을 제안하고자 한다.

1. 자살예방교육 필수이수제도

대학생 자살문제의 가장 효과적인 대응방법은 예방이다. 예방을 위해서는 학생 스스로 자살 위험을 인지하고, 이와 동시에 캠퍼스 내의 자살시도 위기 학생을 사전에 발견할 수 있도록 적절한 예방교육을 실시하는 것이 필요하다. 예방교육은 캠퍼스 내의 자살시도 위기 학생이 자살에 이르지 않도록 예방하는 것이 주된 목적으로, 자살 위기 징후, 자살시도학생 발견 시 대처법 등과 같이 실제 위기상황에 바로 적용 가능한 내용을 교육하여 교내 구성원이 이를 직관적으로 활용할 수 있도록 해야 한다.

대학생 자살예방교육의 필요성에도 불구하고, 현재 국내 대학의 자살예방교육은 정신건강 페어, 브로슈어 배포, 특강 등과 같은 비정기적인 형태의 자살예방교육에 머무르고 있는 실정이다. 반면 대학생 자살 및 정신건강의 중요성을 인지한 외국 대학의 경우, 기존의 오프라인 강의의 단점을 보완하고, 교육프로그램의 효과성을 극대화하기 위하여 온라인 자살예방교육을 실시하고 있다. Washington University in St. Louis는 온라인 자살예방 교육프로그램인 'REFER LISTEN ASK'를 운영하고 있다. 이 프로그램은 캠퍼스 내 자살예방을 위한 교육프로그램으로 누군가가 자살에 대한 생각을 가지고 있을 때 묻고(ASK), 적극적으로 그들의 생각과 감정을 들으며(LISTEN), 전문가에게 의뢰(REFER)하는 방법을 알려주는 것을 목적으로, 교육을 통해 학생들이 자살 위험이 있는 사람을 식별하고 대응하는 방법, 위험 요인, 보호요인 및 자살의 경고 신호를 인식하는 방법, 지역사회 자원을 활용하는 방법 등으로 구성되어 있다.[1)] 이 교육프로그램은 이수하는 데 약 15~20분이 소요되는, 총 21페이지로 구성된 온라인 교육프로그램으로

1) Center for Violence and Injury Prevention, Washington University in St. Louis, http://cvip.wustl.edu/about/News/Pages/Ask-Listen-Refer.aspx

간단한 인적사항을 입력하면 프로그램을 수강할 수 있다.[2] 이밖에도 Western Michigan University에서는 온라인과 오프라인으로 자살예방 워크숍을 실시하고 있다. 온라인 자살예방 워크숍은 교직원을 대상으로 하며, 스트레스가 높은 학생들의 자살행동을 인식하고, 잠재적인 자살에 적절히 대응하기 위하여, 지역사회 내 이용가능 한 전문기관과 실제 기관에서 도움을 받을 수 있는 방법을 배울 수 있도록 교육한다. 오프라인 자살예방 워크숍은 학생을 비롯한 학교 구성원 모두를 대상으로 하며, 자살에 대응하는 기본적인 기술훈련, 자살에 대한 정보 제공 등이 이루어진다.[3]

따라서 우리나라의 대학구성원들이 자살예방교육을 필수적으로 이수할 수 있도록 하기 위해서는 학생들과 교직원들이 자살예방교육에 시간과 장소의 제약에서 벗어나 쉽게 접근할 수 있도록 해야 한다. 이를 위하여 학내 구성원 모두가 모이는 공통 교과목 시간을 활용하는 것 이외에 온라인 강의를 통해 쉽고 편하게 수강할 수 있도록 강의를 제공하는 것이 적합하다. 1학년 때에는 기초교육 중심으로 강의를 진행하고 이후 2학년부터 학기별 1회 보수교육 및 심화교육 등과 같은 형태로 강의를 제공하여 지속적인 예방교육이 이뤄질 수 있도록 구성하는 것이 필요하다. 이때 강의는 필수과목로 분류하여 미수강 시 일정 기간 동안 반드시 수강하게 하는 것을 고려할 수 있다. 기초교육에서는 자살의 심리에 대한 올바른 이해를 바탕으로 한 자살 충동 대응 능력 배양으로, 자살의 일반적 정의, 특성, 징후, 도움을 받을 수 있는 유관기관목록, 자살 대응 기초 기술훈련 등이 교육내용에 포함될 수 있다. 또한 보수교육이나 심화교육에는 실제 사례 및 동영상 중심으로 자살 심리 및 대처, 예방 방법 등 구체적이고 실제적인 내용으로 구성

2) Washington University Suicide Prevention Training Program, http://www.asklistenrefer.org/washu

3) Suicide Program Prevention Workshops, http://wmich.edu/suicideprevention/workshops

하여 적용의 용이성을 높이는 것이 필요하다.

2. 예방 및 치료 참여에 대한 법적 동의 사전 획득

자살 예방 교육 시 고위험군을 선별하고 이들을 치료에 연계하여 직접적인 자살 예방의 효과를 거둘 수 있도록 개인정보 제공 및 예방 교육과 치료에 대한 참가 동의를 사전에 획득하여 추후 발생할 수 있는 법적 과제에 대비하는 것이 필요하다.

첫째로 "개인정보 제3자 제공 동의"가 이루어져야 한다. 자살위기상황발생을 대비하여 학생들이 학교에 입학을 한 직후에 정보제공 동의서를 받아두는 것이 필요하다. 정보제공동의서에 동의를 하지 않는다는 것을 이유로 입학을 거부하는 것은 법적으로 허용된다고 보기 힘들지만, 학교 등록 시에 온라인상 이를 반드시 거치도록 하는 등 사실상 정보제공동의가 이루어지도록 하는 것은 가능할 것으로 보인다. 또한 자살문제에만 초점을 맞춘 동의서는 부정적인 인상을 줄 수 있기 때문에 포괄적으로 학생안전과 관련된 정보제공동의를 받는 것이 바람직할 것으로 사료된다. 이를 위해서 [부록 1]의 개인정보 제3자 제공 동의서를 활용할 필요가 있다.

둘째로 "안전예방교육 참가동의"가 요구된다. 학교에 등록할 때 자살예방교육 등 필요한 상담 및 교육에 대한 참가동의서를 받아둠으로써 학생들이 학교 측의 자살예방조치에 충실히 따르도록 할 필요가 있다. 자살시도 등의 위험행위가 발생한 이후에는 학교 측에 일종의 예견가능성이 생겨 주기적인 상담 등의 자살예방조치를 학교 측이 다하지 않을 경우 학교 측의 책임이 발생할 수 있기 때문이다. 이 역시 안전예방교육 참가동의서에 동의를 하지 않는다는 것을 이유로 입학을 거부하는 것은 법적으로 허용된다고 보기 힘들지만, 학교 등록 시에 온라인상 이를 반드시 거치도록 하는 등 사실상 상담교육 프로그램 참가동의가 이루어지도록 하는 것은 가능할 것으로 보인다. 또한 자살예방교육에만 초점을 맞추기보다는 전반적인 안전관리와 관련된 동의를 받는 것이 바람직할 것으로 보인다.

3. 게이트키퍼 훈련 실시

게이트키퍼 훈련은 자살 위험 청소년을 관찰하고 개입할 수 있는 교사나 교직원, 부모 등 어른들을 대상으로 자살 경고신호나 위험요인, 자살위험학생 발견 시의 행동요령과 절차, 의뢰방법 등을 교육시키는 전략이다(Cooper, Clements, & Holt, 2011). 현재 우리나라에서 이루어지는 게이트키퍼 교육은 오프라인 형태가 대다수로, 이를 수료한 극소수의 재학생에게 한정된다. 이와 더불어 오랜 시간 같은 공간에서 수업을 듣거나 함께 생활하지 않으므로 학생들과의 정기적인 상호작용이 상대적으로 부족한 대학교육의 특성상 게이트키퍼로서 교수 및 교직원의 역할 또한 제약을 받게 된다. 따라서 가장 효과적인 대안은 학생 전체를 대상으로 게이트키퍼 훈련을 실시하여 누구든지 자기 주변에서 위험학생을 쉽게 식별할 수 있도록 안전망을 확보하는 것일 수 있다.

따라서 학내 구성원 모두가 자살 위험에 효과적으로 대응할 수 있도록 사전 게이트키퍼 교육을 실시하는 것이 중요하다. 교육 내용은 바로 행동에 옮길 수 있도록 직관적인 내용으로 구성되어야 하며, 자살경고신호 탐지, 주변 어른들이나 학생상담센터에 도움 청하기, 기타 관련기관에 의뢰하기, 응급상황에서의 대처방법 등과 같은 자살 위험 학생의 발견과 개입을 위한 기본 절차가 담긴 반복적인 시뮬레이션 동영상이 이에 적합하다.

게이트키퍼는 자살에 대하여 적절한 대응을 할 수 있어야 하며, 이에 따라 게이트키퍼 교육은 이론을 실제 자살위험 상황에 적용하여 초기 대응을 잘할 수 있도록 교육과정을 구성하는 것이 중요하다. 이러한 점에서 대단위의 집합교육보다 온라인을 활용한 개별적인 학습이 더욱 효과적일 수 있다. 실제로 온라인 학습은 상황에 따라 신속 정확한 대응을 중요하게 생각하는 언어교육에서 많이 활용되는 기법으로, 질문과 정답으로 구성된 온라인프로그램을 구축하고 마이크를 사용하여 학생들이 자신의 생각을 입으로 말할 수 있도록 하여 상황에 맞게 직관적으로 학생이 반응할 수 있도록 훈련시킨다. 따라서 온라인 학습법을 게이트키퍼 교육에 효과적으로 접목시키기 위해서는 safeTALK와 같이 실제 적용 가능한 상황과 그에 따른 구체적인 질문과 답변을 적절하게 구성하는 것이 중요하다. 그리고 온라인을 통한 기초적 게이트키퍼 교육을 이수받은 사람에 한해 심화과정 교육으로 소규모 워크숍을 통한 게이트키퍼 교육을 실시할 수 있다. 즉 상담센터를 통해 사전 신청을 받은 후 소규모 워크숍을 진행하여 자살위험이 있는 학생과 어떻게 대화하고 도움을 줄 수 있는지 역할극이나 그룹활동 등을 실시해 봄으로써 상담기술, 대처능력, 효과적 개입방법, 전문상담 의뢰 등의 능력을 증진할 수 있다.

제 2 절 위기개입

자살 위기개입은 자살의 위험이 높다고 판단되는 학생의 자살위험을 조기 발견하고 자살위험을 제거하는 것과 사후 발생할 수 있는 자살위험에 효과적으로 대응할 수 있도록 체계를 구축해야 하는 과업을 지닌다. 이를 위하여 학교는 적절한 개입을 제공할 수 있는 기반을 마련하는 것이 필요하므로, 본 절에서는 자살 위기 시 효과적으로 적절하게 개입할 수 있도록 기숙사 야간 상담실 운영과 대응사례의 데이터베이스 구축을 제안하고자 한다.

1. 기숙사 야간 상담실 운영

기숙사는 학생들이 24시간 생활하는 곳이다. 기숙사에서는 다양한 구성원들이 함께 거주하므로 가정에서보다 더 많은 심리적 위기가 나타날 수 있다. 자살위기는 생명이 위급한 상황에서 이루어지는 개입이므로 신속하게 대응할 수 있는 개입이 제고되어야 하고, 학생의 안전과 대학 커뮤니티에 위해가 되지 않도록 주의 깊게 진행하는 것이 필요하다. 현재 국내 대학들은 기숙사 내 자살위기에 대응하기 위하여 24시간 핫라인 설치 운영, 2인의 전담상담인력 충원 등의 대응책을 마련하고 있다. 그러나 실질적인 대면 상담이 아닌 전화상담에 머무르거나, 야간에 상담을 진행하지 않거나, 위급한 상황임에도 긴급출동을 지원 않고 있어 야간의 자살위험에 대응하기 취약하다.

자살 위기는 전문가가 현장에 신속하게 투입될 때 위기대응력이 높아질 수 있다. 따라서 기숙사 내 24시간 상담이 가능한 시설을 설치하는 것이 대안이 될 수 있으며 상담실 내 2인 이상의 위기상담전문가가 상주하는 야간 상담실을 운영(17:00~24:00)하는 방안을 고려할 필요가 있다. 만약 이와 같은 야간 상담시설을 운영하게 된다면 주간에 몰리는 상담수요를 효과적으로 배분하여 운영할 수 있으며, 교육대학원생이나 조교활동 등으로 야간에만 상담이 가능한 재학생들에게도 상담을 제공할 수 있다는 이점이 있다. 또한 주간에는 학생상담센터(09:00~17:00)에서 위기학생들에게 상담과 심리지원을 제공하고, 야간에는 기숙사상담실에서 재학생들의 상담과 위기지원을 제공하면 9시부터 24시까지 적어도 15시간 동안 위기상담이 가능한 핫라인을 운영할 수 있으며 학생들의 편이성을 도모하고 위기발생 시 보다 전문가의 신속한 개입이 가능할 수 있을 것이다.

학생들의 자살위기는 주간보다 야간에 빈번하게 발생한다. 따라서 다수의 학생이 공동생활을 하는 기숙사에 야간상담시설을 확충하는 것과, 상주 인력의 전문적인 대응시스템 교육이 필요하다. 야간상담시설은 전화상담 이외에도 야간에 학생들이 거부감 없이 쉽게 찾아와 대면상담을 수행할 수 있도록 물리적 접근성이 좋고 안전시설이 갖추어져 있으며 상담 시 개인노출의 위험이 없는 곳에 마련하는 것이 바람직하며, 2인 이상의 상담전문인력을 갖춰 주간 상담시설의 공백을 메울 수 있도록 끊김 없이 운영되어야 한다. 그러나 17:00~익일 9:00까지 상담시설을 연중무휴로 운영하는 것에는 현실적인 제약이 따를 수 있으므로, 17:00~24:00까지 우선적으로 상담인력이 상주하는 서비스 체계를 갖추고 24:00~익일 9:00까지는 긴급출동의 체계로 운영하는 것이 대안이 될 수 있다. 긴급출동은 상담원 간 비번체계를 만들어 긴급상담 전화가 왔을 때 상황에 따라 정규 상담이 진행될 수 있도록 하거나 유관전문기관으로 빠른 연계를 통해 즉각적 상담개입, 응급처치 등이 이뤄질 수 있도록 하는 것이다.

상담 후 또는 긴급출동을 위한 시간이 필요한 경우, 자살 고위험 학생을 기숙사 내 상주하는 직원에게 연계하여 자살의 위험에 대응할 수 있도록 하는 조치가 필요하다. 이를 위하여 기숙사의 상주 인력은 자살에 대한 전문적인 대응교육을 이수할 수 있도록 하여 위기상황에도 적절한 대응과 필요한 긴급 조치를 취할 수 있도록 한다. 이와 함께 기숙사 직원과 학생이 함께 쉴 수 있는 기숙사 내 안전하고(자살의 도구가 될 수 있는 물건들이 없고, 구조적으로도 안전하며, 학생의 관찰이 용이한 곳) 심리적 평안을 제공해 줄 수 있는 장소가 마련되어야 한다.

2. 데이터베이스(DB) 시스템 구축

대학 내 DB 시스템은 학교의 효율적인 행정 처리에 초점이 맞추어져 있어 자살과 같은 위험을 관리하고 대응하는 경험을 축적하며, 경험을 공유하는 것에는 취약하다. 다양하고 정밀한 현황자료는 상황을 정확히 파악하는 데 도움이 되고, 상황의 변화에 따른 신속한 대처가 가능하게 하므로(노상윤, 2006), 여러 부처의 위기개입에 대한 공동대응을 위해 학교 시스템 내의 사례관리 DB를 구축할 필요가 있다. DB자료는 단순한 행정자료 수집에서 벗어나 원격지원이 가능할 정도의 사례관리 과정에 대한 전반적인 내용이 포함되어야 하며, 교내 관련자들이 진행상황을 모두 확인할 수 있도록 DB를 구축하여야 한다. 추후 이와 같은 DB자료는 위기상황에 대한 가장 효율적인 대응계획을 위한 기초를 제시해 주고, 대응과정을 모니터링하고 사후 평가를 명확하게 수행하는 데에 도움이 될 수 있다.

자살 위기 대응 DB의 내용은 사례관리의 과정에 따라 사례관리의 흐름과 내용을 정확하게 파악하고, 전반적인 동향을 면밀히 파악할 수 있는 대표적인 내용들을 우선적으로 선별해야 한다. 이때, 본 책의 3장에서 제시한 '학교 내 관리 시스템'의 흐름에 맞추어 문제 사정, 서비스 계획, 사례회의, 서비스 모니터링, 과정평가, 종결평가 등의 내용이 포함되도록 한다면 더욱 효과적인 DB자료가 될 수 있을 것이다. 이러한 DB시스템은 관련 부처 간의 의사소통 수준을 높이고 역할의 중복과 누락을 줄일 수 있으며, 추후 비슷한 자살위기 대응 시 신속한 대응을 하는 데 중요한 역할을 할 수 있다.

자살위기 대응 경험은 추후 발생할 수 있는 사례에 신속한 대응을 가능하게 하고, 적절한 방향성을 제시하는 역할을 하므로 중요하다. 일찍이 사례관리의 중요성을 인지한 사회복지 분야에서는 사례관리체계를 포함한 내부통신망인 사회복지통합관리시스템, 서울시정신보건정보시스템(MHIS) 등을 사용하여 체계적인 DB시스템을 구축하고 있다. 그중 서울시정신보건정보관리시스템(MHIS)은 정신보건사업 수행을 위해 도입한 것으로 보건소, 정신건강증진센터, 중독관리통합센터 등 자살위기에 대응하는 기관에서 사용하는 정신보건 환경에 맞춰 구축된 통합전산프로그램이다(서울시정신건강증진센터, 2014).

학내 기존의 행정시스템에 자살위기에 대응하는 DB시스템을 구축하기 위하여 사례관리 항목을 추가하는 데에 서울시정신보건정보관리시스템(MHIS)의 사례를 참고하는 것이 도움이 될 것으로 판단된다. 위기상황이 발생하였을 때 관련된 정보를 파악하고 확인하는 일은 쉬운 일이 아니다. 관련된 자료들 대부분이 시공간적으로 산재해 있고, 긴밀하게 연계되어 있지 않으며, 기초자료로서 체계화되어 있지 않기 때문이다(서정화 외, 2005). 이러한 산재된 자료들을 유용한 정보로 개발하여 필요에 맞게 사용할 수 있는 시스템을 구축하는 일은 대학 내 인프라 구축 과정에서 당면한 시급한 일이며, 반드시 거쳐야 할 우선적인 과정이라고 할 수 있다. 자살위기에 대한 사회적 관심과 요구가 나날이 높아지고 있는 가운데 실질적인 행정처리 과정을 담은 DB가 구축된다면 보다 효율적인 업무시스템으로 체계적인 서비스를 전달할 수 있을 것이다.

제 3 절 사후관리

사후관리는 적절한 위기개입서비스가 제공된 후 사례가 종결되었을 때, 추후 동일한 자살위험이 발생하지 않도록 전문가의 집중 관리 서비스를 제공하는 것을 말한다. 본 절에서는 학교 내 사후관리 서비스인 단기 쉼터 설치와, 지역사회 내 전문적인 서비스와의 효과적인 연계체계를 구축하는 방안을 제안하고자 한다.

1. 교내 단기 쉼터 설치

대학 내 단기 쉼터의 필요성은 미국 내 대학상담센터 after-hour

services에 대해 설문조사하였던 Coulter 외(2003)가 지적하였듯이 자살 위험성이 높아 병원을 찾더라도 치료 없이 돌려보내지는 경우가 약 40%에 해당한다는 사실에서도 찾아볼 수 있다. 당장 입원할 정도는 아니지만 자살 위험성이 중간 이상이고 이들을 옆에서 안전하게 보호할 수 있는 사람이 전혀 없는 경우라면, 이들을 그냥 집으로 돌려보내서는 안 된다.

먼저, 학생의 자살 의도나 행동이 부모와의 심각한 불화나 학대, 폭력으로 인한 것이라면 학생의 자살 위험을 부모에게 알리고 부모에게 학생을 맡기는 것은 매우 위험하다. 이러한 경우 미국 초·중·고등학교에서는 아동보호전문기관(CPS)에 이를 알려 학생을 안전하게 보호하도록 조치한다. 우리나라 대학생의 경우도 부모/보호자의 가정폭력이나 성폭력 등으로 인해 자살 위험성이 높아진 경우라면, 이들을 가정이 아닌 보다 안전한 장소에 보호하는 것이 당연한 조치일 것이다.

그러나 현재로서는 가정폭력이나 성폭력 피해자의 보호시설 입소가 그다지 원활하지 않은 상태이다. 2014년도 1월 기준으로 가정폭력 피해자 보호시설은 전국에 68개가 있으며, 이 중 서울에는 12개 보호시설(총 입소정원 177명)만이 존재한다. 보호기간은 단기보호시설의 경우 6개월 이내, 장기/외국인/장애인 보호시설의 경우 2년 이내이다. 성폭력 피해자 보호시설의 경우 2014년 6월 기준으로 전국에 25개소, 서울에는 2개소만이 존재하며, 보호기간은 원칙상 1년 이내이다.[4] 따라서 학생의 자살 위험성이 높고 가정폭력이나 성폭력이 원인인 것으로 밝혀질 경우, 정신과 응급/입원 치료 후 이들을 학대나 폭력으로부터 보호할 수 있는 보호시설, 즉 쉼터로 바로 연계하는 것은 쉽지 않을 수 있다. 따라서 대학 내 단기 쉼터는 이러한 경우 획기적인 대안을 제공할 수 있다.

---

4) 여성가족부 http://www.mogef.go.kr/korea/view/policyGuide/policyGuide03_01_02d.jsp

지방 학생이나 외국 유학생 등 기숙사 밖에서 보호자 없이 혼자 살고 있는 경우에는 위험에 고스란히 노출된다. 단기 쉼터는 이들과 같이 옆에서 돌볼 수 있는 부모나 보호자가 전혀 없는 경우 정신과 퇴원 직후에 이들을 일정 기간 안전하게 모니터링하고 학교 복귀를 준비시키기 위해서도 활용될 수 있을 것이다. 자살 위험성은 시간과 상황에 따라 변화하며, 일상적 스트레스가 증가하게 될 경우 다시 악화될 수 있다. 따라서 정신과 퇴원 후 일상 복귀 시점에서 면밀한 모니터링과 지원이 필요하므로 단기 쉼터는 이러한 목적에서도 학생들의 욕구를 충족시킬 수 있을 것이다.

더욱이 다른 대안이 없어 상담자나 관련 직원이 자살 고위험군 학생을 자신의 집에 거주케 하여 24시간 돌보게 되는 지극히 곤란한 상황도 발생하게 된다. 이러한 상황이 상담자나 직원의 사생활을 침해하고 극심한 스트레스를 유발하여 직업적 소진에 영향을 미칠 것임은 자명하다. 따라서 이러한 문제를 해결하기 위해 Coulter 외(2003)는 이들을 대학 보건소 병상에 일시적으로 보호하는 방안을 제시한 바 있다. 즉, 대학 내 특정 장소에서 공식적인 보호 및 지원이 이루어지는 시스템을 갖추어 안전망이 전혀 없는 자살 고위험군 학생들을 자체 보호하는 일이 매우 필요하다.

종합적으로 대학 내 단기 쉼터는 가정폭력이나 성폭력을 경험한 자살 고위험군 학생뿐 아니라, 부모나 보호자 등 안전망이 전혀 없는 자살 고위험군 학생들, 특히 정신과 응급평가 및 치료 후에 입원 없이 되돌려 보내진 학생들을 안전하게 보호하고 체계적으로 지원하기 위해서 시급히 해결되어야 할 과제다. 이에 대한 구체적 운영방안이나 관련 직원의 역할 및 훈련에 대해서는 향후 연구를 통해 논의되어야 할 것이다.

2. 지역사회 연계시스템 확립

외상사고 후 재발을 방지하기 위하여 정기적인 사후개입이 중요하다. 하지만 한정적인 학교 내의 자원만으로는 학내 구성원의 자살위기에 대한 사후개입을 제공하는 것이 현실적으로 쉽지 않다. 이에 따라 보다 전문적인 사후관리 서비스를 적절하게 제공하기 위해서는 종합병원, 정신과병원, 광역정신건강증진센터, 각 구의 정신건강증진센터, 임상심리센터, 기타 상담기관 등과 같은 지역사회 내 다양한 전문기관들과 사전 연계체계를 구축해야 한다. 즉, 이러한 전문기관들과의 협력체계를 구축하여 학교에서 제공하기 어려운 정기적이고 중장기적인 위기개입 모니터링이 이루어질 수 있도록 시스템을 확충하는 것이 중요하다.

지역사회의 다양한 자원을 효과적으로 학내 구성원에게 제공하기 위해서는 단순히 기관 간의 업무협약을 맺는 것에서 그치는 것이 아닌, 의뢰 및 사례에 대한 구체적인 관리 체계가 필요하다. 대상 및 상황의 특성에 따라 맞춤형 기관을 연결하기 위해서는 단순한 협력기관의 목록을 확보하는 것만으로는 부족하며, 지역사회 서비스 제공기관과의 특성, 사례에 대한 상호협력을 포함한 적절한 역할분담과 그에 따른 협력체계 확립을 위한 적극적 노력이 뒷받침되어야 할 것이다. 이에 따라 각 대학에서는 상황 및 특성에 따른 전문기관을 세분화하고 기관의 기능과 역할이 구체적으로 명시된 구체적인 지역사회 연계시스템을 확립하는 노력이 필요하다.

참고문헌

1. 국내문헌

노상윤 (2006). 지역통계DB의 체계적 구축과 효율적 활용방안. 열린전북, 2006년 5월호. 전북발전연구원.

서울시정신건강증진센터 (2014). 서울시 정신보건정보관리시스템 고도화 안내 및 설명회 안내자료. http://opengov.seoul.go.kr/sanction/3447014?fileIdx=1#pdfview.

서정화 외 (2005). 한국교육정책 50년사 데이터베이스 구축 연구: 연구동향 분석. 한국교원교육연구, 22(2), 181－198.

2. 외국문헌

Cooper, G. D., Clements, P. T., & Holt, K. (2011). A review and application of suicide prevention programs in high school settings. *Issues in Mental Health Nursing, 32*, 696－702.

Coulter, L. P., Offutt, C. A., & Mascher, J. (2003). Counseling center management of after-hour crises: Practice and problems. *Journal of College Student Psychotherapy, 18*, 11－34.

CHAPTER 06

대학의 법적 책임과 한계

CHAPTER 06

대학의 **법적 책임**과 **한계**

대학교 교내에서 자살위기상황이 발생할 경우 대학 측에서는 어떤 조치를 취해야 할 의무가 있는지, 자살사건이 실제로 발생하여 대학 측이 법적 책임을 지는 경우는 언제 발생할 수 있는지, 이러한 법적 책임을 피하는 한편 학생들의 자살예방을 위해서 대학에서 어떤 조치를 취해야 하는지 등의 법적인 이슈들에 대해서는 그동안 충분한 검토가 이루어지지 못했다고 할 수 있다.

그러나 위와 같은 법적인 이슈들에 대한 검토는 대학의 전체적인 자살예방정책을 수립함에 있어서 매우 중요하다고 하지 않을 수 없다. 이 글은 주로 자살위기상황이 발생할 경우 대학 측에서 법적으로 어떤 조치를 취할 의무가 있는지에 주로 초점을 맞추되, 법적인 책임을 피하고 자살을 실효적으로 예방하기 위한 방안도 동시에 모색하도록 한다.

이를 위해서 우선 외국에서 대학생들의 자살과 관련한 법적 책임을 어떻게 보고 있는지에 대해서 주로 미국사례를 중심으로 검토하도록 한다. 미국에서는 다양한 대학생 자살사건관련 소송들이 있었고 관련 법제도 다양하게 발전되어 있기 때문에 우리나라에 주는 시사점도 크다.

이어서 자살위기에 대한 우리나라 대학의 법적 대응방안을 살펴보도록 한다. 우리나라에서 아직 대학생의 자살과 관련한 직접적인 대법원판례는 찾기 힘들지만, 유사한 사례에서 민법상 손해배상책임이 문제된 경우들이 있기 때문에 이에 대한 검토를 토대로 대학이 법적 책임을 피하면서도 자살위기학생을 효율적으로 도울 수 있는 법적 방안을 모색해 보도록 한다.

제 1 절 외국의 자살관련 법제 및 판례

1. 미국 대학생의 자살현황

미국에서는 대학생들의 사망원인 중 자살이 2위를 차지하고 있고,[1)] 10세에서 24세의 인구 중에서는 사망원인 중 3위를 차지하고 있다. 그리고 대학생에 해당하는 20세~24세의 인구가 자살하는 비율(10만 명당 12.5명)이 15~19세의 인구가 자살하는 비율(10만 명당 8.2명)보다 높다. 미국 전체 인구를 기준으로 하면 사망원인 중 11위를 차지하고 있는데, 남성인구의 경우는 사망원인 중 8위, 여성인구의 경우는 16위를 차지하고 있다.[2)]

미국 내에서는 해마다 약 1,100명의 학생들이 자살을 하는데 이는 하루 평균 약 3명이 자살하는 셈이다. 대부분의 자살학생들은 자살 당시에 정신건강치료를 받지 않고 있었던 학생들이다. 이처럼 대학생들의 높은 자살률에도 불구하고 대학에 진학하지 않은 동년배들에 비

1) 교통사고 등 운수사고가 1위이다.
2) Cohen, Valerie Kravets. (2007). “Keeping Students Alive: Mandating On-Campus Counseling Saves Suicidal College Students’ Lives and Limits Liability”, 75 Fordham L. Rev. 3081, p. 3083 참조.

하면 자살률이 낮은 편이다. 그 이유는 대학 내에서는 총기소지가 금지되어 있기 때문이다. 그러나 총기를 통한 자살 대신에 목을 매거나, 높은 건물에서 뛰어내리거나, 실험실에서 쉽게 구할 수 있는 유해한 화학물질을 마시는 방법으로 자살을 한다. 자살하는 학생들의 90%가 진단 가능한 정신질환이 있었던 학생들인데, 자살하는 학생들의 20% 미만의 학생들만이 교내상담센터에서 도움을 받았던 경험이 있다.[3)]

2005년도 기준 미국과 캐나다의 366개 대학 교내상담센터를 조사한 통계에 따르면 58.5%의 대학들이 교내에서 정신과상담서비스(psychiatric service)를 제공하고 있는데 이는 2004년도에 비해서 4.5%가 증가한 수치이다. 2005년도에는 대학생의 9%가 상담을 받았는데, 상담을 받은 학생들 중에서 25.1%가 이미 정신과 약물치료를 받은 경험이 있는 학생들이었다. 이러한 수치는 2004년의 24.5%, 2003년의 20%, 2000년의 17%, 1994년의 9%에 비해서 높아진 것이다. 상담센터장들은 상담받은 학생들 중 42.8%가 심각한 심리적인 문제를 가지고 있고, 8.5%는 광범위한 정신과치료를 받지 않고서는 더 이상 재학이 불가능한 상태라고 판단했다. 반면에 교내에서 전문적인 상담을 찾는 학생들의 34.5%만이 관련 서비스를 받을 수 있었다. 2005년에 심리적인 문제로 2,462명이 병원에 입원하였는데 이는 2004년의 2,210명에 비해서 증가한 수치이다.[4)]

---

3) Cohen, Valerie Kravets. (2007). “Keeping Students Alive: Mandating On-Campus Counseling Saves Suicidal College Students’ Lives and Limits Liability”, 75 Fordham L. Rev. 3081, pp. 3083－3084 참조.
4) Cohen, Valerie Kravets. (2007). “Keeping Students Alive: Mandating On-Campus Counseling Saves Suicidal College Students’ Lives and Limits Liability”, 75 Fordham L. Rev. 3081, pp. 3085－3086 참조.

2. 자살에 대한 대학의 법적 책임

미국의 불법행위법(tort law)에서는 전통적으로 개인의 자살을 예방하지 못한 것에 대해서 개인이나 기관의 책임을 물을 수 없다고 보고 있다. 고의나 과실을 입증하기 위해서는 1) 손해의 발생, 2) 피고가 원고에게 대하여 지는 보호의무, 3) 보호의무의 위반, 4) 이러한 위반행위와 손해발생 간의 인과관계 등 4가지의 요건이 필요한데 법원에서는 이 중 4)번 요건, 즉 인과관계를 부인하는 입장을 취해 왔다. 이러한 원칙에는 크게 두 가지의 예외가 존재한다. 피고가 자살을 일으킨 경우, 피고가 자살을 예방해야 할 의무가 존재하는 경우가 그것이다. 보통법상 위험으로부터 다른 사람을 구해줄 의무가 존재하지는 않지만, '특별한 관계'(special relationship)가 존재하는 경우에는 Restatement (Second) of Torts 314A조에 따라 의무가 발생할 수 있다. 이 규정에서는 행위자와 위험이 빠진 사람 간에 특별한 관계가 있는 경우에는 후자에게 신체적으로 위해가 발생할 수 있는 비합리적인 위험으로부터 보호하기 위해서 전자가 합리적인 조치를 취해야 하는 의무가 발생한다고 본다. 더 나아가 이 행위자는 해당 사람이 아프거나 부상을 당했다는 사실을 안 즉시 이 사람들이 다른 사람에 의해서 보호를 받을 때까지 긴급구호조치를 취해야 할 의무가 있다. 이러한 특별한 관계의 예로는 여객운송업자와 여객, 여관주인과 투숙객, 집주인과 방문객 등을 들 수 있다. 자살과 관련해서 책임이 인정된 예로는 병원이나 교도소와 같은 치료나 교정의 경우를 들 수 있다.5)

전통적으로 법원은 대학과 관련해서는 이러한 특별한 관계의 존재를 부인해 왔다. 이러한 전통적인 접근방식이 드러나는 대표적인 판

5) Massie, Ann MacLean. (2008). "Suicide on Campus: The Appropriate Legal Responsibility of College Personnel", 91 Marq. L. Rev. 625, pp. 637－638 참조.

례로 아이오와 대법원이 2000년에 내린 Jain v. Iowa 사건[6]을 들 수 있다. 이 사건에서 법원은 아이오와 대법원은 아이오와 대학이 부모에게 Sanjay Jain의 정신질환에 대해서 고지해야 할 의무가 없고, 1학년 학생이었던 Jain의 자살을 예방할 의무도 없다고 보아서 Jain 부모의 불법행위에 기한 손해배상청구를 기각했다. 이 사건에서 Jain은 대학교 1학년 때 정신질환이 발생하였고, 여자친구와의 다툼 이후에 첫 번째 자살을 시도했다. Jain는 이 사건을 부모에게 고지하는 것에 대해서 동의하지 않았고, 그러한 이유로 Jain의 부모는 아들의 자살시도에 대해서 고지를 받지 못했다. Jain이 기숙사에서 자살한 이후에 그의 부모는 대학의 과실로 인해 아들이 자살에 이르게 되었다고 주장하면서 대학을 상대로 소송을 제기하였다. 법원은 Jain과 대학 간에 특별한 관계가 존재하지 않는다고 보아서 대학의 책임을 부인했다.[7]

그러나 최근에는 대학의 책임을 인정한 사례들이 등장하고 있다. Shieszler v. Ferrum College 사건[8]에서 버지니아 주 지방법원은 Ferrum College의 학생이었던 Michael Frentzel의 자살에 대해서 대학 측의 책임을 인정한 바 있다. 그 이유는 첫 번째 자살시도 후에 학교가 이에 개입함으로써 특별한 관계가 형성되었다고 보았기 때문이다. 이러한 특별한 관계는 Frentzel이 자신을 해할 것이라는 점에 대한 예견가능성이 존재했기 때문에도 인정되었다. 자살을 하기 전에 Frentzel이 자신의 머리를 자해하고 있는 것이 교내경찰에 의해서 발견되었다. 이러한 자해에도 불구하고 학교직원은 그를 기숙사에 혼자 방치했다. 법원은 이 경우 학교가 자해의 가능성이 임박하였음을 알았기 때문에 당사자들

6) 617 N.W.2d 293 (Iowa 2000).
7) Johnston, Sarah G. (2008). "The Mental Health Security for America's Families in Education Act: Helping Colleges and Universities Balance Students' Privacy and Personal Safety", 46 Duq. L. Rev. 211, pp. 214－215 참조.
8) 236. F. Supp. 2d 602 (W.D. Va. 2002).

간에 특별한 관계가 형성되는 것으로 보았고, 학교가 Frentzel의 자살을 방지할 의무가 있다는 점도 인정했다. 이 사건은 학교 측이 유족 측에게 소정의 금원을 지급하는 것으로 합의함으로써 종결되었다.[9]

이와 유사한 사건으로 Shin v. Massachusetts Institute of Technology 사건[10]을 들 수 있다. 이 경우도 앞서 Frentzel 사건과 유사하게 피고인 MIT대학은 위험을 알고 있었고, 이 학교 학생인 Elizabeth Shin이 자살을 시도할 것이라는 것을 예견할 수 있는 상황이었다. MIT의 기숙사에서 분신자살을 하기 전에, Shin은 자살시도를 했고, 정신적인 문제로 병원에 입원도 했었다. Shin이 자살을 다시 시도할 것이라는 점이 예견 가능했기 때문에 법원은 학교 측에 보호의무가 있다고 보았고 자살을 예방하지 못한 행위에 대해서 책임을 져야 한다고 보았다. 이 사건도 역시 당사자 간의 합의에 의해서 종결되었다.[11]

3. 자살예방을 위한 대학의 조치와 관련 법제

이전 사건들을 보면 학생들의 자살시도 등의 내용을 학부모에게 고지하지 않은 것이 문제되는 것을 볼 수 있다. 이처럼 학교 측에서 학생들의 상황에 대한 내용을 학부모에게 고지하는 않은 것은 '가정교육권과 프라이버시법'(Family Educational Rights and Privacy Act of 1974: FERPA) 때문이다. 이 법은 학생의 교육기록의 프라이버시권을 보호하기 위한 연방법이다. 이 법은 대학들의 학생들 파일의 기밀유지

9) Johnston, Sarah G. (2008). "The Mental Health Security for America's Families in Education Act: Helping Colleges and Universities Balance Students' Privacy and Personal Safety", 46 Duq. L. Rev. 211, pp. 215–216 참조.

10) No. 020403, 2005 WL 1869101 (Mass. Super. Ct. June 27, 2005).

11) Johnston, Sarah G. (2008). "The Mental Health Security for America's Families in Education Act: Helping Colleges and Universities Balance Students' Privacy and Personal Safety", 46 Duq. L. Rev. 211, p. 216 참조.

여부를 대학들에 대한 지원여부와 연동할 수 있도록 하고 있다. 이 법에 의하면 부모 또는 보호자를 포함하여 그 누구에게도 학생의 동의가 없이는 학생기록을 제공하지 못하도록 하고 있다. 여기에는 상담과 관련된 교육적 기록이 포함된다. 다만 이 법에서는 건강이나 안전과 관련한 긴급 상황의 경우에 이와 관련한 학생기록을 부모나 적절한 사람에게 알릴 수 있는 예외규정을 두고 있다. 그러나 이러한 '긴급 상황'(emergency)의 개념이 매우 모호하기 때문에 여기에 해당되는지 여부에 대한 판단은 대학 측의 광범위한 재량에 맡겨져 있는 상태이다. 이러한 이유로 대부분의 대학들은 이러한 긴급 상황의 경우에도 불구하고 이를 부모 등에게 고지하지 않는 쪽을 선택하는 경향이 있다. 이러한 이유로 위 법은 자살과 관련된 상황에서 학생, 학교, 부모 간의 의사소통을 막는 역할을 하고 있다는 비판을 받고 있다.[12)]

미국대학들은 '가정교육권과 프라이버시법' 위반을 피하기 위해서 학생들이 정신적인 문제가 있다고 판단되면 그 즉시 해당학생을 퇴학시키는 정책을 취하고 있는데 이러한 정책 역시 법적으로 문제가 되고 있다. 왜냐하면 '미국장애인법'(Americans with Disabilities Act: ADA)에서는 장애인에 대한 차별을 금지하고 있는데, 자살시도를 이유로 학교에서 강제적으로 떠나게 된 학생들이 학교를 상대로 미국장애인법 위반을 들어 소송을 제기할 수 있기 때문이다.[13)]

이러한 여러 가지 법적인 상황에서 대학들이 취할 수 있는 대안은 크게 세 가지라고 보고 있다. 1) 학생들이 자발적으로 상담을 받도록 하는 방식, 2) 자살시도 시 강제퇴학을 시키는 방식, 3) 자살시도

12) Johnston, Sarah G. (2008). "The Mental Health Security for America's Families in Education Act: Helping Colleges and Universities Balance Students' Privacy and Personal Safety", 46 Duq. L. Rev. 211, pp. 217－218 참조.

13) Johnston, Sarah G. (2008). "The Mental Health Security for America's Families in Education Act: Helping Colleges and Universities Balance Students' Privacy and Personal Safety", 46 Duq. L. Rev. 211, p. 218 참조.

시 필수적으로 상담을 받도록 하고, 상담을 받지 않을 경우에는 강제퇴학을 시키는 방식이 그것이다. 1)번 방식을 채택할 경우 FERPA나 ADA 위반은 피할 수 있을지 모르지만 자살을 예방하는 데에는 부족하다는 점이 단점으로 지적된다. 2)번 방식의 경우 FERPA나 ADA 위반의 문제가 발생할 가능성이 높다는 점이 단점이다. 3)번 방식의 경우에도 FERPA 위반의 문제가 발생할 수는 있지만 1), 2)번 방식에 비해서는 장점이 많다는 점이 지적되고 있다.14)

제 2 절 우리나라 대학의 법적 대응방안

1. 자살에 대한 학교 측의 민사상 책임 일반론

대학생의 자살과 직접적으로 관련되는 판례는 찾기 힘들다. 다만 초등학생의 자살과 관련해서 학교 측의 손해배상책임이 문제된 사건은 존재한다. 대법원은 만 12세의 초등학교 6학년 학생이 동급생들의 폭력에 시달리다가 자살에 이르게 된 사건(대법원 2007.04.26. 선고 2005다24318 판결)에 대해서 교장이나 교사의 보호감독의무와 관련하여 다음과 같이 판시를 한 바 있다.

> "지방자치단체가 설치·경영하는 학교의 교장이나 교사는 학생을 보호·감독할 의무를 지는데, 이러한 보호·감독의무는 교육법에 따라 학생들을 친권자 등 법정감독의무자에 대신하여 감독을 하여야 하는 의무로서 학교 내에서의 학생의 모든 생활관계에 미치

14) Cohen, Valerie Kravets. (2007). "Keeping Students Alive: Mandating On-Campus Counseling Saves Suicidal College Students' Lives and Limits Liability", 75 Fordham L. Rev. 3081, pp. 3109－3110 참조.

는 것은 아니지만, 학교에서의 교육활동 및 이와 밀접 불가분의 관계에 있는 생활관계에 속하고, 교육활동의 때와 장소, 가해자의 분별능력, 가해자의 성행, 가해자와 피해자의 관계, 기타 여러 사정을 고려하여 사고가 학교생활에서 통상 발생할 수 있다고 하는 것이 예측되거나 또는 예측가능성(사고발생의 구체적 위험성)이 있는 경우에는 교장이나 교사는 보호·감독의무 위반에 대한 책임을 진다고 할 것이다."

위와 같이 사고발생의 예측가능성을 교장이나 교사의 보호감독의무의 인정여부와 밀접하게 연동시키는 입장을 취하고 있는데, 이는 미국판례에서 '특별한 관계'를 인정함에 있어서 예측가능성을 중시하는 입장과 일맥상통한다고 할 수 있다. 위 대법원판례는 위와 같은 일반론을 토대로 위 사안에 대해서 다음과 같이 보호감독의무위반을 인정한 원심의 판단을 정당하다고 보았다.

"망인의 담임교사인 소외 1로서는 학생들의 동향 등을 보다 면밀히 파악하였더라면 망인에 대한 폭행 등을 적발하여 망인의 자살이라는 결과를 사전에 예방할 수 있었던 것으로 보이며, 나아가 망인에 대한 폭행사실이 적발된 후에도 소외 1, 2는 망인의 정신적 피해상태를 과소평가한 나머지 망인의 부모로부터 가해학생들과 망인을 격리해 줄 것을 요청받고도 이를 거절하면서 가해학생들로부터 반성문을 제출받고 가해학생들의 부모들로부터 치료비에 대한 부담과 재발방지 약속을 받는 데 그치는 등 미온적으로 대처하였고, 또한 그 이후의 수학여행 중에도 망인에 대하여 보다 특별한 주의를 기울였어야 함에도 불구하고, 특별교우관계에 있는 학생을 붙여주는 이외에 별다른 조치를 취하지 아니함으로써 결과적으로 망인이 자살에 이르게 하도록 한 원인을 제공한 과실이 있다고 할 것이므로, 피고 경기도는 국가배상법 제2조 제1항에 의하여 그 소속 공무원인 소외 1, 2의 위와 같은 공무수행상의 과실로 인하여 망인 및 원고들이 입은 손해를 배상할 책임이 있다."

위의 판례는 비록 초등학교 학생의 자살이 문제된 것이어서 대학에 그대로 적용하기는 어려운 측면이 있지만, 대학의 경우에도 기본적으로 예측가능성이 있음에도 미온적으로 대처할 경우에는 민사상 책임이 인정될 가능성을 배제할 수 없다고 하겠다. 다음으로 자살과 관련해서 기관의 손해배상책임이 인정된 또 다른 사례로는 교도소 내에서 자살이 이루어진 경우(대법원 2010.01.28. 선고 2008다75768 판결)이다. 이와 관련해서 대법원은 다음과 같이 판시하고 있다.

"교도소 등의 구금시설에 수용된 피구금자는 스스로 의사에 의하여 시설로부터 나갈 수 없고 행동의 자유도 박탈되어 있으므로, 그 시설의 관리자는 피구금자의 생명, 신체의 안전을 확보할 의무가 있는바, 그 안전 확보 의무의 내용과 정도는 피구금자의 신체적·정신적 상황, 시설의 물적·인적 상황, 시간적·장소적 상황 등에 따라 일의적이지는 않고 사안에 따라 구체적으로 확정하여야 한다."

위와 같은 일반론을 제시한 다음에 구체적인 사안과 관련해서 다음과 같이 직무상 의무 및 이의 위반을 인정했다.

"원심이 인용한 제1심판결의 인정 사실과 기록에 의하면, 망인은 2005. 7. 30. 직업훈련장에서 갑자기 무릎을 꿇고 울면서 "무조건 잘못했습니다. 나를 묶고 죽여주십시오. 제가 잘못했습니다. 나는 개다."라고 말하며 바닥을 기어 다니고, "멍, 멍"하고 개소리를 내면서 직원들을 물려고 하는 등 정신이상 증세를 보여서 망인으로 하여금 의무관의 진료를 받게 한 결과 '급성정신착란증'의 진단을 받게 된 사실, 이에 망인은 자살위험이 높은 문제수용자들에 대하여 CCTV 등에 의한 집중관리를 하는 기결7사의 제5호실에 보호 수용되어 지속적인 약물투여 및 수갑, 사슬 등 계구의 사용을 반복하는 방식으로 대면계호를 받게 된 사실 등을 알 수 있는바, 위와 같이 망인에게 발병한 급성정신착란증의 증세가 과중한 수준에 이르고, 이 사건 사고 당일은 발병일로부터 불과 10여 일 경과된 때로서 의사의 처방에 의한 지속적인 약물 투여 및 계구의 사용이 이루어지고 있었으며, 망인의 자살위험이 발병일 당시보다 줄어들었다고 볼 만한 특별한 사정은 보이지 아니하므로, ○○교도소의 담당 근무자로서는 자살사고의 발생위험에 대비하여 망인에 대한 계구의 사용을 그대로 유지하거나 또는 계구의 사용을 일시 해제하는 경우에는 CCTV상으로 보다 면밀히 관찰하여야 하는 등의 직무상 주의의무가 있다고 할 것이다."

위 사건은 교도소의 사용관계라는 특수상황에서의 보호감독이 문제된 사건이기 때문에 대학의 보호감독의무와 동일하게 볼 수 없는 측면이 존재한다. 그러나 이 경우에도 자살위험이 존재한다는 점을 충분히 예측 가능함에도 불구하고 이에 따른 주의의무를 제대로 기울이지 않은 점을 책임의 근거로 삼았다는 점에서 앞서 본 초등학교 학생의 자살사건과 일맥상통한다고 볼 수 있다. 따라서 대학 내 기숙사에서 자살시도행위가 발생하였고 이러한 상황이 반복될 위험이 있는 경우에는 이에 따른 적절한 조치를 취하지 않을 경우 대학 측의 민사상 책임이 발생할 가능성을 부인할 수 없다. 다음으로는 이러한 민사상 책임이 발생하지 않도록 하면서도 자살위기에 있는 학생의 안전을 보장할 수 있는 구체적인 방안을 검토해 보도록 한다.

2. 자살위기발생 시 보호자에 대한 통지

미국의 대학생 자살관련 손해배상사건들을 보면 자살위기상황 발생 시 학교 측에서 이 사실을 부모에게 통지하는 것이 허용되는지, 부모에게 통지를 하지 않은 것을 근거로 학교 측에 손해배상책임이 발생하는지 등이 문제가 되는 것을 볼 수 있다. 우리나라의 경우 개인의 자살위기상황에 관한 정보를 개인정보로 볼 수 있는지를 살펴보도록 하자.

우리나라 대법원은 "인간의 존엄과 가치, 행복추구권을 규정한 헌법 제10조 제1문에서 도출되는 일반적 인격권 및 헌법 제17조의 사생활의 비밀과 자유에 의하여 보장되는 개인정보자기결정권은 자신에 관한 정보가 언제 누구에게 어느 범위까지 알려지고 또 이용되도록 할 것인지를 그 정보주체가 스스로 결정할 수 있는 권리이다. 개인정보자기결정권의 보호대상이 되는 개인정보는 개인의 신체, 신념, 사회적 지위, 신분 등과 같이 개인의 인격주체성을 특징짓는 사항으로서 그 개인의 동일성을 식별할 수 있게 하는 일체의 정보라고 할 수 있고, 반드시 개인의 내밀한 영역에 속하는 정보에 국한되지 않고 공적 생활에서 형성되었거나 이미 공개된 개인정보까지 포함한다. 또한 그러한 개인정보를 대상으로 한 조사·수집·보관·처리·이용 등의 행위는 모두 원칙적으로 개인정보자기결정권에 대한 제한에 해당한다."라고 판시하고 있다(대법원 2014.07.24. 선고 2012다49933 판결).

또한 개인정보보호법 제2조 제1호에서는 "개인정보란 살아 있는 개인에 관한 정보로서 성명, 주민등록번호 및 영상 등을 통하여 개인을 알아볼 수 있는 정보(해당 정보만으로는 특정 개인을 알아볼 수 없더라도 다른 정보와 쉽게 결합하여 알아볼 수 있는 것을 포함한다)를 말한다."라고 규정하고 있다.

이러한 대법원판례와 개인정보보호법의 내용을 토대로 보면 특정

학생에게 발생한 자살위기상황에 대한 정보 역시 개인의 식별과 관련성이 있다고 볼 수 있으므로 개인정보자기결정권의 보호대상이 되는 개인정보에 해당하는 것으로 보아야 한다. 그렇다면 다음으로 이러한 개인정보를 부모에게 적법하게 제공하는 절차는 어떻게 되는지를 살펴보도록 하자.

개인정보의 제공과 관련해서는 「개인정보 보호법」에서 다음과 같이 규정하고 있다.

> **「개인정보 보호법」 제17조(개인정보의 제공)** ① 개인정보처리자는 다음 각 호의 어느 하나에 해당되는 경우에는 정보주체의 개인정보를 제3자에게 제공(공유를 포함한다. 이하 같다)할 수 있다.
>
> 1. 정보주체의 동의를 받은 경우
> 2. <u>제15조 제1항 제2호·제3호 및 제5호에 따라 개인정보를 수집한 목적 범위에서 개인정보를 제공하는 경우</u>
>
> ② 개인정보처리자는 제1항 제1호에 따른 동의를 받을 때에는 다음 각 호의 사항을 정보주체에게 알려야 한다. 다음 각 호의 어느 하나의 사항을 변경하는 경우에도 이를 알리고 동의를 받아야 한다.
>
> 1. 개인정보를 제공받는 자
> 2. 개인정보를 제공받는 자의 개인정보 이용 목적
> 3. 제공하는 개인정보의 항목
> 4. 개인정보를 제공받는 자의 개인정보 보유 및 이용 기간
> 5. 동의를 거부할 권리가 있다는 사실 및 동의 거부에 따른 불이익이 있는 경우에는 그 불이익의 내용

「개인정보 보호법」 제15조(개인정보의 수집·이용) ① 개인정보처리자는 다음 각 호의 어느 하나에 해당하는 경우에는 개인정보를 수집할 수 있으며 그 수집 목적의 범위에서 이용할 수 있다.

1. 정보주체의 동의를 받은 경우
2. 법률에 특별한 규정이 있거나 법령상 의무를 준수하기 위하여 불가피한 경우
3. 공공기관이 법령 등에서 정하는 소관 업무의 수행을 위하여 불가피한 경우
4. 정보주체와의 계약의 체결 및 이행을 위하여 불가피하게 필요한 경우
5. 정보주체 또는 그 법정대리인이 의사표시를 할 수 없는 상태에 있거나 주소불명 등으로 사전 동의를 받을 수 없는 경우로서 명백히 정보주체 또는 제3자의 급박한 생명, 신체, 재산의 이익을 위하여 필요하다고 인정되는 경우
6. 개인정보처리자의 정당한 이익을 달성하기 위하여 필요한 경우로서 명백하게 정보주체의 권리보다 우선하는 경우. 이 경우 개인정보처리자의 정당한 이익과 상당한 관련이 있고 합리적인 범위를 초과하지 아니하는 경우에 한한다.

② (생략)

위 규정에 의할 때 우선 자살위기상황에 대한 정보가 해당 학생의 동의가 없어도 제3자(학부모)에게 이를 제공할 수 있는 정보에 해당하는지가 문제된다. 이를 위해서는 개인정보보호법 제17조 제1항 제2호에 의해 동법 제15조 제1항 제2호, 제3호, 제5호 중 어느 하나에 해당되어야 한다.

우선 개인정보보호법 제15조 제1항 제2호의 "법률에 특별한 규정이 있는 경우"로 교육기본법 제23조의3 제2항이 해당하는지 여부를

검토해 보자. 교육기본법 제23조의3 제2항에 의하면 부모 등 보호자는 자녀 등 피보호자에 대한 학생정보를 제공받을 권리를 가지고 있기 때문이다. 이 규정에 의하면 미성년자인 대학생의 경우 당사자의 동의가 없더라도 자살위기상황이 발생할 경우에는 부모에게 이를 통지하는 것이 가능하다는 해석이 가능하다.[15] 그러나 교육기본법 제23조의3 제3항까지 보면 성년자인 대학생의 경우에는 당사자의 동의 없이 자살위기상황에 관한 정보를 학부모에게 제공하기는 곤란할 것으로 보인다.

다음으로 개인정보보호법 제15조 제1항 제3호의 "공공기관이 법령 등에서 정하는 소관 업무의 수행을 위하여 불가피한 경우"에 자살위기상황에 관한 정보가 해당한다고 보기는 힘들 것으로 보인다.

마지막으로 개인정보보호법 제15조 제1항 제5호의 "정보주체 또는 그 법정대리인이 의사표시를 할 수 없는 상태에 있거나 주소불명 등으로 사전 동의를 받을 수 없는 경우로서 명백히 정보주체 또는 제3자의 급박한 생명, 신체, 재산의 이익을 위하여 필요하다고 인정되는 경우"에 해당하는지 여부가 문제되는데, 자살시도를 실제로 했다든지 하는 위기상황이 발생한 직후로서 정보동의를 바로 받을 수 있는 여유가 없는 상황이라면 학생의 급박한 생명, 신체의 이익을 위하여 필요한 경우라고 보아 학생의 동의 없이도 자살위기상황 정보를 부모에게 제공할 수 있을 것이다. 그러나 이는 정보제공동의를 바로 받을 수 있는 여유가 없는 예외적인 상황의 경우에만 인정될 수 있다.

이러한 점들을 고려하면 개인정보의 제3자 제공과 관련한 학생의 동의를 받아두는 것이 가장 확실한 대응방안이 된다고 할 수 있다. 이러한 동의를 받는 방식은 여러 가지가 존재한다. 첫째, 학생들의 입학

---

15) 교육기본법 제23조의3(학생정보의 보호원칙) ① 학교생활기록 등의 학생정보는 교육적 목적으로 수집·처리·이용 및 관리되어야 한다. ② 부모 등 보호자는 자녀 등 피보호자에 대한 제1항의 학생정보를 제공받을 권리를 가진다. ③ 제1항에 따른 학생정보는 법률로 정하는 경우 외에는 해당 학생(학생이 미성년자인 경우에는 학생 및 학생의 부모 등 보호자)의 동의 없이 제3자에게 제공되어서는 아니 된다.

당시에 자살위기상황에 관한 정보를 부모에게 통지할 수 있다는 점에 대해서 동의를 받아두는 방안, 둘째, 학생들이 학생상담센터에 상담을 위해 내방했을 때 이러한 동의를 받아두는 방안, 셋째, 실제로 자살위기상황이 발생한 직후에 이러한 동의를 받는 방안이 그것이다.

첫째 방안과 관련해서 정보제공동의서에 동의를 하지 않는다는 것을 이유로 입학을 거부하는 것은 법적으로 허용된다고 보기 힘들지만, 학교 등록 시에 온라인상 이를 반드시 거치도록 하는 등 사실상 정보제공동의가 이루어지도록 하는 것은 가능할 것으로 보인다. 이 경우 자살문제에만 초점을 맞춘 동의서는 부정적인 인상을 줄 수 있기 때문에 포괄적으로 학생안전과 관련된 정보제공동의를 받는 것이 바람직하다. 그런데 첫째 방안은 모든 학생들을 상대로 한 사전적, 포괄적 정보제공동의에 해당되고 실제 자살위기상황의 발생과는 무관하게 지나치게 이른 시점에서 동의가 이루어지기 때문에 동의의 효력유무에 대한 논란이 발생할 수 있다는 단점이 존재한다.

둘째 방안의 경우 모든 학생을 대상으로 하는 것이 아니고 학생상담센터에 내방을 한 학생들만 대상으로 하는 것이고, 실제로 상담과정에서 여러 가지 자살위기의 징후들이 드러나는 경우들이 존재하기 때문에 보다 실효성 있는 정보제공동의가 이루어질 수 있다. 다만 이 경우 학부모와 학생 간의 관계 등으로 인해 상담내용이 학부모에게 알려지기를 원치 않는 학생들이 상담을 피하는 원인이 될 수 있다는 단점이 존재한다.

셋째 방안의 경우 실제 자살위기상황 발생 이후에 동의가 이루어지기 때문에 동의의 효력이 가장 분명하다는 점이 장점이다. 그러나 실제 자살위기상황 발생 이후에 동의를 구할 경우 동의를 구할 시간적, 정신적 여유가 없는 경우가 많다는 점, 자살위기상황을 '예방'하기 위한 목적을 달성하기에는 어려움이 있다는 점이 단점이라고 할 수 있다.

위와 같이 세 가지 방안은 각각의 장단점이 있기 때문에 대학 측에서는 이러한 세 가지 방안을 적절하게 혼합하여 사용하는 것이 바람직하다.

3. 자살시도자에 대한 응급구호

자살시도를 하는 학생을 발견한 경우 어떤 조치를 취해야 하는가와 관련해서는 「응급의료에 관한 법률」에 관한 법률을 살펴볼 필요가 있다. 동법 제5조의2에서는 선의의 응급의료에 대한 면책과 관련해서 다음과 같은 규정을 두고 있다.

> **「응급의료에 관한 법률」 제5조의2(선의의 응급의료에 대한 면책)**
>
> 생명이 위급한 응급환자에게 다음 각 호의 어느 하나에 해당하는 응급의료 또는 응급처치를 제공하여 발생한 재산상 손해와 사상(死傷)에 대하여 고의 또는 중대한 과실이 없는 경우 그 행위자는 민사책임과 상해(傷害)에 대한 형사책임을 지지 아니하며 사망에 대한 형사책임은 감면한다.
>
> 1. 다음 각 목의 어느 하나에 해당하지 아니하는 자가 한 응급처치
>
> 가. 응급의료종사자
>
> 나. 「선원법」 제86조에 따른 선박의 응급처치 담당자, 「119구조·구급에 관한 법률」 제10조에 따른 구급대 등 다른 법령에 따라 응급처치 제공의무를 가진 자
>
> 2. 응급의료종사자가 업무수행 중이 아닌 때 본인이 받은 면허 또는 자격의 범위에서 한 응급의료
>
> 3. 제1호 나목에 따른 응급처치 제공의무를 가진 자가 업무수행 중이 아닌 때에 한 응급처치

따라서 대학교 기숙사 사감(응급의료종사자가 아닌 경우)이 자살을 시도하는 학생을 발견하고 응급조치를 취했고, 이 경우 고의 또는 중과실이 없는 경우에는 면책이 된다. 관련판례를 보면 중학교 학생이 축구동계훈련 중에서 노동 상실률 100%의 장해를 입게 된 사건에 대해서 대법원은 합숙훈련 과정에서의 훈련일정과 응급구호체계 미비 등으로 인하여 훈련에 참가한 학생을 보호, 감독할 의무를 위반하여 발생한 것이라고 봄이 상당하다고 판단하고 있다. 이 사건에서는 인솔교사인 축구부 감독이나 코치들이 심폐소생술 등의 적절한 응급조치를 취하지 않았던 것도 책임을 인정하는 근거로 삼았다(대법원 2013.09.13. 선고 2013다37722 판결).

또한 대법원은 학교 교사의 학생에 대한 보호·감독의무는 교육관련 법률에 따라 학생을 친권자 등 법정 감독의무자에 대신하여 보호·감독을 하여야 하는 의무로서 학교에서의 교육활동 및 이와 밀접 불가분의 관계에 있는 생활관계에 대하여 영향 미친다 할 것이므로, 체육수업 시간에 학교 운동장에서 체력검사를 실시하던 도중에 수업을 받던 학생이 쓰러져 위와 같은 위급한 상태를 보이고 있다면 체육교사로서는 가능한 범위 안에서 유효적절한 응급조치를 즉각 시행함으로써 그 학생의 생명과 건강에 대한 위험을 제거하거나 최소화할 의무가 있다고 판시한 바 있다(대법원 2008.05.08. 선고 2008다5417 판결).

위 두 가지의 경우 모두 어느 정도 안전에 대한 전문성이 있는 체육교사나 축구부감독이 문제된 경우이고 이들에게 학생들의 보호감독의무가 구체적으로 발생한다고 본 경우이기 때문에 대학 내 기숙사에서 자살시도자가 발견된 경우 기숙사 직원의 조치에 대해서 위와 같은 판례들은 그대로 적용할 수 없다. 그러나 앞서 보았듯이 「응급의료에 관한 법률」에 의하면 안전에 대하여 비전문가라고 해서 응급조치에 대해서 항상 면책이 인정되는 것은 아니기 때문에 여전히 일정범위 내에서 보호감독의무가 발생할 가능성은 존재한다고 보아야 할 것이다.

따라서 대학에서 자살위기상황이 발생할 경우 기숙사 담당직원이 경찰과 소방서에 바로 연락을 하되, 도착하기 전까지 지혈 등의 응급조치를 취하는 것은 필요하다고 할 수 있다.

4. 자살시도자에 대한 관련 기관에의 구호요청

자해 등 자살시도를 한 대학생이 기숙사에서 발견되었을 때 관련 기관에 구호를 어떻게 요청해야 하는지를 살펴보자. 「경찰관직무집행법」에서는 다음과 같은 규정을 두고 있다.

> 「경찰관직무집행법」 제4조(보호조치 등) ① 경찰관은 수상한 행동이나 그 밖의 주위 사정을 합리적으로 판단해 볼 때 다음 각 호의 어느 하나에 해당하는 것이 명백하고 응급구호가 필요하다고 믿을 만한 상당한 이유가 있는 사람(이하 "구호대상자"라 한다)을 발견하였을 때에는 보건의료기관이나 공공구호기관에 긴급구호를 요청하거나 경찰관서에 보호하는 등 적절한 조치를 할 수 있다.
>
> 1. 정신착란을 일으키거나 술에 취하여 자신 또는 다른 사람의 생명·신체·재산에 위해를 끼칠 우려가 있는 사람
> 2. 자살을 시도하는 사람
> 3. 미아, 병자, 부상자 등으로서 적당한 보호자가 없으며 응급구호가 필요하다고 인정되는 사람. 다만, 본인이 구호를 거절하는 경우는 제외한다.
>
> ② 제1항에 따라 긴급구호를 요청받은 보건의료기관이나 공공구호기관은 정당한 이유 없이 긴급구호를 거절할 수 없다.
>
> ③ 경찰관은 제1항의 조치를 하는 경우에 구호대상자가 휴대하고 있는 무기·흉기 등 위험을 일으킬 수 있는 것으로 인정되는

물건을 경찰관서에 임시로 영치(領置)하여 놓을 수 있다.

④ 경찰관은 제1항의 조치를 하였을 때에는 지체 없이 구호대상자의 가족, 친지 또는 그 밖의 연고자에게 그 사실을 알려야 하며, 연고자가 발견되지 아니할 때에는 구호대상자를 적당한 공공보건의료기관이나 공공구호기관에 즉시 인계하여야 한다.

⑤ 경찰관은 제4항에 따라 구호대상자를 공공보건의료기관이나 공공구호기관에 인계하였을 때에는 즉시 그 사실을 소속 경찰서장이나 해양경찰서장에게 보고하여야 한다.

⑥ 제5항에 따라 보고를 받은 소속 경찰서장이나 해양경찰서장은 대통령령으로 정하는 바에 따라 구호대상자를 인계한 사실을 지체 없이 해당 공공보건의료기관 또는 공공구호기관의 장 및 그 감독행정청에 통보하여야 한다.

⑦ 제1항에 따라 구호대상자를 경찰관서에서 보호하는 기간은 24시간을 초과할 수 없고, 제3항에 따라 물건을 경찰관서에 임시로 영치하는 기간은 10일을 초과할 수 없다.

위 규정을 보면 자살을 시도하는 사람이 발견된 경우 이를 경찰관에게 신고하면 경찰관이 즉시 보건의료기관 등에 구호조치를 요청하고, 이 사실을 연고자에게 고지해야 함을 알 수 있다. 보건의료기관에 인계하는 것은 연고자가 발견되지 않을 경우에 할 수 있다.

만약 자살시도자가 정신질환자로 추정되고 이를 정신의료기관에 입원시키려고 할 경우 당사자 또는 보호자의 동의가 반드시 요구되는지가 문제된다. 이와 관련해서 「정신건강증진 및 정신질환자 복지서비스 지원에 관한 법률」(이하 정신건강증진법)의 규정을 살펴볼 필요가 있다. 우선 원칙적으로는 당사자 본인의 동의를 통해서만 입원이 가능하다. 이에 관한 규정은 다음과 같다.

「정신건강증진법」 제41조(자의입원등) ① 정신질환자나 그 밖에 정신건강상 문제가 있는 사람은 보건복지부령으로 정하는 입원등 신청서를 정신의료기관등의 장에게 제출함으로써 그 정신의료기관등에 자의입원등을 할 수 있다.

② 정신의료기관등의 장은 자의입원등을 한 사람이 퇴원등을 신청한 경우에는 지체 없이 퇴원등을 시켜야 한다.

③ 정신의료기관등의 장은 자의입원등을 한 사람에 대하여 입원등을 한 날부터 2개월마다 퇴원등을 할 의사가 있는지를 확인하여야 한다.

그러나 다음과 같은 경우에는 본인의 동의가 없더라도 보호의무자의 동의에 의해 입원이 가능하다. 이에 관한 규정은 다음과 같다.

「정신건강증진법」 제43조(보호의무자에 의한 입원등) ① 정신의료기관등의 장은 정신질환자의 보호의무자 2명 이상(보호의무자 간 입원등에 관하여 다툼이 있는 경우에는 제39조 제2항의 순위에 따른 선순위자 2명 이상을 말하며, 보호의무자가 1명만 있는 경우에는 1명으로 한다)이 신청한 경우로서 정신건강의학과전문의가 입원등이 필요하다고 진단한 경우에만 해당 정신질환자를 입원등을 시킬 수 있다. 이 경우 정신의료기관등의 장은 입원등을 할 때 보호의무자로부터 보건복지부령으로 정하는 바에 따라 입원등 신청서와 보호의무자임을 확인할 수 있는 서류를 받아야 한다.

② 제1항 전단에 따른 정신건강의학과전문의의 입원등 필요성에 관한 진단은 해당 정신질환자가 다음 각 호의 모두에 해당하는 경우 그 각각에 관한 진단을 적은 입원등 권고서를 제1항에 따른 입원등 신청서에 첨부하는 방법으로 하여야 한다.

1. 정신질환자가 정신의료기관등에서 입원치료 또는 요양을

받을 만한 정도 또는 성질의 정신질환을 앓고 있는 경우

2. 정신질환자 자신의 건강 또는 안전이나 다른 사람에게 해를 끼칠 위험(보건복지부령으로 정하는 기준에 해당하는 위험을 말한다. 이하 같다)이 있어 입원등을 할 필요가 있는 경우

③ 정신의료기관등의 장은 정신건강의학과전문의 진단 결과 정신질환자가 제2항 각 호에 모두 해당하여 입원등이 필요하다고 진단한 경우 그 증상의 정확한 진단을 위하여 2주의 범위에서 기간을 정하여 입원하게 할 수 있다.

④ 정신의료기관등의 장은 제3항에 따른 진단 결과 해당 정신질환자에 대하여 계속 입원등이 필요하다는 서로 다른 정신의료기관등에 소속된 2명 이상의 정신건강의학과전문의(제21조 또는 제22조에 따른 국립·공립의 정신의료기관등 또는 보건복지부장관이 지정하는 정신의료기관등에 소속된 정신건강의학과전문의가 1명 이상 포함되어야 한다)의 일치된 소견이 있는 경우에만 해당 정신질환자에 대하여 치료를 위한 입원등을 하게 할 수 있다.

⑤ 제4항에 따른 입원등의 기간은 최초로 입원등을 한 날부터 3개월 이내로 한다. 다만, 다음 각 호의 구분에 따라 입원등의 기간을 연장할 수 있다.

1. 3개월 이후의 1차 입원등 기간 연장: 3개월 이내
2. 제1호에 따른 1차 입원등 기간 연장 이후의 입원등 기간 연장: 매 입원등 기간 연장 시마다 6개월 이내

⑥~⑪ (생략)

그러나 이러한 보호의무자의 동의에 따른 입원은 피입원자의 인권을 침해할 소지가 많기 때문에 판례는 위 입원의 요건을 다음과 같이 엄격하게 해석하고 있다.

"구 정신보건법(2000. 1. 12. 법률 제6152호로 개정되기 전의 것, 이하 '법'이라고만 한다) 제22조 제1항에 의하면 정신질환자의 보호의무자는 정신과전문의의 진단에 의하지 아니하고 정신질환자를 입원시켜서는 아니 된다고 규정하고 있으며, 제24조 제1항은 정신의료기관의 장은 정신질환자의 보호의무자의 동의가 있는 때에는 정신과전문의가 입원이 필요하다고 진단한 경우에 한하여 당해 정신질환자를 입원시킬 수 있다고 규정하고 있는바, 위 규정들의 취지 및 모든 정신질환자는 인간으로서의 존엄과 가치를 보장받으며 입원치료가 필요한 정신질환자에 대하여는 항상 자발적 입원이 권장되어야 한다는 법 제2조 제1항, 제5항이 정한 기본이념 등에 비추어 보면, 법 제24조 소정의 보호의무자에 의한 입원의 경우 보호의무자의 동의가 있더라도 정신과전문의가 정신질환자를 직접 대면하여 진찰하고 입원이 필요하다고 진단한 다음 이에 기하여 정신의료기관의 장이 입원을 결정하여야 하고, 이러한 요건을 갖춘 입원조치에 대하여 정신질환자가 저항하는 때에 비로소 정신의학적·사회적으로 보아 상당하다고 인정되는 범위 내의 물리력의 행사가 허용된다 할 것이다.

그런데 기록에 의하면 피고인이 피해자를 제1정신병원에 강제 입원시키기 전에 위 병원 정신과전문의인 공소외 이강표와 상담하여 피고인의 설명을 들은 그로부터 피해자에 대한 입원치료가 필요하다는 의견을 들었으나, 아직 피해자를 대면한 진찰이나 위 제1정신병원장의 입원결정이 없는 상태에서 위 병원 원무과장인 공소외 2에게 강제입원을 부탁하여 공소외 2가 자신의 판단으로 피해자를 강제로 구급차에 실어 위 병원에 데려온 사실을 알 수 있으므로, 상고이유에서 주장하는 바와 같이 강제입원조치 후 위 병원의 정신과전문의가 피해자를 진찰한 결과 편집성 인격 장애 및 알코올 의존증의 치료를 위한 입원이 필요하다고 진단하였고 위 병원장이 입원을 결정하였다는 사정 등만으로는 피고인의 위와 같은 물리력의 행사를 위 법에 기한 행위 또는 정당한 업무로 인한 행위로 볼 수는 없을 것이다.

나아가 형법 제20조 소정의 '사회상규에 위배되지 아니하는 행위'라 함은 법질서 전체의 정신이나 그 배후에 놓여 있는 사회윤리 내지 사회통념에 비추어 용인될 수 있는 행위를 말하고, 어떠한 행위가 사회상규에 위배되지 아니하는 정당한 행위로서 위법성이 조각되는 것인지는 구체적인 사정 아래서 합목적적, 합리적으로 고찰하여 개별적으로 판단하여야 할 것인바, 이와 같은 정당행위를 인정하려면 첫째 그 행위의 동기나 목적의 정당성, 둘째 행위의 수단이나 방법의 상당성, 셋째 보호이익과 침해이익과의 법익권형성, 넷째 긴급성, 다섯째 그 행위 외에 다른 수단이나 방법이 없다는 보충성 등의 요건을 갖추어야 한다(대법원 1986. 10. 28. 선고 86도1764 판결, 대법원 1994. 4. 15. 선고 93도2899 판결, 대법원 2000. 4. 25. 선고 98도2389 판결 등 참조).

이러한 법리에 의하면, 강제입원 당시 피고인이 운영하던 식품회사의 기숙사에서 기거하면서 처인 피고인과 별거상태에 있던 피해자가 피고인 등 가족에게 위해를 가하는 구체적 행동을 하였다고 인정할 만한 자료가 없어 그들의 안전이 위협받는 급박한 상태에 있었다고 보기 어렵고, 또한 위 강제입원에 앞서 피해자의 어머니나 여동생 등을 통하여 자발적으로 정신과 치료를 받도록 설득하여 보거나 그것이 여의치 않을 경우 정신과전문의와 상담하여 법 제25조가 정한 바에 따라 시·도지사에 의한 입원절차를 취하든지 긴급한 경우에는 경찰공무원에게 경찰관직무집행법 제

4조 제1항에 기하여 정신병원에의 긴급구호조치를 취하도록 요청할 수 있었다고 여겨지는 이 사건에서, 피고인의 위 강제입원 조치가 사회상규에 위배되지 아니하는 정당한 행위로서 위법성이 조각된다고 평가하기도 어렵다 할 것이다"(대법원 2001.02.23. 선고 2000도4415 판결).

예외적으로 본인이나 보호자의 동의가 없이도 다음과 같이 정신의료기관에 응급입원을 의뢰할 수 있는 경우가 존재한다.

「정신건강증진법」 제50조(응급입원) ① 정신질환자로 추정되는 사람으로서 자신의 건강 또는 안전이나 다른 사람에게 해를 끼칠 위험이 큰 사람을 발견한 사람은 그 상황이 매우 급박하여 제41조부터 제44조까지의 규정에 따른 입원등을 시킬 시간적 여유가 없을 때에는 의사와 경찰관의 동의를 받아 정신의료기관에 그 사람에 대한 응급입원을 의뢰할 수 있다.
② 제1항에 따라 입원을 의뢰할 때에는 이에 동의한 경찰관 또는 구급대원은 정신의료기관까지 그 사람을 호송한다.
③ 정신의료기관의 장은 제1항에 따라 응급입원이 의뢰된 사람을 3일(공휴일은 제외한다) 이내의 기간 동안 응급입원을 시킬 수 있다.
④ 제3항에 따라 응급입원을 시킨 정신의료기관의 장은 지체 없이 정신건강의학과전문의에게 그 응급입원한 사람의 증상을 진단하게 하여야 한다.
⑤ 정신의료기관의 장은 제4항에 따른 정신건강의학과전문의의 진단 결과 그 사람이 자신의 건강 또는 안전이나 다른 사람에게 해를 끼칠 위험이 있는 정신질환자로서 계속하여 입원할 필요가 있다고 인정된 경우에는 제41조부터 제44조까지의 규정에 따라

입원을 할 수 있도록 필요한 조치를 하고, 계속하여 입원할 필요가 없다고 인정된 경우에는 즉시 퇴원시켜야 한다.

⑥ 정신의료기관의 장은 제3항에 따른 응급입원을 시켰을 때에는 그 사람의 보호의무자 또는 보호를 하고 있는 사람에게 입원이 필요한 사유·기간 및 장소를 지체 없이 서면으로 통지하여야 한다.

위와 같이 첫째, 정신질환자로 추정되고, 둘째, '자신'을 해할 위험이 큰 자로서, 셋째, 그 상황이 매우 급박한 경우에는 본인이나 보호자의 동의가 없어도 의사와 경찰관만의 동의를 얻어 정신의료기관에 입원시키는 것이 가능하다. 다만 위와 같은 응급입원은 '상황의 급박성'이라는 매우 엄격한 요건하에서만 허용되며, 이 경우에도 경찰관과 의사의 동의는 필요하다.

5. 자살시도자에 대한 조치

자살시도자를 병원에 입원토록 한 경우에는 위험요소가 어느 정도 사라질 때까지는 최대한 보호자가 해당 학생을 직접 돌보도록 하고 학교는 보호업무를 직접 담당하지 않는 것이 바람직하다. 왜냐하면 자살시도자가 충분히 회복되지 않은 상태에서 다시 기숙사에서의 생활을 시작할 경우에는 학교 측의 예측가능성이 발생하여 민사상 책임이 인정될 여지가 커지기 때문이다.

따라서 자살시도자가 다시 기숙사로 돌아와서 생활을 하는 등 정상적인 학교생활을 이어가려고 할 경우에는 다음과 같은 두 가지 방안 중에서 학생이 선택할 수 있도록 할 필요가 있다. 첫째, 일단 휴학을 하고 쉬는 방안, 둘째, 학교 측의 정기적인 상담에 응하는 등 자살예방조치를 성실하게 따를 것을 전제로 학교복귀를 허용하는 방안이 그것이다. 이렇게 선택권을 보호할 경우에는 강제휴학으로 인한 장애인차별금지의 문제는 발생하지 않을 것으로 보인다. 자살시도학생이 두 번째 방안을 선택할 경우에는 학교 측에서는 자살예방 상담·교육을 주기적으로 성실하게 실시하고, 학생의 동의하에 부모 등 보호자에게 상담관련내용을 제공하는 등의 노력을 기울여야 할 것이다.

6. 자살예방 상담 · 교육

자살과 관련된 기본법으로 「자살예방 및 생명문화조성을 위한 법률」이 제정되어 있다. 동법 제17조에서는 자살예방 상담교육에 관해서 다음과 같은 규정을 두고 있다.

> **「자살예방 및 생명문화조성을 위한 법률」 제17조(자살예방 상담·교육)** ① 다음 각 호에 해당하는 기관·단체 및 시설의 장은 자살방지 및 생명존중문화 조성을 위하여 자살예방 상담·교육을 실시할 수 있도록 노력하여야 한다.
>
> 1. 국가기관, 지방자치단체 및 대통령령으로 정하는 공공기관
> 2. 「노인복지법」에 따른 노인복지시설
> 3. 「사회복지사업법」에 따른 사회복지시설
> 4. 그 밖에 자살예방 상담·교육이 필요하다고 인정하여 대통령령으로 정하는 기관이나 단체
>
> ② 국가와 지방자치단체는 제1항에 따른 자살예방 상담·교육에 필요한 프로그램을 개발·보급하고, 자살예방 상담·교육에 필요한 비용의 전부 또는 일부를 예산의 범위에서 해당 기관·단체 및 시설에 지원할 수 있다.
>
> ③ 제1항에 따른 자살예방 상담·교육, 방법 및 내용과 제2항에 따른 프로그램의 개발·보급 및 지원 등에 필요한 사항은 보건복지부령으로 정한다.

위와 같이 국가기관이 지방자치단체 이외에도 대통령으로 정하는 공공기관은 자살예방에 관한 상담 및 교육의무를 지는데, 이러한 공공기관에는 「고등교육법」 제2조에 따른 학교도 포함되므로(동법 시행령 제7조), 대학도 자살예방에 관한 상담 및 교육의무를 진다고 할 수 있다. 그런데 위법에서는 "자살예방 상담·교육을 실시할 수 있도록 노력하여야 한다"라고 되어 있고, 이의 위반에 대한 제재규정을 두고 있는 것은 아니어서 위와 같은 노력의무를 다하지 않을 경우 바로 법적인 책임이 발생하는 것으로 보기는 힘들다. 그러나 평상시에 자살예방을 위한 상담을 충실하게 하는 것은 자살위험을 낮추는 가장 일상적인 방법이 된다고 볼 수 있다. 특히 달라진 문화에 적응하기 위해서 노력하고 있는 외국인의 경우 자살예방을 위한 상담의 필요성이 매우 높다.

자살예방교육을 포함하여 각종 화재, 사고 등을 예방하는 데에 필요한 교육 참가에 관한 포괄적인 동의서를 학생들이 1학년에 입학할 때 미리 받아두는 것도 필요할 것으로 보인다. 이에 응하지 않을 경우 기숙사입실제한, 휴학권고 등의 조치가 이루어질 수 있다는 점을 밝힘으로써 학생들이 관련교육에 적극적으로 참여하도록 하는 방법도 필요하다.

상담교육 프로그램 참가동의서에 동의하지 않는다는 것을 이유로 입학을 거부하는 것은 법적으로 허용된다고 보기 힘들지만, 학교 등록시에 온라인상 이를 반드시 거치도록 하는 등 사실상 상담교육 프로그램 참가동의가 이루어지도록 하는 것은 가능할 것으로 보인다. 그리고 자살예방교육에만 초점을 맞추기보다는 전반적인 안전관리와 관련된 동의를 받는 것이 바람직할 것으로 보인다.

부록

1. 개인정보 제3자 제공 동의서

학생 본인이나 타인의 신체나 생명에 위험이 발생할 수 있는 행위를 하는 등 본교 학생의 안전과 관련된 문제가 발생할 경우 다음과 같이 제3자에게 정보가 제공될 수 있습니다.

- 개인정보를 제공받는 자: 부모 등 보호자, 의료기관
- 개인정보를 제공받는 자의 개인정보 이용 목적: 학생의 생명과 신체의 보호
- 제공하는 개인정보의 항목: 자살시도 등 위험발생행위사실
- 개인정보를 제공받는 자의 개인정보 보유 및 이용기간: 1년
- 개인정보의 제3자 제공에 동의하지 않을 권리가 있으며, 동의하지 않을 경우 제3자에게 정보제공을 하지 않습니다.

개인정보의 제3자 제공에 동의하십니까?(해당란에 V표시)

□ 동의함 □ 동의하지 않음

동의자 확인: 성명 ________________ (인 또는 서명)

2. 안전예방교육 등 참가동의

본인은 화재, 사고, 심리적 충격 등으로 인한 신체나 생명에 위험발생을 예방하기 위해서 필요할 경우 다음과 같이 상담 프로그램을 포함한 안전예방교육을 충실하게 따르며, 이에 따르지 않을 경우 기숙사퇴실, 휴학권고 등의 조치가 이루어질 수 있음을 인정합니다.

- 주기적인 상담프로그램 참가
- 주기적인 안전예방교육 참가
- 필요시 정신치료 등 치료프로그램 참가
- 필요시 안전예방교육 참가현황에 대한 보호자 통보
- 기타 신체나 생명의 위험발생을 예방하고 안전을 확보하기 위한 제반 조치

위 내용에 동의하십니까?(해당란에 V표시)

□ 동의함 □ 동의하지 않음

동의자 확인: 성명 ________________ (인 또는 서명)

3. 학생상담센터 위기관리 서비스 동의서

학생상담센터 위기관리 서비스 동의서

본 기관에서는 아래 목적 이외에 귀하의 개인적인 정보가 노출되지 않도록 하겠습니다.

1. 본인은 의료센터에서 파악된 개인정보 및 치료내용을 학생상담센터 또는 정신건강관련기관에 제공하는 것에 동의합니다. (　　　　)

2. 본인은 동의서 작성일로부터 학생상담센터에서 제공하는 위기관리 서비스(전화, 대면상담, 병원연계 등)를 학생상담센터에서 학기 종료 시까지 제공받는 것에 동의합니다. (　　　　)

3. 본인은 자살생각으로 또다시 위기를 느낄 때 학생상담센터(주간), 정신건강증진센터(야간)에 연락하여 위기상황에 대해 적극 도움을 받을 것입니다. (　　　　)

4. 본인은 위기관리 서비스를 위해 필요한 정보를 제공하고 위기상황 발생 시 본인의 안전을 위해 가족개입 및 적극적인 치료적 개입을 할 수 있음을 동의합니다. (　　　　)

5. 본인은 위기관리 서비스 종결 이후에도 안정적인 학교생활을 위해 학생상담센터에서 제공되는 문자나 메일 등 추후 관리에 동의하며, 이를 위해 필요한 정보를 제공하는 등 제반 활동에 함께 참여하겠습니다. (　　　　)

일　　시 :　　　년　　월　　일

성　　명 :　　　　　　(서명)

보 호 자 성명 :　　　　　　(서명)

출처: 이명수 (2013). 자살 및 정신질환 위기관리 프로토콜. 서울시자살예방센터.

4. 자살 위험도 체크리스트

1	과거에 자살관련 행동을 한 경험이 있는가? *	예	아니오
2	현재 자살시도와 관련된 구체적인(지금 당장 실현가능한) 계획을 가지고 있는가? *	예	아니오
3	자살 생각이 드는 횟수가 빈번하고 그 정도가 심각한가? *	예	아니오
4	가족이나 아는 사람이 자살을 한 경우가 있는가?	예	아니오
5	현재 개인이 견디기 힘든 환경적 압력, 스트레스가 존재하는가?	예	아니오
6	현재 술이나 약물을 남용하고 있는가?	예	아니오
7	가정적, 사회적으로 학생을 지지해 줄 만한 사람이 있는가?	예	아니오

학생의 답변이 어두운 색 처리된 네모칸에 더 많이 체크되어 있을 경우 자살위험이 높다고 판단할 수 있으며, 이 경우 반드시 즉각적으로 대응해야만 한다. *표시가 있는 질문은 최상의 자살예측요인으로 최우선으로 확인해야만 하는 내용이다.

5. 위험성 평가 기준

	낮은위험	중간위험	고위험
정신상태 위험성 □우울함 □정신병적 □무망감, 절망 □죄책감, 수치심, 분노, 불안 □충동적	□가벼운 우울증, 슬픔 □정신과적 증상 없음 □미래에 대한 희망 있음 □가벼운 분노, 적개심	□보통의 우울증 □약간의 슬픔 □약간의 정신과적 증상 □약간의 무망감 □보통의 분노, 적개심	□심각한 우울증 □명령하는 환정 또는 죽음에 대한 망상 □무망감, 절망, 무가치함에 대한 몰입 □심한 분노, 적개심
자살시도/자살사고 □의도성 □치명성 □자살수단의 접근 □과거 자살시도	□가볍거나 막연한 사고 □최근시도가 없거나 치명성과 의도성이 낮은 1회시도	□빈번한 사고 □낮은 치명성의 다양한 시도 □반복되는 위협	□지속적/뚜렷한 사고 □명확한 의도 □치명성 높은 시도
물질장애 □현재 알코올이나 기타 약물남용	□가볍거나 아주 드물게 물질 사용	□물질중독, 남용, 의존의 위험	□현재 물질중독, 남용, 의존
뒷받침하는 사실 □가족, 보호자 □의학적 기록 □서비스 제공자/자원	□정보접근가능 □사건에 대한 설명과 정보 확인 가능(논리적이고 그럴듯함)	□약간의 정보 접근가능 □사건에 대한 설명이 약간 불확실함	□정보접근과 확인 어려움 □사건에 대한 모순되는 설명이 있음
강점과 지지체계 □표현되는 의사소통 □지지체계의 유용성 □지지자가 자발적이고 수용적 □다른 사람과의 안정성	□도움을 수용함 □치료적 협조 형성 □높은 결합/좋은 관계와 지지체계 □자발적이고 일관되게 도움을 받을 수 있음	□양가적 □보통의 유대감 □약간의 관계형성 □이용할 수 있으나 내키지 않음/일관되게 도움을 줄 수 없음	□도움에 대한 거절 □지지적 관계 결핍/적대적인 관계 □이용할 수 없거나 내키지 않음/도움을 줄 수 없음
성찰적 실천 □약속의 수준 & 질 □위험수준의 불안정성 □위험수준 사정에 대한 신뢰도	□사정에 대한 높은 신뢰도 □안정성 □좋은 라포, 약속		□사정에 대한 낮은 신뢰도 □높은 불안정성 □라포가 없고 미흡한 약속
예측할 수 있는 위험성이 없음 □포괄적인 자살 위험 사정에 따르면, 현재 대상자에게 위험의 증가가 없다거나 사회적 지지체계가 좋을수록 자살사고와 시도력은 거의 없다.			

출처: 이명수 (2011). 자살위기개입핸드북. 서울시자살예방센터.

6. 자살 분류 서류(Suicide Triage Sheet)

상담일시	년 월 일	상 담 자	
의 뢰 인	☐ 본인 ☐ 가족 ☐ 친구 ☐ 기타( )		

1. 일반적 사항

이 름		성 별		나 이	
주 소				전 화	

2. 정서적 상태 (최근 2주 동안)

기 분		행 동	
☐ 우울감	☐ 초조, 불안	☐ 음주 증가	☐ 흡연, 본드, 가스 흡입
☐ 좌절감	☐ 두려움	☐ 수면습관의 변화	☐ 공격성/저항
☐ 슬픔	☐ 분노	☐ 자해	☐ 식사문제(거식, 폭식)
☐ 죄책감	☐ 짜증	☐ 대인관계 결여	☐ 학업저하, 실직
☐ 후회하는	☐ 격양된 기분/흥분	☐ 잦은 울음	☐ 활동저하
☐ 불쾌감	☐ 무기력	☐ 자살사이트, 자살도구 탐색	☐ 주변정리

3. 자살 위험성 사정

1) 자살에 대한 생각을 하고 있습니까? 만약, 있다면 그 이유는 무엇이고 일주일에 얼마나 자주 생각하십니까?

☐ 예 (이유: /횟수: ☐ 거의 매일 ☐ 3~4회 ☐ 1~2회)

☐ 아니오

2) 현재 자살에 대한 구체적인 계획이 있습니까?

☐ 예 (언제: 장소: 방법:)

☐ 아니오

3) 과거에 자살을 시도한 적이 있습니까?

언 제	장 소
방 법	도구 치명도
이 유	

4) 최근 가까운 사람의 자살이 있었습니까?

☐ 예(누구:) ☐ 아니오

5) 상담, 치료 등 도움을 받고자 합니까?

☐ 매우 협조적 ☐ 협조적 ☐ 거부적 ☐ 매우 거부적

4. 지지

1) 힘들 때 도움을 요청할 수 있는 사람이 있습니까?
☐ 예(누구:) ☐ 아니오
2) 현재 갈등이 있는 사람이 있습니까?
☐ 예(누구:) ☐ 아니오

5. 기타

1) 정신과 치료를 받은 적이 있습니까? ☐ 예(치료유지/치료중단) ☐ 아니오
2) 신체적인 질환이 있습니까? ☐ 예(누구:) ☐ 아니오

6. 전체적인 소견 및 개입계획

소견 :	위험성 평가	☐ 고	☐ 중	☐ 저
	타기관 의뢰 동의 여부	☐ 예	☐ 아니오	

출처: '이명수 (2011). 자살위기개입핸드북. 서울시자살예방센터'의 내용을 대학 실정에 맞게 수정한 것임.

7. 자살시도자 보고 서식안

일자 : 20 년 월 일	접수시간 : 시 분	담당자 :

1. 응급상황 대처사항

* 인적사항:
* 가족 거주지 등 특징이 파악된 내용:
* 외부연계 기관 및 내용: 예시) 건강증진센터 1577-0199(24시간 접수, 긴급 기관 공조 요청), 112(신고), 119(응급조치)
* 인적사항과 특징:
* 자살/자해 시도 동기:
* 대처 내용과 각 담당자

2. 인적정보

대상자(성별)	학교명 (학년/과)	휴대전화 (본인/부모)	주소 (구/동/아파트동,호수)

3. 사안파악

□ 유형파악	□ 목맴/투신 시도자	□ 음독/알코올 물질남용 시도자
- 투신 - 음독 - 알코올 및 물질남용 - 목맴 시도 - 정신병적 증상	- 장소/시간: - 동행자: *응급기관: 위치추적 협조 및 경과 시간 알림	- 장소, 동행자: - 음독물질: - 음독 후 경과시간: - 현 신체 증상정도: *응급기관: 위치추적 협조 및 음독경과 시간을 알림

4. 자살의 심리적 동기 파악(중요한 사건이나 스트레스 원인 등)

*자살/자해 시도자와 대화시 유의사항

1. 성급하게 평가, 판단하거나 안심시키려는 노력은 해로운 영향을 미친다.
2. 상담자가 궁금증을 해소하려는 질문을 불과한다.
3. 시도자가 불투명한 자살관념을 보일 경우, 자살에 대해 직접적으로 물어본다.
4. 심문적 방법이 아닌 공감적 대화 태도가 바람직하다.

*질문예시)

1. 지금 자살을 생각하고 있다고 했는데, 무엇이 당신을 괴롭히고 있습니까?
2. 자살을 하고 싶은 감정에 대해 좀 더 말해 주시겠습니까? (핵심감정 파악하기)
3. 당신의 목소리가 졸린 듯합니다. 혹시 약물을 먹지는 않았나요?
4. 당장 칼을 내려놓으세요. 그리고 이야기를 시작합시다.

출처: '최재운, 김유진, 이희경, 진현숙, 박보은 (2014). 자살위기개입 매뉴얼. 대구광역시서부교육지원청 Wee센터'를 참고하여 수정.

8. 미디어 및 소셜미디어 대응 방안

1) 미디어

안전관리 팀의 미디어에 대한 역할은 다음과 같다.

- 미디어 진술문 내용을 준비한다.
- 미디어 대변인을 지정한다.
- 대변인이 미디어에 이야기하도록 권한을 부여받았다는 것을 구성원에게 알린다.
- 학생들에게 미디어 인터뷰는 피하라고 권고한다.
- 자살에 대한 리포팅을 보도한다.

2) 소셜 미디어

위기 대응의 부분으로 학교의 소셜 미디어 사용을 모니터링한다.
사망 시 친구들의 작은 그룹을 소집해서 학교 행정직원과 함께 소셜 네트워크 사이트와 다른 소셜 미디어를 모니터링하도록 한다.

3) 미디어 대변인을 위한 중요 메시지

다음은 AFSP & SPRC (2011)에서 제안한 미디어 요청에 응대할 때 제공할 수 있는 중요한 메시지이다. 참고하기 바란다.

• **자살/정신 질환**

우울증은 자살의 주원인이다.
해마다 우울증은 증가하며, 우울증을 앓고 있는 사람들의 80퍼센트 이상이 적절한 진단 또는 치료를 받지 못하고 있다.
우울은 모든 정신 질환 중에서 가장 완치율이 높다. 우울증 환자 4분의 3 이상이 치료에 효과적이다.
자살을 막기 위한 좋은 방법은 우울증 및 다른 정신 질환들에 대한 조기 검진, 진단, 치료를 하는 것이다.

• **학교의 대응 메시지**

우리는 우리 학생 중 한 명의 죽음으로 애통합니다. 우리의 마음, 생각, 기도들이 [그/그녀]의 가족과 친구, 전체 커뮤니티에 함께하기를 바랍니다.
우리는 grief 상담사를 학생, 교직원, 스태프에게 [ ]일에서 [ ]일까지 제공하려고 합니다.
TV 카메라 또는 리포터는 학교 출입이 허가되지 않습니다.

• **미디어에 대한 학교 대응**

미디어는 「자살에 대한 보도: 미디어를 위한 권고」 서류를 보시기 바랍니다.
리서치 결과는 자살을 선정적으로 다루거나 낭만적으로 묘사하는 그래픽 등을 통해 아이들 사이에서 자살 전염이 일어날 수 있음을 나타내고 있습니다. 사진 또는 비디오를 통해 자살 방식을 자세히 다루는 자살 미디어 보도는 전염의 위험성을 증가시킵니다. 미디어는 자살의 원인을 지나치게 단순화해서도 안 됩니다. 이것은 시청자가 복잡한 이슈를 너무 간단하게 이해하도록 만들 수 있습니다. 대신, 자살로 죽는 90퍼센트 이상의 사람들이 우울증과 같은 정신적 질환을 앓았던 사실을 대중에게 상기시켜야 합니다. 미디어는 지역 정신건강센터 또는 국가 자살 방지 전화 등과 같이 도움을 줄 수 있는 자원에 대한 정보 또는 링크를 포함해야 합니다.

출처: AFSP & SPRC. (2011). After a Suicide: A Toolkit for Schools.

학생들에게 사망 통보 예시
(Sample Death Notification Statement for Students)

학급이나 자문단과 같은 소그룹에서 사용하고 집회 또는 확성기로 말해야 하는 그룹에는 사용하지 않는다.

옵션1 – 사망의 원인이 자살이라는 판단이 내려졌을 때
우리 학교 학생 중 누군가가 자살을 했다는 소식을 알리게 되어 매우 슬픕니다. 학교 측은 어떤 방법으로든 여러분을 돕고 싶습니다.

자살 사망은 우리가 적절하게 답할 수 없는 많은 의문을 가져다줍니다. 자살 사망과 관련된 루머가 돌 수 있습니다. 자살학생의 가족과 친구들이 상처받지 않도록 루머가 확산되지 않게 해 주시기 바랍니다. 학교 측은 여러분에게 정확한 정보를 전달하기 위해 최선을 다할 것입니다.

자살은 매우 복잡한 행동입니다. 이것은 보통 우울증과 같은 정신적인 질병으로 인해 발생합니다. 자살은 예방할 수 있습니다. 보통 이러한 질병은 주변 사람들에게 알려지지 않습니다. 그러나 때로는 타인이 알아차릴 수 있는 명백한 증상이나 신호를 보일 수 있습니다. 한 가지 명확한 사실은 그들을 도울 수 있는 치료가 있다는 것입니다. 자살은 결코 선택되어서는 안 됩니다.

우리들 개개인은 누군가의 죽음에 대해 각자의 방식으로 반응합니다. 그리고 우리는 서로를 존중할 필요가 있습니다. 슬픔을 느끼는 것은 상실에 대한 일반적인 반응입니다. 어떤 사람은 그 학생(자살자)에 대해서 잘 모를 수 있기 때문에 영향을 받지 않을지도 모르지만, 어떤 사람들은 큰 슬픔을 경험할 수 있습니다. 어떤 사람은 학업에 집중하기 어려울 수 있고, 어떤 사람은 오히려 학업에 전념하여 슬픔을 잊으려 할 수 있습니다. 학교 측에는 학교 공동체에서의 이 슬픔을 극복할 수 있도록 도와주고 자살을 이해할 수 있도록 도와주는 교내 심리상담전문가가 있습니다. 만약 상담자와 이야기하기를 원한다면 교내 학생상담센터로 방문하면 됩니다.

학교가 항상 여러분을 위해 있음을 기억하시기 바랍니다.

옵션2 – 사망의 원인이 판명되지 않았을 때
우리 학교 학생 중 한 명이 죽었다는 소식을 전하게 되어 매우 슬픕니다. 학교는 할 수 있는 모든 방법으로 여러분을 돕기 위해 존재한다는 사실을 기억하시기 바랍니다.

사망의 원인은 아직 밝혀지지 않았습니다. 사망과 관련된 루머가 돌 수 있습니다. 학생의 가족과 친구들이 상처받지 않도록 루머가 확산되지 않게 해 주시기 바랍니다. 학교 측은 여러분에게 정확한 정보를 전달하기 위해 최선을 다할 것입니다.

우리들 개개인은 누군가의 죽음에 대해 각자의 방식으로 반응합니다. 그리고 우리는 서로를 존중할 필요가 있습니다. 슬픔을 느끼는 것은 상실에 대한 일반적인 반응입니다. 어떤 사람은 그 학생에 대해서 잘 모를 수 있기 때문에 영향을 받지 않을지도 모르지만, 어떤 사람들은 큰 슬픔을 경험할 수 있습니다. 어떤 사람은 학업에 집중하기 어려울 수 있고, 어떤 사람은 오히려 학업에 전념하여 슬픔을 잊으려 할 수 있습니다. 학교 측은 학교 공동체에서의 이 슬픔을 다루는 것을 도와주는 교내 심리상담전문가가 있습니다. 만약 여러분이 상담자가 이야기하는 것을 원하면 교내 학생상담센터로 방문하시면 됩니다.

학교는 항상 여러분을 위해 존재한다는 사실을 기억하시기 바랍니다.

옵션3 – 가족이 사망의 원인이 밝혀지지 않기를 원하는 경우
우리 학교 학생 중 한 명이 죽었다는 소식을 전하게 되어 매우 슬픕니다. 학교는 할 수 있는 모든 방법으로 여러분을 돕기 위해 존재한다는 사실을 기억하시기 바랍니다.

학생의 가족들이 죽음의 원인을 알리는 것을 원하지 않습니다.

자살 원인에 대한 추측이 오가는 것을 알고 있습니다. 사망과 관련된 루머가 돌 수 있습니다. 자살학생의 가족과 친구들이 상처받지 않도록 루머가 확산되지 않게 해 주시기 바랍니다. 학교 측은 여러분들에게 정확한 정보를 전달하기 위해 최선을 다할 것입니다. 이번 사고와 관련한 사안이 올라오고 있습니다. 이번 일이 우리 지역사회에 자살은 매우 복잡한 행동이라는 것을 상기시킬 수 있는 기회가 되었으면 좋겠습니다. 자살은 주로 우울과 같은 정신 질환에 의해 야기될 수 있는데, 이런 질환은 그/그녀의 문제를 똑바로 직시하고 해결하는 것을 방해합니다. 보통 이런 질환들은 타인들이 알아차리기 쉽지 않습니다. 그러나 때로는 이 질환이 명확한 증상이나 신호를 보이기도 합니다. 한 가지 명확한 사실은 그들을 도울 수 있는 치료가 있다는 것입니다. 자살은 결코 선택되어서는 안 됩니다.

우리들 개개인은 누군가의 죽음에 대해 각자의 방식으로 반응합니다. 그리고 우리는 서로를 존중할 필요가 있습니다. 슬픔을 느끼는 것은 상실에 대한 일반적인 반응입니다. 어떤 사람은 그 학생(자살자)에 대해서 잘 모를 수 있기 때문에 영향을 받지 않을지도 모르지만, 어떤 사람들은 큰 슬픔을 경험할 수 있습니다. 어떤 사람은 학업에 집중하기 어려울 수 있고, 어떤 사람은 오히려 학업에 전념하여 슬픔을 잊으려 할 수 있습니다. 학교 측은 학교 공동체에서의 이 슬픔을 다루는 것을 도와주는 교내 심리상담전문가가 있습니다. 만약 여러분이 상담자가 이야기하는 것을 원하면 교내 학생상담센터로 방문하시면 됩니다.

학교가 항상 여러분을 위해 있음을 기억하시기 바랍니다.

출처: AFSP & SPRC. (2011). After a Suicide: A Toolkit for Schools.

9. 교직원 소진을 위한 척도

직업과 관련한 느낌을 서술한 각각의 문장을 잘 읽고, 빈칸에 당신의 직업에 대해 이런 느낌을 가진 적이 있는지, 있다면 얼마나 자주 그렇게 느끼는지 해당 번호를 쓰세요.

얼마나 자주:
0: 전혀 느껴 본 적 없다.
1: 일 년에 몇 차례 또는 그 이하　2: 한 달에 한 번이나 그 이하　3: 한 달에 여러 번
4: 일주일에 한 번　5: 일주일에 여러 번　6: 매일

1	업무로 인해 정서적으로 진이 빠지는 느낌이다.	
2	퇴근할 때쯤이면 녹초가 된다.	
3	나는 아침에 일어나 출근할 생각에 피곤을 느낀다.	
4	나는 내 내담자들이 어떤 느낌일지 쉽게 이해할 수 있다.	
5	나는 내담자들을 사물처럼 다룬다.	
6	하루 종일 사람들과 일하는 것은 나에게 정말 힘든 일이다.	
7	나는 내 내담자들의 문제를 매우 효과적으로 다룬다.	
8	나는 내 업무로 인해 기진맥진한 상태이다.	
9	나는 내 일을 통해 다른 사람들의 삶에 긍정적으로 영향을 주고 있다고 느낀다.	
10	나는 이 직업을 선택한 이후로 사람들을 향하여 점점 더 냉담해지고 있다.	
11	나는 이 일이 나를 정서적으로 무디게 만들까 봐 걱정이다.	
12	나는 매우 에너지가 넘친다.	
13	나는 내 일로 인해 좌절을 느낀다.	
14	나는 직장에서 매우 열심히 일하고 있다고 자부한다.	

15	나는 일부 내담자에게 무슨 일이 일어나든 별로 관심이 없다.	
16	직접적으로 사람들과 일하면 스트레스를 심하게 받는다.	
17	나는 내 내담자들과 쉽게 편안한 분위기를 만들어 낼 수 있다.	
18	나는 내 내담자들과 가까이 일한 후에 신이 난다.	
19	나는 이 직업에서 의미 있는 많은 일들을 성취해 왔다.	
20	나는 진퇴양난에 빠진 느낌이다.	
21	내 일에서 나는 정서적 문제를 매우 차분하게 다룬다.	
22	나는 내 내담자들이 자신의 문제에 대해 나를 비난하는 것처럼 느낀다.	

출처: Maslach's Burnout Inventory.

(ㄱ)
가정교육권과 프라이버시법 186
강제입원 204
개인정보보호법 192
게이트키퍼 9, 145, 157, 169
경찰관직무집행법 104, 199
교육문화체육관광위원회 4
교육부 46
기숙사 38, 72, 97

(ㄷ)
대구광역시서부교육지원청 Wee센터 48
대학 신입생 실태조사 16
대학내일20대연구소 27
도움요청 행동 23, 139

(ㅁ)
문화적응 스트레스 22
미국 질병관리국 16
미국장애인법 187

(ㅂ)
반응의 긴급성 척도 115
보건복지부 50
불법행위법 184
비상대응TF 팀 42, 88

(ㅅ)
사망 통보 222
사후관리 45, 91, 174
생명존중지킴이 118
서강대학교 15, 39
서울대학교 36, 154
서울시자살예방센터 52, 116
서울시정신보건정보관리 시스템(MHIS) 173
소진 224
수업기반 프로그램 136
스누콜(SNU Call) 37
스크리닝 작업(ISP) 56
스크리닝 척도 41
스크리닝 프로그램 142

(ㅇ)
에코세대 26
위기개입 102, 135, 170
위기관리 팀 46, 54, 66
위기관리위원회 85
응급상황 프로토콜 152
응급의료에 관한 법률 197
이화 Mind Keeper 42

이화 다우리 42
이화여자대학교 41, 117, 145, 148

(ㅈ)
자살 분류 서류 216
자살보호요인 30
자살생각률 16
자살생존자 110
자살예방 및 생명문화조성을 위한 법률 207
자살예방교육 필수이수제도 166
자살예방활동 134
자살위기 징후 33
자살위기분류척도(CTRS) 51, 114
자살위험요인 20, 25
장례 111
정신건강증진법 201
정신건강증진센터 117, 148, 173
정신적 고통 33

(ㅊ)
참가동의서 208
청년실업률 30
취업 스트레스 30
치명성 100

(ㅎ)
한국교육학술정보원 16
한국보건사회연구원 26
한국자살예방협회 140, 148
한림대학교 15

(A~Z)
after-hour 서비스 157
ASIST 147
College of William and Mary 151
Cornell University 54
CAPS 63
CTRS(Crisis Triage Rating Scale) 51, 114
Emory University 143
Kent State University 75
MIT 68
Northwestern University 70
Ohio State University 56
QPR 교육 65, 146
Queen's University 77
Shieszler v. Ferrum College 사건 185
Shin v. Massachusetts Institute of Technology 사건 186
SNU Call 37, 154
State University of New York at Buffalo 61
Suicide Triage Sheet 216
The University of North Carolina at Pembroke 72
The University of Texas at Austin 60
UCLA 63
UIUC 149
University of Texas at Austin 78
Urgency of Response Scale 115

공저자약력

정익중

서울대학교 사회복지학과 졸업
미국 University of Washington 사회복지학 박사
현재 이화여자대학교 사회복지학과 교수
저서: 아동복지론 제3판(공저, 학지사, 2017)
사회조사론(공저, 박영스토리, 2016)
아동실종의 이해(공저, 양서원, 2015)

김대인

서울대학교 법과대학 졸업
서울대학교 법과대학 대학원 졸업(박사)
변호사
현재 이화여자대학교 법학전문대학원 교수
저서: 행정계약법의 이해(경인문화사, 2007)

오혜영

이화여자대학교 교육공학과 졸업
성균관대학교 교육학과 교육심리학 박사
현재 이화여자대학교 학생상담센터 소장
저서: 재난대응 위기상담(공저, 학지사, 2017)
학교폭력예방의 이론과 실제(공저, 학지사, 2014)

이승연

이화여자대학교 심리학과 졸업
미국 University of Iowa 학교심리학 박사
현재 이화여자대학교 심리학과 교수
저서: 학교기반 컨설테이션(공역, 학지사, 2016)
여성심리학(공저, 학지사, 2015)
학교폭력과 괴롭힘 예방(공저, 학지사, 2014)
우울 불안의 예방과 개입(공역, 학지사, 2011)

전종설
이화여자대학교 사회복지학과 졸업
미국 University of Texas at Austin 사회복지학 박사
현재 이화여자대학교 사회복지학과 부교수
저서: 사회조사론(공저, 박영스토리, 2016)
가정외 아동보호와 경제성 평가 (공저, 학지사, 2015)

상담에서 복지, 법률지원까지
대학생과 자살

초판발행 2017년 10월 31일

지은이 정익중 · 김대인 · 오혜영 · 이승연 · 전종설
펴낸이 안상준

편 집 박송이
기획/마케팅 이영조
표지디자인 권효진
제 작 우인도 · 고철민

펴낸곳 ㈜ 피와이메이트
서울특별시 마포구 월드컵북로 400, 5층 2호(상암동, 문화콘텐츠센터)
등록 2014. 2. 12. 제2015-000165호
전 화 02)733-6771
f a x 02)736-4818
e-mail pys@pybook.co.kr
homepage www.pybook.co.kr
ISBN 979-11-88040-14-8 93330